丝路云履

Siluyunlv

丝绸之路万里行系列文化丛书

肖云儒 著

西北工业大学出版社

图书在编目录（CIP）数据

丝路云履 / 肖云儒著. —西安：西北工业大学出版社，2015.2 (2019.4重印)
(丝绸之路万里行系列文化丛书)

ISBN 978-7-5612-4351-0

I. ①丝… II. ①肖… III. ①丝路之路—研究 IV. ①K928.6

中国版本图书馆CIP数据核字（2015）第047470号

出版发行：西北工业大学出版社
通信地址：西安市友谊西路127号　　　邮编：710072
电　　话：(029) 88493844　　88491757
网　　址：www.nwpup.com
印　　刷：陕西恒丰印务包装有限公司
开　　本：787mm×1 092mm　1/16
印　　张：18
字　　数：210千字
版　　次：2015年3月第1版　　2019年4月第4次印刷
定　　价：68.00元

丝绸之路万里行系列文化丛书编委会

丝绸之路万里行系列文化丛书

丝路云履

我的家乡中国陕西省，
就位于古丝绸之路的起点。

——习近平于2013年9月在纳扎尔巴耶夫大学的演讲

前 言

丝绸之路万里情

肖云儒

这条路，有人终生与之无缘，有人终生与之结缘。张骞在自己50年的生命中，有17年行走在这条路上。加上前前后后筹备性、延展性的工作，他的有效生命中有一大半献给了这条路。

从公元前138年张骞第一次出使西域算起，整整过去了2152年。时光到了公元 2014年7月19日，由陕西省委宣传部、陕西省委外宣办指导，由陕西省新闻出版广播电视局主办、陕西广播电视台承办，全国多家媒体共同参与的“丝绸之路万里行”全媒体文化体验活动正式启程。我们这支由全国多家媒体组成的汽车自驾游媒体团队，从长安出发，沿着张骞踏出的路行走，以60天的时间，途经亚欧8国，2014年9月13日，顺利、圆满到达了罗马。

我们将这次行走命名为“丝绸之路万里行”。我们是记者又是行者、司机，我们走着、写着也拍摄着，观察着、感受着也思考着。在匆匆的行程中采集鲜绿的感受，收割金黄的思想。

正像一位媒体大姐大在微信中感慨：有些路很远，走下去会很累，可是不走会后悔。

也正像另一位媒体大哥大在微信中感慨：只要选择了目标，世界都会为你让路。我建议他把这句话改成：只要选定了目标，世界都会帮你开路。

我们看见过月下的丝绸之路。乌兹别克斯坦希瓦古城城堞上挂着一钩明月，它用清辉给清真寺和宣礼塔镶上银边。没有路灯的土街小巷中，居民席地而居，在月色中找回一丝清凉。城墙上这里那里砌着坟墓——他们的风俗，即便化为幽灵也要保护自己的城池和家园。

我们看见过日出的丝绸之路。哈萨克草原的拂晓，一群散漫的骆驼好像接到真主无声的旨意，一齐仰起头朝向东天，就在这一刹那，

2100多年前，中国汉代的张骞肩负和平友好使命，两次出使中亚，开启了中国同中亚各国友好交往的大门，开辟出一条横贯东西、连接欧亚的丝绸之路。我的家乡陕西，就位于古丝绸之路的起点。站在这里，回首历史，我仿佛听到了山间回荡的声声驼铃，看到了大漠飘飞的袅袅孤烟。这一切，让我感到十分亲切。

——习近平2013年9月7日在哈萨克斯坦纳扎尔巴耶夫大学的演讲。

太阳冲决遥远的地平线，抛洒出第一缕光亮。驼群重又缓步散开于草原，而一队马群却奔腾而来，在逆光中扬起如烟如絮的轻尘。大地在这样的仪式中苏醒了。

我们看见过大雨滂沱的丝绸之路。经过新疆和中亚近一个月炽热的干烤，格鲁克亚口岸竟然用清爽的雨水为我们洗尘，而车队刚刚离开，公路便在大雨中塌陷。一喜一惊之间是什么滋味？行程最后一天，车队要从那不勒斯港托运回来，突然又大雨滂沱，仔仔细细将每辆车洗得纤尘不染，是为了我们好回去向祖国汇报吧，天公想得何其周到！

我们看见过海陆交会的丝绸之路。威尼斯城的马可·波罗从眼前这个水上寓所出发，踏上了他水陆兼程的东方之旅。而在伊斯坦布尔，波光粼粼的海峡与彩虹熠熠的跨海大桥，构成一曲钢琴与弦乐的协奏，为亚欧海陆的交流通达伴奏。

…… ……

穿过喜怒哀乐的历史和酸甜苦辣的奔驰，终于临近了一个重要时刻。为了真实准确地记录这个时刻，请允许我引用媒体同伴们严谨的报道——

北京时间2014年9月10日22：30，罗马当地时间16：30，宏伟的罗马市政厅广场，军乐队奏响意大利名曲，欢迎远道而来的中国“丝绸之路万里行”车队。这个车队历时60天，途经8个国家，行程15000公里，抵达了终点站罗马。意大利国家电视台与陕西广播电视台联合对仪式作了现场直播。罗马市民和来自世界各地的游客将现场围得水泄不通。

风尘仆仆的“丝绸之路万里行”车队在警车开道下经过阿尔德阿缇娜门、卡拉卡拉浴场、圣乔治和圣瑟里奥-维贝纳大街，到达世界闻名的古斗兽场，随后转入帝国广场大道，驶向威尼斯广场，最终到达由米开朗基罗设计的市政厅广场。整个行车过程，有直升机低空盘旋追拍。

在乐队伴奏下，中国驻意大利特命全权大使李瑞宇和罗马市副市长涅利亲自迎接，分别发表欢迎词。意大利前总理普罗迪先生发来祝贺视频：“我们在等待了两千多年后，又实现了重启丝绸之路的计划！”一句话道尽了此行的重要意义。之后，中意双方交换了礼物，并寄语丝绸之路各国友谊长存。

意大利前总理普罗迪先生发来祝贺视频：“我们在等待了两千多年后，又实现了重启丝绸之路的计划！”一句话道尽了此行的重要意义。

正在罗马旅游的陕西女企业家们围住媒体团合影，说今天太给咱中国长志气了！在快门按下的一刻，大家竖起大拇指，用西安话喊：长安——罗马，咃！

从长安到罗马，一路艰辛，一路精彩，一路情深，一生无悔。

意大利旅行社地接导游尹建林更是感慨不已：我出国来这里干20年导游了，这么高规格，这么轰动，第一次！来劲、提气、长脸！

张骞第67代后裔、媒体团成员张利军在接受采访时表示，他回到家乡第一件事就是去张骞墓前上香，告慰先祖，这次他走了祖先曾经走过的古代丝路，也沿着祖先的足迹探访了他未走过的“现代丝绸之路”。

随行的著名主持人王志感叹：“重走丝绸之路”之前有电视媒体做过，日本一次，央视两次，凤凰卫视一次，但前四次都是分段走，这次是一口气走下来，走得最远，参加的人数最多，媒体种类最全，制作的节目类型和数量也最多。这是一次伟大的行走！

各类报道多到什么程度呢？采访团团长、陕西卫视副总监杨文萌已有详细的小结，无须我再赘述。

许多媒体也报道了我在仪式现场回答主持人王志说的一段话。这也是我在专程赶到罗马的国内北京、上海、天津、东北、山西、西安等20家媒体记者会上的一段丝路行感言：“从准备‘走

中共陕西省委常委、省委宣传部部长景俊海发表热情洋溢的讲话，并宣布“丝绸之路万里行”活动正式发车

建设“丝绸之路经济带”，文化人要先行。“丝绸之路万里行”采访活动，从长安到罗马沿途进行深度采访，大家要提高责任意识、担当意识，成为“丝绸之路经济带”的见证者、建设者。

——景俊海在“丝绸之路万里行”启程仪式上的讲话。

丝路’开始，我就一直在思考：丝绸之路是一条怎样的路？丝路精神是怎样一种精神？原来只认为这是一条文化交流之路、商贸往来之路。这次走了全程，认识有了拓展和提升。除了商贸往来之路、文化交流之路，丝绸之路还是民族团结之路、战略转型之路、展示美丽之路。今天的丝路与古代丝路有了质的变化。”

容我慢慢道来。

丝绸之路——文化交流之路

一路走来，我们考察或经过的世界文化遗产有40处以上。从我生活的长安城——西安开始，你忘不了敦煌、高昌、塔拉兹、撒马尔罕、希瓦、戈里石头城、卡帕多西亚露天博物馆、梅黛奥拉修道院、圣索菲亚教堂、雅典卫城、奥林匹亚、威尼斯、佛罗伦萨、罗马斗兽场、庞贝古城……丝路沿线各国（包括途经伊朗、伊拉克两河流域的南线）拥有的世界文化遗产达到300余处，占到全球世界文化遗产的一半。你会强烈感知到，人类文明瑰宝在丝路聚集的密集度，的确世所罕有；丝路文化在世界文明中的地位，的确至高无上。

现在谈丝绸之路，大都从具体史实，譬如张骞凿空西域开始。我想将这个话题延伸得更远更深，从人类文明发展的内部要求和动力机制来开始丝路文化的叙说。

1949年，德国学者雅斯贝尔斯在专著《论历史起源及其目的》中，第一次把公元前500年前后同时出现在中国、希腊、印度等地的人类文化突破性现象，称之为“轴心时代”。这既是一个重大的文化现象，也是人类思维的初始建构。公元前500年左右，铁器由东方传到西方开始使用，剩余的粮食导致产生了最初的贸易和货币，工商航海业扩大了人们的视野与创新思考能力，部落制被不同王国、帝国取代……新的社会动向，迫切要求做出新的思考和解释。

那时候埃及已经被波斯王朝灭亡，两河流域的巴比伦文明也已衰败，只有地中海文明中的希腊、罗马，中华文明和印度文明焕发着活力。这三个被隔离的文明，三足鼎立承担起对世界做出新解读的重任。于是在东方和西方不约而同地出现了孔子、老子、佛陀、苏格拉底、耶稣等大思想家。这些文化的集大成者，从不同方位思考着一些类似的问题，如生命起源、根性思维问题，人与自然、人与人、人与神的关系问题，制度的构建和作用，王权的道德基础等等问题。这些都是人类与社会的一些根本问题、终极问题、元问题，所以，他们被称为元典思想家。这个诞生了世界几大元典文明的带形地区，即由地中海经中东到中国的北暖温带，亦即地球400毫米等雨线内外，正是后来丝绸之路经过的地区。丝绸之路其实就是世界元典文明带。

1949年，德国学者雅斯贝尔斯在专著《论历史起源及其目的》中，第一次把公元前500年前后同时出现在中国、希腊、印度等地的人类文化突破性现象，称之为“轴心时代”。

轴心时代的文化精神，奠定了人类基本价值体系框架，直到今天，有的也仍然是人类文明的基本价值和准则，可以说，构成了历史和精神发展的原动力。他们虽然当时都还处在隔离状态，但文化思想如水一般的流动趋势却已形成，不可遏制。这是文明和文化发展的“动力学”。这才是出现丝绸之路最深层的动力，才是丝路为什么横贯在北暖温带，为什么能将中华文明、中亚中东文明和地中海文明三大文明贯通的深层原因，也才是丝绸之路最重要的文化意义。

到了现代，这些文明已经由传统的文化凝聚和展示，提升为自觉的文化传播、文化活动、文化研究和文化产业。许多西部的大学正在成为丝绸之路各国人才培养的基地，丝绸之路国际电影节、高峰论坛和研究中心，都雨后春笋般地涌现。文明的传播，包括丝绸之路的文明传播，已经纳入社会发展创新的总格局，成为国家和地域软实力（文化观念与形象体系）和硬实力（文化设施与产业体系）的体现。

丝绸之路——经济共赢之路

张骞只是有史可据的、代表国家凿空西域的第一人。事实上，早于他三四百年的轴心时代，丝绸之路上已经有了许多先行者筚路蓝缕地前行。在陕西、湖北的博物馆里，展览着秦、楚时代的波斯金币和金银饰品，秦代商人乌氏倮也早以牛羊换黄金，又用黄金去大宛国购买汗血马供征战使用。同时，我在罗马、伊斯坦布尔的博物馆里也看到过早于汉代的中国丝绸和陶器。这都表明，早在先秦到秦汉，丝绸之路的文化与商贸交流已经开始。

到公元前240多年的汉代，亚历山大帝国之后的安息王国（伊朗），将欧亚两头的行走合龙，连接成一道桥梁，为贯通丝绸之路做了很大贡献。《史记》记载，张骞第二次出使到乌孙、大宛，曾派副使去安息，对方有隆重的欢迎仪式，这成为丝绸之路在国家层面正式开通的标志。后来因汉朝与安息关系对立，东汉的班超本想直接去大秦（罗马）被阻，但他的属下甘英却到过土耳其一带。当年很多波斯商人来中土，愿意改汉姓留居下来。汉唐波斯人是“富人”的象征，李商隐曾以“穷波斯，瘦相扑”作为反话调侃波斯人。

公元前240多年的汉代，亚历山大帝国之后的安息王国（伊朗），将欧亚两头的行走合龙，连接成一道桥梁，为贯通丝绸之路做了很大贡献。《史记》记载，张骞第二次出使到乌孙、大宛，曾派副使去安息，对方有隆重的欢迎仪式，这成为丝绸之路在国家层面正式开通的标志。

当前提出的丝绸之路经济带，使古丝绸之路上自然经济背景下自发的商贸活动，上升为沿途各国经济发展的战略合作，并且进入了全球市场经济总格局。沿途每个国家的政要接受我们采访时，都明确表示丝绸之路经济带也是他们的发展战略，热盼尽快融入。我们忘不了中石油、中铁建、华凌、中远等大型国有企业为丝绸之路经济带建设踢出了漂亮的头三脚，我们也希望陕西大型企业能更快进入。中亚诸国和土耳其、希腊，已经与中国在油、汽、光伏等能源产业，高速铁路、高速公路、集装箱码头，以及森林开采、现代农业方面进行有效合作，取得了一批硕果。

古今丝绸之路上，民间自发性商贸和规模化的经济往来、现代市场，完全是两个境界两重天。

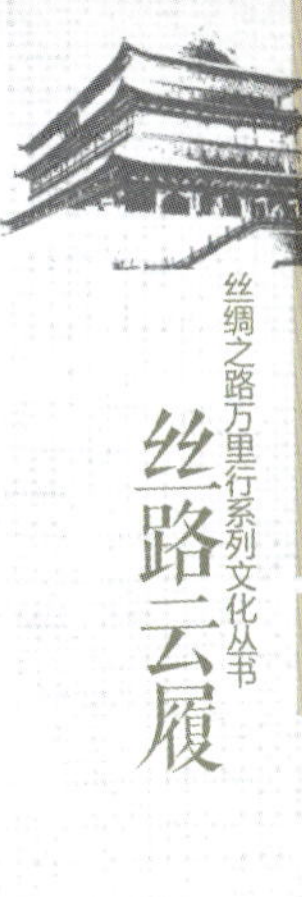

陕西省新闻出版广电局党组书记、局长刘斌代表主办单位致辞

丝绸之路——民族团结之路

从张骞开始，丝绸之路就是和平、和睦解决民族和国家纠纷的典范。古高昌是西域36国之一，玄奘与高昌王结为兄弟，高昌王给了玄奘很多盘缠和沿途通关文牒，帮其顺利前行。玄奘取完经，本可由尼泊尔直接回国，为了感谢高昌王，又特地绕回来，兑现在高昌讲经三年的承诺。

100多年前，陕甘的回民从黄河流域沿丝绸之路西进到中亚楚河流域，哈萨克斯坦、吉尔吉斯斯坦、土库曼斯坦辽阔的草原接纳了这些异域的子民。他们在那里安居乐业，以自己勤劳、善良和精良的务农务果务菜技术赢得了许多信任和声誉，成为这些国家一个活力充沛的新民族——东干族。

而祖居楚河流域的乌兹别克斯坦的撒马尔罕人，几百年前也有一支迁徙到中国青海，在黄河岸边的循化县骆驼泉定居，成为了中国的撒拉族。文化界的许多耆宿都写过撒拉族诗人阿尔丁夫·翼人怀念故土的“黄金诗篇”。我到达撒马尔罕那天，翼人发来长长的信息，要我代他在故土向祖先祷告。

在丝绸之路迁徙和融合的民族，现在成了丝绸之路经济文化交流的生力军。东干族的陕西乡党，许多年轻人从西安和中国其他地方的中国大学毕业，以他们对故土的感情和中文能力，在当地中石油等中资援外企业工作，或从事与中国交流的其他工作，十分活跃。接待我们车队时，接待人员中竟有四名东干族青年毕业于西北大学和陕西师范大学。

> 陕西被定位为丝绸之路的起点，它正逐步与国际接轨，借助区位优势，担当中国文化走出去的西部先锋。“丝绸之路万里行”活动就是响应国家战略，发挥本省特色优势，全媒体传播中国文化，以媒体行动践行“文化走出去”的国家战略，为“丝绸之路经济带”跨区域跨文化先行探索。
>
> ——刘斌在“丝绸之路万里行”启程仪式上的致词。

丝绸之路——美丽展示之路

丝绸之路真是一条流动着美的画廊。沿途的山川大地，变幻着古朴之美、苍莽之美、灵秀之美、凝重之美、高贵之美，几乎穷尽美的

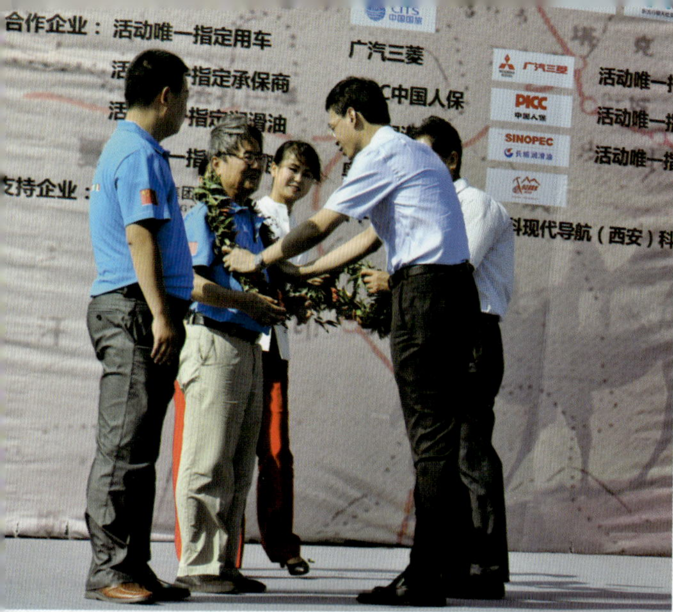

中共西安市委常委、市委宣传部部长吴键、西安市人民政府副秘书长周爱全（右二）为著名文化学者肖云儒（左二）、张骞后人张利军两位嘉宾代表折柳送行

各种形态。美丽的山川，烘托并积淀为美丽的民情风俗；美丽的音乐歌舞，宣示着美丽的心灵和感情。

到处都有微笑。大地以起伏的曲线、大山以林木的喧哗、大海以浪涛的涌动迎接我们。人们用歌舞迎接我们，用笑靥和美好的言辞温润我们。面包和盐，咖啡和茶，马和骆驼的奶子，令人望而生畏却又心怀感动的烤全羊、烤牛排，以及纷至沓来的奶酪黄油，伴和着热情和友谊，伴和着新颖美好的民俗民艺，伴和着发展自己国家的渴望，时时感动着我们。

美丽资源、感情资源会化育为美丽和感情的产业、美丽和感情的经济。这是丝路经济新的发展领域，有着广阔的空间。

> 100多年前，陕甘的回民从黄河流域沿丝绸之路西进到中亚楚河流域，哈萨克斯坦、吉尔吉斯斯坦，土库曼斯坦辽阔的草原接纳了这些异域的子民，他们在那里安居乐业，以自己勤劳、善良和精良的务农务果务菜技术赢得了许多信任和声誉，成为这些国家一个活力充沛的新民族——东干族。

丝绸之路——国家战略之路

文化经济的合作共进、民族民心的理解交谊一旦形成，丝绸之路沿线各国的政治联姻就有了稳固的基础。从古代一开始，丝绸之路就是一条国家战略之路，就是汉朝联合西域各国围堵阻击屡屡侵犯中国的强敌匈奴的一个大战略，就是汉朝的政治、经济

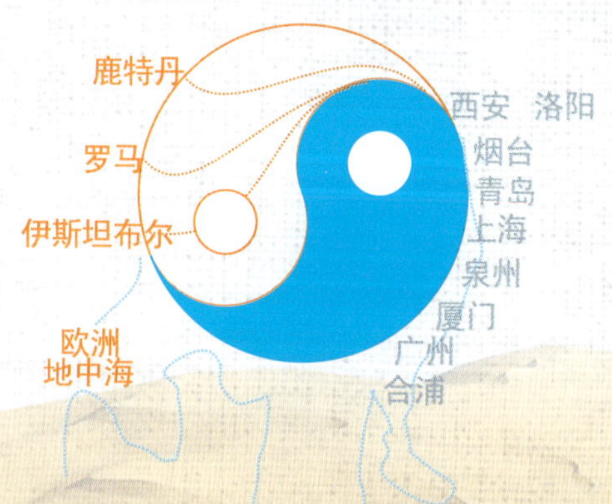

陕西广播电视台副台长、陕西卫视总监胡劲涛与霍尔果斯经济开发区党工委委员、管委会副主任刘亚农展示“通关文牒”。国内行程结束，胡劲涛在此口岸与团员们告别，目送采访团走向世界

走出去谋发展，要求我们有“博望眼光”和“丝路意识”，逐步将经济社会发展仅仅局限于内线作战、向心交会的思路，改变为同时注重，甚至更注重走出去，在外线作战和离心交会中谋发展的思路。

“连横”。

在人所共知的当下世界政治地图上，中国向西华丽转身，不但提出共建丝绸之路经济带，而且早已通过上合组织、亚信组织全面加强与中亚、西亚和欧洲的友好合作。最近有学者更是明确提出“丝绸之路与上合组织融合发展”的命题，这意味着什么，“你懂的”。

习近平主席同时提出了建设陆上、海上丝绸之路的战略，超越太平洋“第一岛链”进入太平洋、印度洋，最近在访问南亚时得到印度、斯里兰卡等国响应。这又意味着什么，“你也懂的”。

“一带一路”很像一个太极图，陆上丝绸之路是阳鱼，由西安辐射性地朝北欧、中欧和南欧延伸。海上丝绸之路是阴鱼，由我国与沿海许多港口出发向南、向西收束性地指向地中海。一阳一阴，一陆一海，将欧亚大陆紧紧相连。这是中国拥抱世界的两个臂膀。

丝绸之路精神就是走出去，谋发展的精神

那么，什么是丝路精神？如果可以用个人感受性的语言来表述，我想说，丝路精神，其实就是“走出去，谋发展”的精神。“路”是行走，上路就是走出去，朝外面、朝他乡他国走。“丝绸”是做生意。走出去搞什么？搞和平的友好的经贸活动，不但是商品（衣物）而且是文化商品（美丽）的交易。汉武帝封张骞为“博望侯”大有深意，宏博而望，面向世界呀！这是一代英主为张骞的大视野大眼光点赞呀！所以，我们说，张骞是中国走向世界的第一人。

丝绸之路万里行采访团，罗马入城大祝捷仪式上媒体代表向罗马市副市长赠送金红袍国礼茶

走出去谋发展，要求我们有“博望眼光”和“丝路意识”，逐步将经济社会发展仅仅局限于内线作战、向心交会的思路，改变为同时注重，甚至更注重走出去，在外线作战和离心交会中谋发展的思路。这种“博望眼光”和“丝路意识”会使我们对许多问题有新的看法、新的做法。

譬如，对西部大开发与关中-天水经济区建设，我们过去可能更多地看重区域经济或国内经济范围内的输血和造血机制，常常把西部当作投资、扶持对象。丝绸之路的博望眼光则让我们发现，一旦面向中亚、西亚，西部自身完全可能成为投资主体。西部可以像新疆华凌公司那样将资金、人力、物力投资丝绸之路各国，在丝绸之路经济带市场的大流动中滚动增值，壮大自己，取得加速发展的主动权和国际市场的话语权。

近年来，西方思想界在研究丝绸之路的动力机制时更提出，当代若能由古代丝绸之路的内向超越转向外向超越，促成丝绸之路经济带辐射丝路之外更广大的地区，极有可能促成第二个“轴心时代”的到来。这条古老文明线将成为当今世界崭新的经济文化发展线。习近平主席提出创建丝绸之路经济带，不正是要我们朝此努力吗？

我古老的丝路，一定会对年年投下的种子，报以绿荫！

我绝对相信这位佚名诗人的诗句。

丝绸之路万里行，丝绸之路万里情。

丝绸之路万年青，丝绸之路万古存！

2014年9月14日，中国　北京—西安

目录

目录

目录

長　安
唯一指定用车
湘A·623TW

01

从丝路起点长安，一路向西

今天上午，“丝绸之路万里行”出发仪式在世界园艺博览会长安塔下美丽的湖滨花园举行。陕西卫视现场直播。省市领导出席，并以古代送友人远行的方式，折灞柳以赠。我笑说：“李白有诗‘年年柳色，灞陵伤别’。此去三万华里，可以说是灞陵柳色，丝路壮别！”此前，我随各媒体已经到汉中城固和关中茂陵，拜谒了凿空西域、开辟丝路的先行者张骞和决策者汉武帝。我们将追随着他们，他们也会一路庇佑着我们。饶有深意的是，编组时，这次同行的张骞67代玄孙张利军正好是我的组长，我对他说，有你小张骞领导我，又有老张骞一路庇佑我，此行一定顺利成功。

这次“丝绸之路万里行”是一次全媒体行动，也是一次空前规模的文化探寻和田野考察。被中宣部、国家新闻出版广电总局列为2014年“丝绸之路国家影视桥工程”重点项目，陕西省委宣传部确定为文化精品工程，由陕西广播电视台承办。

一路烟尘，向西，向西……

这次“丝绸之路万里行”是一次全媒体行动，也是一次空前规模的文化探寻和田野考察，被中宣部、国家新闻出版广电总局列为2014年“丝绸之路国家影视桥工程”重点项目，陕西省委宣传部确定为文化精品工程，由陕西广播电视台承办。参加的有新华社、光明日报、中国国际广播电台、凤凰卫视、陕西卫视、陕西日报等知名媒体40余人。由15辆广汽三菱越野车，在60天内跑完15000公里，穿越3000年历史，足迹遍及8个

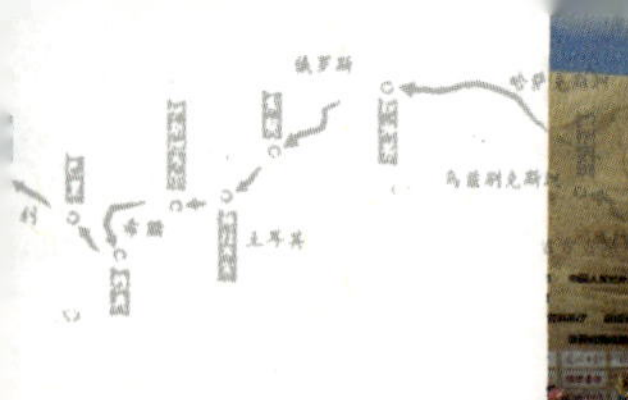

西部，丝路，承载着民族的西部开发之梦，中华复兴之梦。对我个人来说，也是人生之梦，学术之梦。这是一次圆梦之旅，盼了整整半辈子。

国家，38个城市。

所谓全媒体行动，不仅指参与的面宽，有屏媒、纸媒、网媒等，而且节目组合带有立体性、全维性，分行走版、对话版、娱乐版、经济版四大版块。由新闻直播专栏节目《丝路进行时》，高端访谈节目《长安与丝路的对话》，人文记录节目《丝路上的陕西人》，航拍节目《空中看丝路》和《自驾万里到罗马》《长安罗马假日》《挑战10000公里》等七大版块组成。整个节目由著名深度文化记者王志担纲主持。

我50年前本是学新闻专业的，当了20年报纸文艺副刊编辑和不像样子的记者，而后便钻进书斋成了学者。想不到人过70，竟又当起了记者，而且参与这么大的采访活动，自是激动异常。我准备每天写一点文字，传回西安。快捷和目击可以增强亲切感、亲历性。这次走丝路，我所着意的在于收割文化，当然也收割友谊、收割美丽、收割快乐。同时冀望通过媒体让更大的接受群体享受到丝绸之路沿线的文化、友谊、美丽和快乐。

西部，丝路，承载着民族的西部开发之梦，中华复兴之梦。对我个人来说，也是人生之梦，学术之梦。这是一次圆梦之旅，盼了整整半辈子。我30年前开始研究中国西部文化，即丝路文化的国内段。28年前组织了中国第一次西部文化研讨会并作主题发言。26年前写作出版了中国第一部《中国西部文学论》并两次再版，学界过誉，称为中国西部文化研究的理论构建之作，获得“中国图书奖”和“中国当代文学研究成果奖”。对西部文学、电影、音乐的创作实践和西部文化的深度思考，多少产生了一些影响。

研究西部和丝路，我想冲破惯常的书斋式研究，走一条田野考察的路子，走理论与艺术、文化行为实践结合的路子。为此我跑遍中国西部各地，也到过土耳其、印度、希腊、意大利和其他欧亚国家，作过长安—罗马比较研究，并在罗马的大学就此演讲。我一直向往能对中亚各国，即丝绸之路天山廊道段和西亚段作具体考察。这是我人生、学术二三十年来的一个梦。现在，这个梦和西部梦、民族梦融为一体，就要实现了。

我在陕西生活了半个世纪，而且现在就住在丝绸之路的商贸起点——大唐西市旁边。原来都说陕西的地形像一个跪射俑，的确有几分像。我却更愿意说陕西像一把钥匙，陕南是钥匙把，西安是钥匙孔，关中、陕北是钥匙的齿。这是一把打开中华文化、丝路文化和人类文化宝库的金钥匙。

现在，就要带着这把金钥匙上路了，就要在欧亚大陆的整体架构中，在人类文明的多维组合中，对丝路作再度认识，发掘其在整个人类文明中的价值与地位，真是三生有幸。作为一个研究者，有这样的机会，夫复何求。

车子掠过未央宫——丝路的官方起点，掠过大唐西市——丝路的商贸民间起点，掠过咸阳，掠过乾陵、法门寺，掠过彬县大佛，奔向远方。

在行走中阅读文明，在体验中融通历史，在广袤的西部、无尽的丝路上，收割思想！

2014年7月19日，中国　西安至天水途中

这次走丝路，我所着意的在于收割文化，当然也收割友谊、收割美丽、收割快乐。同时冀望通过媒体让更大的接受群体享受到丝绸之路沿线的文化、友谊、美丽和快乐。

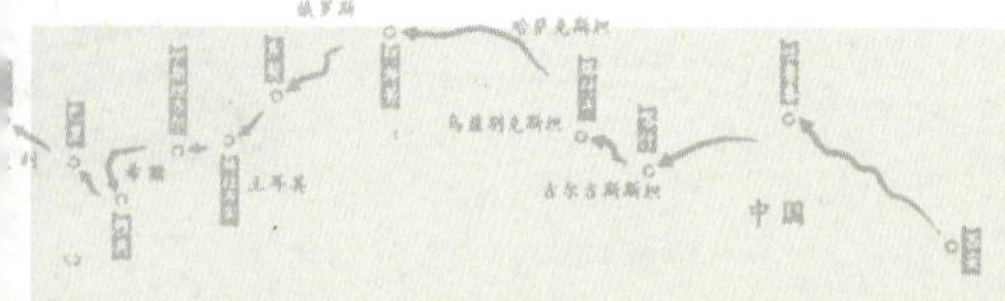

02

惜别长安城

钟楼是西安的中心，也是这座城市的标志之一。我给钟楼撰写过一副对联，现镌刻在入口处的柱子上。上联是：阳春烟景八百里秦川唯此楼坐镇；下联是：大块文章五千年华夏赖斯玺钤印。

要离开我生活了50年的西安整整两个月，是那么想写一写我与这座城一辈子的缘分。

世人对西安太熟悉。这次丝绸之路申遗，就有五处入选世界文化遗产：汉长安城未央宫遗址，唐长安城大明宫遗址，大、小雁塔，玄奘舍利子存放地点——兴教寺塔。这些文化遗存西安人每天阅读，国内外许多人也耳熟能详，用不着我多说了。随着车队渐行渐远，我想用抻长了的空间距离，筛选、简化心中对长安城的印象，那就是：一颗“印”，两个“心”，两条线。

钟楼是西安的中心，也是这座城市的标志之一。我给钟楼撰写过一副对联，现镌刻在入口处的柱子上。上联是：阳春烟景八百里秦川唯此楼坐镇；下联是：大块文章五千年华夏赖斯玺钤印。说的是钟楼坐镇八百里秦川，像一颗金印在华夏历史上盖下了自己的章子。其实确切地说，钟楼只是这个金印上边的瑞兽，整个印章应该是西安城墙周长十几公里的那个方框。西安城外的曲江池，则是一池上好的印泥了。这副对联极言了西安在陕西、在中国的重要性。长安应该是中国乃至世界古代史的上编中最精华的篇章，又是中国现代史中昂扬向上的旋律。

西市，唐朝丝绸之路的民间商贸起点

西安浐灞生态区长安塔

如果说中国地图状若一只朝东司晨的金鸡，那么西安则大致处于这金鸡的心脏部位，谓之“鸡心”应不为过。又如果说，整个中华民族的历史文化有如一部内存很大的电脑，那么不夸张地说，西安完全可以称为这部电脑的“机芯”，这是“心”之又一谓。此为“长安二心”。

西安的东西走向，朝着北纬34.5°展开，南北走向，朝着东经109°伸延。这两条线非常神秘。

北纬34.5°，朝西安之东看是中国的古城线。西安—洛阳—新郑—安阳—开封，大致都在这一纬度上。朝西安之西看，又正好是丝绸之路联结着的世界古都线。两河流域的古巴比伦、古希腊、古罗马、古埃及、古波斯文明，大致（当然只是大致）也在这一纬度上。世界四大古都西安、开罗、罗马、雅典，还有伊斯坦布尔，也都大致在这一纬度上。这条纬线是中国和世界历史文明的命脉。

北纬34.5°，朝西安之东看是中国的古城线。西安——洛阳——新郑——安阳——开封，大致都在这一纬度上。朝西安之西看，又正好是丝绸之路联结着的世界古都线。两河流域的古巴比伦、古希腊、古罗马、古埃及、古波斯文明，大致（当然只是大致）也在这一纬度上。世界四大古都西安、开罗、罗马、雅典，还有伊斯坦布尔，也都大致在这一纬度上。这条纬线是中国和世界历史文明的命脉。

东经109°左近，又是中国历史的浓缩，华夏各个历史阶段的身影在此频频出没。由南往北看，蓝田猿人——半坡仰韶文化——黄帝文化——周、秦、汉、唐文化——延安革命文化和西安事变，在这条径线上演出了一幕幕鲜活的历史剧。我们民族许多关键时期都在这里领取通关文牒。阿房宫、未央宫、大明宫、大雁塔、明城墙里，隐藏着多少曲折迷离的人物和故事。

西安作为古丝绸之路的出发点，在西安城里其实有好几处。国家使节张骞就是从未央宫出发的，民间商贸驮队则从西市出发，唐玄奘呢？则是在皇帝没有给他护照的情况下，偷偷西行的。他们的出发点都在这座古城。

有意思的是，正如我在《西京搬家史》一文中写到的，半世纪中，我在西安搬过五次家，竟离不开钟楼附近、城墙内

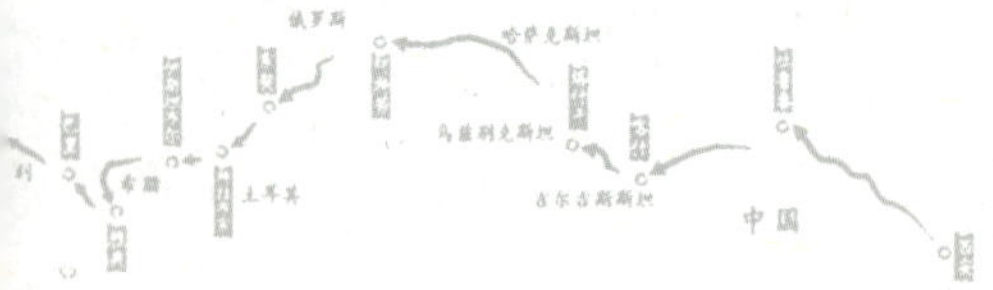

大唐西市博物馆的壁画

如果以前还更多的是沉浸在古城浓郁的文化中不能自己地陶醉，这次丝路之行，我将会把生死相依的故乡放在新的时空延长线上，放在国际丝路，全球发展的更大格局中，重读我的故乡，西安！

外、兴庆宫、丰庆宫对门，与历史好有缘分。我天天穿过城墙和碑林上班，竟无暇顾及汉鸿儒董仲舒之墓和唐花萼相辉楼。我在城墙下拣过秦砖汉瓦。我的儿子在城墙根的开通巷小学和西安高中上了十多年学，爬着城墙玩大。妻子是西安交大教授，每天路过交大校园里的西汉墓壁画28星宿天象图去给学生讲课。而最近十年，我们家竟然又落脚于唐代西城墙遗址附近，儿子则住进了大唐西市的社区，干脆住到丝路的起点上来了。两代人的命运就这样和古城相交，和丝绸之路相交。

这些年来，我写了许多研究长安文化的论文和散文，怀着一腔热爱解读三秦和古城，也痛切地针砭这块土地上的各种弊病。甚至一度被口诛笔伐，一度又被父老乡亲称为“古城文化代言人。”

北京奥运会火炬传递到西安时，受邀去中央电视台做现场嘉宾解读。我讲过西安大致有三个生存圈，一个是城墙内，古典生存或古风生存圈。一个是二环、三环，现代生存圈，这里有高新区、经开区、大学区、曲江新区、浐灞新区和三星国际社区，商贸金融十分发达，成为西安最具竞争力，最有青春气息之处。第三个是由秦岭山麓、西咸新区、渭河两岸和浐灞水乡合围起来的生态生存圈。这里环境好，是田园山水之城，适合绿生存、慢生存。三个生存圈记录了西安的历史脚步。

奥运火炬经过朱雀大街时，我讲过杜甫写的“天街小雨润如酥，草色遥看近却无”的名句，天街就是当年的朱雀路啊。我讲玄奘取经回国，唐太宗如何派大臣房玄龄出朱雀门迎接这位丝路归来的文化大使，并安顿他去大雁塔下的慈恩寺译经！

如果以前还更多的是沉浸在古城浓郁的文化中不能自已地陶醉，这次丝路之行，我将会把生死相依的故乡放在新的时空延长线上，放在国际丝路，全球发展的更大格局中，重读我的故乡，西安！

2014年7月19日，中国 天水

〇3

炳灵寺，文化旋涡

宝鸡是我们离开西安后的第一站，我们把第一个问候送给周文化之乡。宝鸡给了我们第一个通关文牒，并且送给我们三样礼物：一坛西凤酒，一幅剪纸，展示宝鸡的“姑娘手”。最引人注目的是一块车轱轳大、一拃厚的锅盔馍，引得《光明日报》胡斌主任、主持人王志和凤凰卫视主持人田桐拍了又拍，馋涎欲滴。

在宝鸡去天水的路上，一队三菱公司组织的“色友”（摄影之友）追上车队，一阵猛拍乱扫，得意而去。我第一次遇见“好色族”如此地疯狂，很理解他们——我自己就是叫写作、书法癖好弄得疯狂的人。

麦积山列入了这次丝绸之路世界文化遗产名录。麦积山与敦煌、云岗、龙门三大石窟齐名，早为世人熟知。它在那麦秸垛式的山体中，一圈一圈集中了那么密集的洞窟、佛像，像个塔式的、柱形的高层展览厅，实在世所罕见。承载着这股文脉，天水后来成为秦文化的源头。在这里牧马的秦人沿渭水一路向东，追着太阳迁徙建国。平阳—雍州—泾阳—栎阳—咸阳，一路壮大。几年前我受邀来这里的“陇右讲堂”讲过学，发现这里的人爱用迭音词：瓜瓜、揉揉、搓

麦积山列入了这次丝绸之路世界文化遗产名录。麦积山与敦煌、云岗、龙门三大石窟齐名，早为世人熟知。它在那麦秸垛式的山体中，一圈一圈集中了那么密集的洞窟、佛像，像个塔式的、柱形的高层展览厅，实在世所罕见。承载着这股文脉，天水后来成为秦文化的源头。

搓，用作小吃的名称，且不说它了。

我想抓紧时间说说天水往西偏南，临夏回族自治州积石山方向的炳灵寺石窟。此乃丝绸之路要冲，名列丝路遗产22个项目之中。当年晋代名僧法显，就是从这里渡黄河，取道青海到达流沙去印度取经的，历史文化价值应不输于敦煌。这次行程虽没安排去那里，但我还是想谈谈，权作一次神游吧。

炳灵寺169号窟第6龛，卷书题记曰："建弘元年（公元前20年）岁在玄枵三月二十四日造"。第3龛存有的"大代延昌四年"中有明确纪年的最早造像题记，比敦煌莫高窟最早的题记还早100多年。当时经过多年修造扩大，炳灵寺形成了仅次于敦煌石崖寺、具有汉藏两种风格的著名石崖寺。老一代史学家范文澜在《中国通史》中，认为这个寺和莫高窟、麦积山并驾齐驱，有同等的历史和艺术价值。

炳灵寺169号窟第6龛，卷书题记曰："建弘元年（公元前20年）岁在玄枵三月二十四日造"。第3龛存有的"大代延昌四年"中有明确纪年的最早造像题记，比敦煌莫高窟最早的题记还早100多年。

炳灵寺的169号窟可以说有"五最"，是这个寺规模最大、年代最早、内容最丰富的洞窟，又是各类造像最多的洞窟，还是各种故事最多的洞窟。洞窟是天然石洞，现存佛龛24个，全是浮雕，雕像112座，为该寺第一。创建于北周的第6窟，南北雕有菩萨立像各一尊，壁上绘有宝树、千佛。千佛在两树之间，如同在广阔茂密的树林中静坐修行。其中一棵大树上，有猿猴攀缘，鸟雀停伫，讲述的是"猴王本生"故事。一群猴子在国王园中觅食，猎人围捕，群猴逃离，路遇一深洞，无法跃过，国王竟以自己的身体为悬桥，让它们逃走。待猎人赶到，只见两只喜鹊栖息在树上，别无他物，只好别寻它处。——如此完整的故事，其他洞窟中不多见，很是珍贵。

宝鸡青铜器博物馆前

我在《中国西部文学论》一书中曾经认为，这里，即祁连山与青海湖一带的山南海北地区，汉、藏、蒙、回几大民族板块衔接交会，由于民族文化运动力学的作用，这里形成了著名

麦积山佛像

的民族和文化的交会地区，形成了一个民族杂交的旋涡地带。大民族大宗教的相互杂交，使这里出现了东乡族、裕固族、撒拉族、土族许多小民族，与大民族休戚与共地生存在一起。在这个民族文化旋涡中，许多民族共居一地，相互通婚，甚至信仰相互交会转换。而信仰的转换久而久之甚至会导致民族认同的变化。文化的力量在此可见一斑。

长期以来，对佛教文化为什么退出、又是怎样退出炳灵寺，一直是一个谜。解释多种多样，倘若从大的民族文化的动态交会中，恐能找到些许答案。这个寺的造像有别处少见的特点，即汉传佛教、藏传佛教和印度本土佛教在动态中交会。汉魏以来，随着吐蕃王朝称雄，逐渐占领了陇右地区，除了军人驻扎，还有大批吐蕃移民北上东迁，在炳灵寺建造了大量藏传佛教的雕像和壁画。后来元世祖忽必烈尊藏传佛教为国教。藏族文化大举迁入该寺。萨迦教派得势后，又对藏系雕塑壁画做了大量的改造和重绘。到元朝衰落，噶举派取代了萨迦派在西藏的统治地位，藏系文化再度兴盛，洞窟风格再度变化。11世纪，丝绸之路改道，炳灵寺才冷落下来，汉传佛教逐渐退出了这里。15世纪，藏传佛教又在乾隆清廷的支持下大举进入，达到了鼎盛。

第3窟的“四坡顶方塔”，这座唐代风格的佛塔正中，可以见到印度佛塔中常见的覆钵形顶，这种融印度佛塔和中华民族风格为一体的建筑现象，在全国佛塔中很可能独一无二。

处在山南海北地区的炳灵寺，为中华文化的多民族融汇做了千古恒在的“物证”。

2014年7月19日，中国 天水

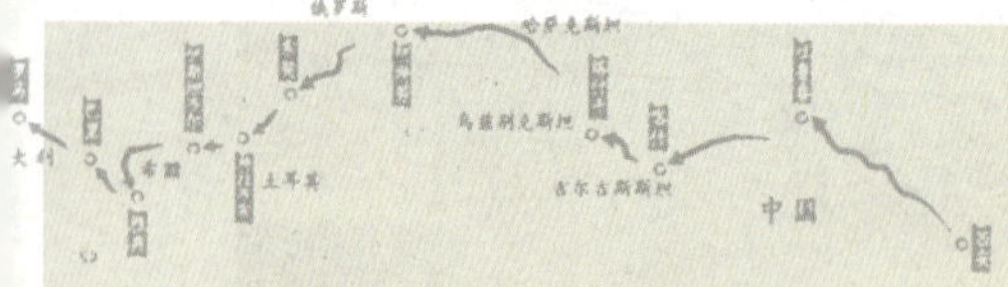

04

水车转出西部黄河风情

林带隔成的方块条田渐渐少了，被漫山遍野驼队似的山丘所替代。说是驼队还真的不假，绵延到远方的小山包披一身驼色的尘土，土圪梁梁上稀疏的丛生小树，恰似驼峰浅褐色的绒毛。

过了天水，横穿陇西，向着永登、兰州驰去，车队编着队在高速路上默默前行。这里用“默默”二字其实是指表面，现代先进的各种车载电子极为完备，使得整个车队成为一个可以随时沟通的活跃的整体。车内装有对讲微信、可视行驶仪以及WiFi，各车之间不但可以视频聊天，国旅的头车随时指挥、管控整个车队的队列速度、方向、避让、行止，使15辆车一直保持编队。空了，还相互调侃，出节目。《光明日报》胡斌主任建议专门开设一档《丝路进行时》，专门报道车内情景和采访。此议一出，经济学家张宝通和我第一个中枪——要我们各讲了一段关天经济区和西部文化。陕西交通台女主持刘烨组织各车成语接龙，到时接不上则表演节目。我第一次参与这种自驾游，想不到途中的车内生活会如此丰富。

林带隔成的方块条田渐渐少了，被漫山遍野驼队似的山丘所替代。说是驼队还真的不假，绵延到远方的小山包披一身驼色的尘土，土圪梁梁上稀疏的丛生小树，恰似驼峰浅褐色的绒毛。这长长的驼队缄着口，聚着力，无声无息地在西部大地上行走，向着远方起起伏伏。

“风沙淹没了烽火台，塑造起历史的驼峰。”我想起一首

兰州黄河水车

"新边塞诗"中的句子，快到兰州了！

公路开始与黄河或远或近地相跟着，在地平线上竟无意中看到了水车。一部老式的黄河水车，在黄河浪的推动下，正像城市公园的摩天轮那样在悠闲地转动着，淋漓抛洒的水花播撒着夏日的阳光。那大概是一个景点，我想。在电气化、电子化的今天，传统的水车早已将自己的实用功能转化为审美和娱乐功能了。

兰州因黄河而名，因黄河而秀。她有好多"第一"，是唯一一座黄河穿城而过的大都市，有着中国第一座跨越黄河的大铁桥，还有牛肉面、羊皮筏子，以及我下面要谈的黄河水车，无不可称为中国第一。

水车，当地又名天车、翻车，它的出现改变了古代高处地块无水可浇的局面。新中国成立前，甘肃境内的黄河上有三四百辆水车，河水顺流而下，几百辆水车呼呼转动着，构成一道美丽而又独特的风景。清凌凌的河水汩汩地流进干涸的土地，发出旋律般吱吱的响声，庄稼噼啪拔节，好似音乐的节奏。土地和庄稼解渴时那种美滋滋的感觉，流进劳动者的心里真无法用语言表述，那味道肯定是甜甜的。兰州也被人们称之为"水车之都"，水车使它在西部黄河拥有了面积不菲的水浇地。

兰州水车是怎么来的呢？

一说房贵最先引进水车。水车最初发明于东汉。到唐宋之时，"翻车设机车以引水"。水车遍及中原江南各地，也成为文人骚客吟诵的对象之一。到元明时期，水车已被载入各种农书。水车传入甘肃大约在明代。担任过兰州卫指挥使的房贵从

水车传入甘肃大约在明代。担任过兰州卫指挥使的房贵从南方引进了水车。房贵，安徽庐州人，由汉中调任兰州卫指挥使。他积极兴修水利，在黄河边筑堤开渠引水，从老家合肥引进仿造了"天车"，安置在靖远县城北，称为"房家车"。人们纷纷仿效，水车便在黄河岸边推广开来。

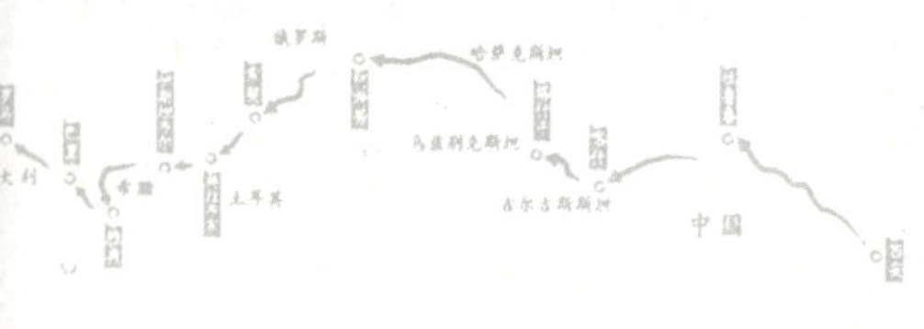

兰州正宁路小吃街

段续的水车被称为“祖宗车”。他造的第一辆水车在段家湾的黄河南河道教场河旁。教场河里曾有十辆一组的水车，称为“十辆车”，光绪年间被黄河洪水冲毁五辆，剩下的五辆人称“五辆车”。

南方引进了水车。房贵，安徽庐州人，由汉中调任兰州卫指挥使。他积极兴修水利，在黄河边筑堤开渠引水，从老家安徽引进仿造了“天车”，安置在靖远县城北，称为“房家车”。人们纷纷仿效，水车便在黄河岸边推广开来。

二说段续是水车本土化的集大成者。是他使南方水车在兰州大规模本土化。段续在明嘉靖二年进士及第，先后在云南、河南、湖广当官，后辞官回乡。在湖南的日子里，段续详细考察了水车的构造原理，绘图制样带回家乡，一边教书，一边仿制。南方的水车是用竹子做的，兰州没有竹子。便以黄河边木质厚实、不易腐烂的榆树和柳树代替。黄河水冲力大，便放大水车尺寸，加大辐条密度。兰州水车外形酷似古式车轮，轮辐直径大的20米左右，小的也在10米以上，可提水15~18米。

段续的水车被称为“祖宗车”。他造的第一辆水车在段家湾的黄河南河道教场河旁。教场河里曾有十辆一组的水车，称为“十辆车”，光绪年间被黄河洪水冲毁五辆，剩下的五辆人称“五辆车”。

水车让西部干旱地区的农业受惠不浅，一辆水车灌田多者达二三百亩，少则百余亩。清末兰州水车达到157轮。新中国成立前从青海贵德到宁夏中卫的黄河岸边共有350多轮，1952年时兰州还有252轮，总灌溉面积达到10万亩。

在现代农业快速发展的今天，兰州黄河水车已经成为旅游的亮点，成为古代中国智慧的印证，也是黄河风情的重要符号。想到黄河就这样世世代代用自己的乳汁哺育两岸的土地和子民，在感恩中平添了一分感慨。

2014年7月20日，中国 兰州飞天大酒店

〇5

兰州听河

整个兰州是沿着黄河由西向东一字儿摆的。我第一次到兰州，看到路边兰州市区的标识，便产生了与一位陌生朋友相会的急切期待。不料车子一个劲朝西开，总也到不了我们的目的地，直到你激情平复、消失，由企盼到焦急，再到不耐烦，司机才说了一句："快到了。"一看里程表，竟然40公里过去了！

在兰州的"通关"仪式上，主持人王志要我用几句话说说自己的兰州印象，我说了"金之地、河之魂、兰之秀"9个字。金之地，不只是这里原称金州，挖出过金矿，更是因为甘肃正举全省之力打造丝绸之路黄金段，这是远比金矿灿烂的财富。河之魂，当然是说黄河是这座城市的魂魄，决定了它的风格气度。兰之秀，是说它不但形似兰叶之修长，而且有兰花的淡雅幽香的内在气质 。仪式完后副市长握着我的手说，这9个字太好了，可以当兰州的宣传词，谢谢！我说，这9个字本是兰州告诉我的。

金之地，不只是这里原称金州，挖出过金矿，更是因为甘肃正举全省之力打造丝绸之路黄金段，这是远比金矿灿烂的财富。河之魂，当然是说黄河是这座城市的魂魄，决定了它的风格气度。兰之秀，是说它不但形似兰叶之修长，而且有兰花的淡雅幽香的内在气质。

兰州最美的路，当然是河滨路，自自然然沿着黄河河畔延伸开。黄河平衡着这座城市的空气，让它显得湿润。兰州因黄河分为南北，南城北城便都有了水，有了距离。正是这距离产

羊皮筏

兰州牛肉拉面

兰州河滨路

《黄河母亲》雕塑

生了意想不到的美，这距离使南北两岸互为风景线，隔河相互欣赏，又拉起手自我欣赏。北京人、西安人向往了多少年的城中河，兰州人是早就世世代代在享用着，早就成为他们城市生命理所当然的一部分。

兰州最有特色的风情也与黄河有关，不，可以说兰州的特色风情就是黄河风情。水车、羊皮筏子太平鼓，哪样不是黄河生命的延展和腾飞？就连兰州拉面，不也是在惊涛拍岸的一次次甩响中，抻得跟黄河一样长而又长吗？

这样，当我们来到“黄河母亲”这座雕塑面前，便一下有了感同身受的理解。她体现了黄河魂，她抓住了黄河之于兰州、之于中国的精魂所在，也抓住了兰州和中国对黄河母亲般的爱。说这座雕塑是兰州各种黄河元素的总标志，一点也不过分。她将黄河人格化、审美化，她让我们懂得了“兰州审美”，扩而大之，懂得了中国西部审美。

我想起近30年前在这座城市的一个大学校园里，和著名美学家高尔泰先生的一次对话。那时我刚刚形成中国西部文化结构的初步想法，提出以帕米尔山结为圆心，以帕米尔到壶口瀑布为半径，在中国版图上画一个弧，弧之西就是中国西部，它恰好大致涵盖了后来国家划入西部的12个省区。但西部按生产方式与民族民俗风情又分为内西部和外西部，因而还需要再画一个弧，这个弧也是以帕米尔山结为圆心，却以帕米尔到兰州黄河段为半径来画，第二个弧之西称为外西部，主要是兄弟民族和游牧文化区。第二个弧与第一个弧之间的扇面称为内西部，主要是汉族和农耕文化区。兰州正好处在内、外西部的交汇点上。记得高先生当时表示，这种看法很有新意，他第一次听到。他说，不过兰州的文化地位也的确有这么重要。历史上的长安因是汉唐京城、文化中心，其实可以划入中原，兰州倒真正是中国西部的前沿之都。

西部按生产方式与民族民俗风情又分为内西部和外西部，因而还需要再画一个弧，这个弧也是以帕米尔山结为圆心，却以帕米尔到兰州黄河段为半径来画，第二个弧之西称为外西部，主要是兄弟民族和游牧文化区。第二个弧与第一个弧之间的扇面称为内西部，主要是汉族和农耕文化区。兰州正好处在内、外西部的交汇点上。

快30年过去，这次是见不到高先生了。这位学者在敦煌、在兰州生活几十年，他在起伏的山峦中，蔓延心中零乱的思绪，又沿着河流的走向，归纳着自己的哲理，解答世俗的疑问。他为西部献出了生命最有光彩的段落，而“文革”那个特殊时代，却造就了他深刻的人生悲剧。他不能不离开西部，而后又去国外而居。

我想他对黄河的回忆，一定融进了这座《黄河母亲》的雕塑之中。他像这座雕像一样，日日夜夜在看河、想河、听河，听黄河的涛声，听黄土地的心跳。

2014年7月21日夜，中国　兰州飞天大酒店

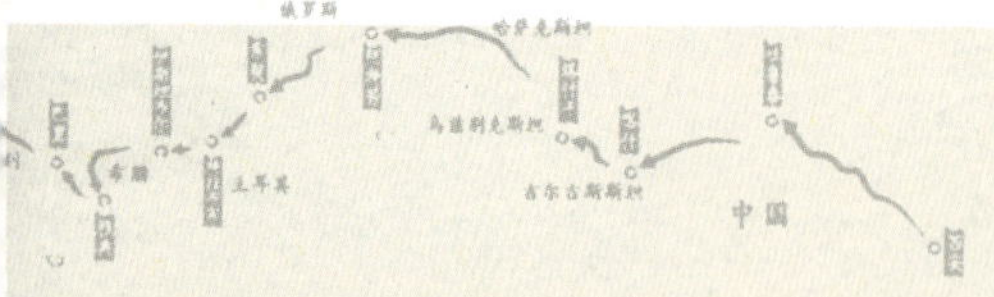

06

马踏飞燕过武威

河西走廊，阳光将人的肤色晒成大地的颜色。这里的人，性情与黄土一样质朴，感情与骄阳一样炽热，几千年的彩陶罐里贮存着五味齐全的生活。当车队就要与黄土地惜别，马上进入沙土砾石的世界时，我想这样来表述我心中的印象。

河西走廊，阳光将人的肤色晒成大地的颜色。这里的人，性情与黄土一样质朴，感情与骄阳一样炽热，几千年的彩陶罐里贮存着五味齐全的生活。当车队就要与黄土地惜别，马上进入沙土砾石的世界时，我想这样来表述我心中的印象。

武威如天驹踏着飞燕扑面而来。一座《马踏飞燕》青铜铸雕，一首《凉州词》千古名诗，使这座城市与丝路的遥远、边塞的悲凉、西部的豪迈铸成一体。武威是丝绸之路要冲，是踽踽西行的旅人必经之地。

其实，武威这个地名在汉代就有了。汉武帝派霍去病率一万骑兵大败匈奴休屠、浑邪二王，将整个河西走廊纳入自己版图，并设置武威郡以彰扬大汉军威。此地古代亦称凉州，“以其金行，土地寒凉故也”。我想，其中恐怕也有历史沧桑和人生悲凉的意思含纳其中吧。

以地名命名词牌、曲牌，且自成一种体例格式而流传千古的极为罕见，《凉州词》可说是首选。唐代陇右节度使郭知远搜集了一批流传在古丝路沿线的曲谱献给唐太宗，你想，太宗本有胡人鲜卑血统，又在西部疆场征战多年，这些西部曲调唤醒了他多少人生记忆和民族记忆？自是喜爱有加，便着教坊翻成中国工尺曲谱，配上新词演唱，引发许多诗人为它填写新词。唐代是一个征战立国、开疆拓土的时代，“边塞诗”的悲壮、悲怆、悲凉和豪强男儿的血性，正是那个时代英雄精神的慷慨呐喊。作为边塞诗的一个品种，“凉州词”，一时遂成风气。

武威如天驹踏着飞燕扑面而来。一《马踏飞燕》青铜铸雕，一首《凉州词》千古名诗，使这座城市与丝路的遥远、边塞的悲凉、西部的豪迈铸成一体。武威是丝绸之路要冲，是踽踽西行的旅人必经之地。

葡萄美酒夜光杯，欲饮琵琶马上催。

醉卧沙场君莫笑，古来征战几人回？

王翰这首《凉州词》，将葡萄美酒和沙场征战、醉生与赴死，压缩在瞬间作强烈的对比，将人生的无常和面对生命悲剧的豪放旷达推向极致。故《唐诗别裁集》说此诗“故作豪放之词，然悲感已极”。

黄河远上白云间，一片孤城万仞山。

羌笛何须怨杨柳，春风不度玉门关。

王之涣这首《凉州词》将宏阔的气度、悲壮的情致纳入黄河、白云、孤城、万仞山和羌笛、杨柳、春风、玉门关的物象之中，慷慨大度、倜傥异才的主体与丝路大景观、西部大风物的客体浑然天成吟唱出来，是何等格局！王之涣还写过天下无

《马踏飞燕》铜奔马

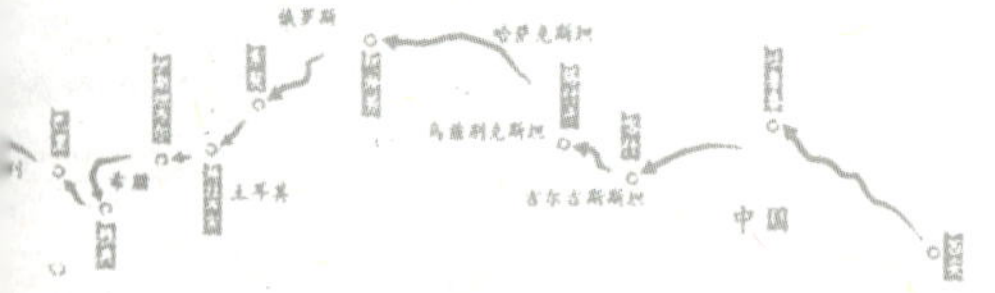

《马踏飞燕》铜奔马是1960年在武威发现的。一座疾速奔驰的天马，右后蹄有一只飞鸟。这本是为了解决天马腾空后的重心问题，却造成了极为强烈的雕塑审美效果——我们的天马跑得比鸟还快，飞得比鸟还高！国家旅游局1985年将这座铜雕确定为中国旅游业的图形标志，显示出它无与伦比的文化象征意义和艺术价值。

人不识“君”的名诗《登鹳雀楼》：

白日依山尽，黄河入海流，

欲穷千里目，更上一层楼。

被章太炎推为“绝句之最”，《大英百科词典》“唐诗”条目，只举了一首诗为例，就是这首家喻户晓的诗。

《马踏飞燕》铜奔马是1960年在武威发现的。一座疾速奔驰的天马，右后蹄有一只飞鸟。这本是为了解决天马腾空后的重心问题，却造成了极为强烈的雕塑审美效果——我们的天马跑得比鸟还快，飞得比鸟还高！国家旅游局1985年将这座铜雕确定为中国旅游业的图形标志，显示出它无与伦比的文化象征意义和艺术价值。我久久地伫立在《马踏飞燕》前，我从各个角度品鉴它，凝视它，谛听它。在它扬蹄飞驰的姿态中看到了速度，在它的每一块肌肉中看到了力量，在它永不停息的奔跑中看到了目标和毅力。有疾风穿过密林，有骤雨敲打芭蕉，石板路上泼落着冰雹……万马奔腾的潮水，就这样向着天际呼啸而去。

这就是武威，这就是汉唐，这就是西部，这就是丝路，这也就是我们民族的威武！

2014年7月23日夜，中国 张掖

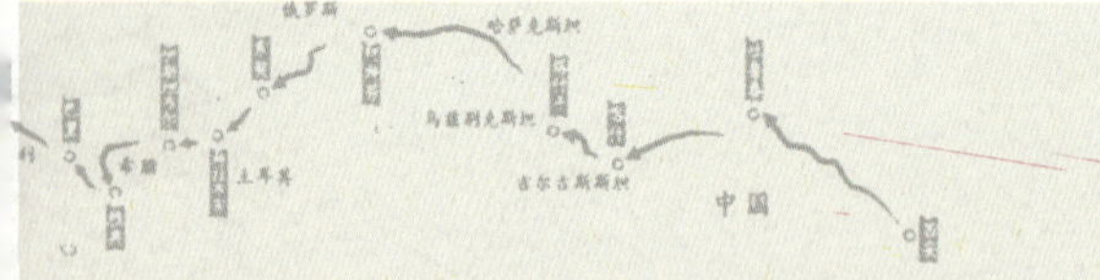

07

祁连山的叩问

车队爬上乌鞘岭，气温急剧下降到十三四摄氏度，而且下起了雨。各个车里敏锐的摄影人，立马发过来了一大组阴云密布的照片。我发回去两句话的感想：这些照片拍出了西部内在的悲怆感，万里铅云都是泪呀！

车队爬上乌鞘岭，气温急剧下降到十三四摄氏度，而且下起了雨。各个车里敏锐的摄影人，立马发过来了一大组阴云密布的照片。我发回去两句话的感想：这些照片拍出了西部内在的悲怆感，万里铅云都是泪呀！为了拉动丝路旅游，关注西部各处景点的吃、住、行、娱、购、游，这并不错，也的确有必要。但坦率地说，在我内心，不大情愿拿西部来消费，拿丝路来娱乐。这是一个深知西部的人的感情。

车队路过中国镍都金昌市，我注意力开始集中，目不转睛地盯着车窗两边高速路以外的原野。20年前我两次路过这里，我知道，一个浓缩着重要历史信息的路段快要到了。西部将要展示它苦难的一面和振兴的一面。

不一会儿，路北边出现了层层叠叠的小土堆，成片成片展开。不要吃惊，这是当年西征的红军西路军，在遥远而又遥远的河西走廊留下的无名墓地。为了一个美好而执着的理想，成千上万的年轻人，在寡不敌众的惨烈战斗中，在饥饿的长途跋涉中，倒在了这片荒凉的沙土中。他们用热血和尸骨养育出一丛丛沙蒿，一年一年向世人宣告自己永不消逝的生命。西路军西征的路，其实是另一条丝路，是友谊和平之路、丝绸瓷器之

祁连山油菜花海

路、乐舞茶叶之路之外的另一条铁血丝路。

我给车友说，不到半小时车程，在路的南面还会出现一片更破败简陋的墓地。它应该是一个甲子以来，流放西部的囚徒的坟墓群。

自古以来，荒凉的西部就是罪与罚的流放地。西风和落日，是西部环境悲剧的原型。西风使春的生机和夏的繁盛成为过眼烟云，“快倚西风做三弄，短狐悲，瘦猿愁，啼破冢”，那是何等悲凉！古人茄丰弯腰躬行的“扶伏民”形象，则是西部人物悲剧的原型。在《太平御览》中有“扶伏”条目的记载。还在蚩尤、炎黄时代，轩辕黄帝就将罪臣茄丰流放到玉门关以西的地方。这位传说中的第一个西部流亡者，据说是怀着强烈的原罪感一路躬腰匍匐西行的。他流落在西部的后裔，从此便成为“扶伏民”，这个名称大约是被制伏归顺的意思吧。这些西部流放者无名无姓无亲无故地长眠在此，他们孤独吗？寂寞吗？还有人会想着这些曾经有血有肉，曾经鲜活的生命吗？

哦，我苦难的西部！为什么在大慈大悲的西天极乐世界之下，竟是一片如此大苦大难的土地呢？有谁能回答我？

但是我始终没有找到这一大片我曾经看到过的囚徒的墓

自古以来，荒凉的西部就是罪与罚的流放地。西风和落日，是西部环境悲剧的原型。西风使春的生机和夏的繁盛成为过眼烟云，“快倚西风做三弄，短狐悲，瘦猿愁，啼破冢”，那是何等悲凉！古人茄丰弯腰躬行的“扶伏民”形象，则是西部人物悲剧的原型。

地。高速路两边，是大片大片的绿地，大片大片正在黄熟的麦田，还有铺向天边的向日葵、油菜。这里的气候使农事季节比内地整整晚了两个月，河西走廊让我们又经历了一次春末夏初的日子。这里的草地、麦田、油菜花面积之大、之气派几乎可以与东北粮仓“北大仓”媲美——是的，它的确被人称为甘肃的粮仓。一行麦子是一个结实的句子，大片的麦地是大篇金色的文章，告诉我这里的变化。

再往前走，便到了山丹军马场，中国最早最大的国有军马场，汉唐以来为皇家、为战争繁殖、养育、训练军马的地方。记得那年初夏，我与几位书画家来这里，躺在山坡茵茵的草坪上，与静静的云彩对视，似乎可以听见绿草噼啪地拔节。陶醉在周遭优美的绿色弧线之中，让人有一种眩晕感。你不由得会忘记这里的宁寂恬静竟是孕育厮杀的地方，这和谐闲适的情境深处竟然是一部刀光剑影的历史。

在张掖交接通关文牒的仪式上，中铁电气化集团西安电化公司的职工表演了他们自编自演的反映高铁建设的歌舞，舞台上响起了久违的劳动者自己吼出来的劳动号子。在接受采访时，张宝柱董事长介绍了在建的兰新高铁项目。这条1700公里的高铁将成为新丝路的标志，成为西部拱起的脊梁。在这里电气化网线接触网工自称“祁连山蜘蛛侠”， 也有“祁连山八姐

“丝绸之路万里行”车队抵达祁连山麓的军马场

山丹军马场

张掖丹霞地貌

妹”，终年贴在高山峻岭上施工。

对这条铁路我早就略知一二，原因是我的一位外甥任少强是中铁20局的总工程师，承担了打通祁连山隧道群最艰巨的任务。此前，他们局曾因出色完成青藏铁路的长隧道工程，解决了世界海拔最高冻土层施工的种种科技问题，获得国家科技进步奖。有一部描写他们的长篇报告文学《天路》，煌煌几十万字，对他们有详尽描写。少强在现场如何指挥、如何工作不得而知，但十几年来，家族的春节聚会极少见到他在场，一问便是“又去青藏线了”“又去祁连山了”……

西部人不再像茄丰那样弓着腰了，新丝路上行走的是一个个挺起了脊梁的人物，夸父般的人物！

2014年7月24日，中国 张掖

西部人不再像茄丰那样弓着腰了，新丝路上行走的是一个个挺起了脊梁的人物，夸父般的人物！

丝路与长城在这里握手

> 丝绸之路与万里长城，是中华民族的两大创造，千百年来成为中国历史的两大标志。它们西行到了甘肃河西走廊，一位稍稍偏北，一位稍稍偏南，蜿蜒的足迹渐渐形成一个美丽的夹角，终于在嘉峪关来了一个华丽的交会。人类不同时空的智慧结晶，在西部碰撞出耀目的火花。

两位巨人在北中国的大地上疾步西行。一位从北纬40°的山海关出发，它的名字叫万里长城；一位则从北纬34.5°的长安城出发，它的名字叫丝绸之路。它们像中国古代神话中的英雄夸父，在不同的时空中沿着两条平行线，向西，向西！

丝绸之路与万里长城，是中华民族的两大创造，千百年来成为中国历史的两大标志。它们西行到了甘肃河西走廊，一位稍稍偏北，一位稍稍偏南，蜿蜒的足迹渐渐形成一个美丽的夹角，终于在嘉峪关来了一个华丽的交会。人类不同时空的智慧结晶，在西部碰撞出耀目的火花。“嘉峪”在匈奴语意为“美好的峡谷”。是的，它虚谷以待，在自己的怀抱中举行了人类两大文明成果壮丽的交会仪式。张骞与霍去病隔着时空在嘉峪关下紧紧握手。

秦长城在这里终止了它的旅途，汉长城继续前行入疆，而丝路则远走异国，把中国人的目光带到中亚、西亚、中欧、南欧，带向世界更广阔的天地中。中华文化从此犹如涨潮的海、无声的波，融进了世界的交响。

同为宏大的创造性的工程，万里长城是一条实线，像绵延不断的军阵、森严的盾甲和铁壁，每个城堞都凝结着中华民族的古典智慧和文化成果。丝绸之路是一条虚线，像硕果丛生的长藤，将汉唐长安城、麦积山、敦煌、交河故城、楼兰遗址、克孜尔千佛洞，一直到国外的撒马尔罕、碎叶古城、君士坦丁堡、雅典、罗马连接起来。几乎串联了欧亚文明所有的珠宝，形成了世界古文明无可争议的中轴线，像一条华贵的项链在北半球的胸脯上熠熠闪光。

丝路与长城于是成为人类文明和中华人格永存的图腾。

不过它们又是那么不同，那么易于区分。正是这种“不同”的和谐共存，显示出人类智慧的多样性和多维性。也正是这种“和而不同”的交汇，显示出嘉峪关的文化地位。

丝路是融入，让中国融入世界，让世界融入中国。长城是坚守，坚守世界格局中的本民族质地。丝路是开放发展，长城是对开放发展成果的保卫。长城是战争的产物，丝路是和平的引言。长城以武力争斗处理民族和国家关系，所以让蒙恬、卫青、霍去病出面，所以在长安通向北方的路上，给我们留下了络绎不绝的拴马桩和烽火台。丝路则已经在探索以友谊，以商业，以文化交流，以政治结盟处理民族和国家关系的新路径，所以派张骞、班超作为大汉使臣出面。这样便有了丝绸、瓷器、茶叶等中华文明的西行，有了胡椒、番石榴、胡乐舞的东渡。张骞成为我国有史可查的、较早的外交政治家和对外商

丝路是融入，让中国融入世界，让世界融入中国。长城是坚守，坚守世界格局中的本民族质地。丝路是开放发展，长城是对开放发展成果的保卫。长城是战争的产物，丝路是和平的引言。

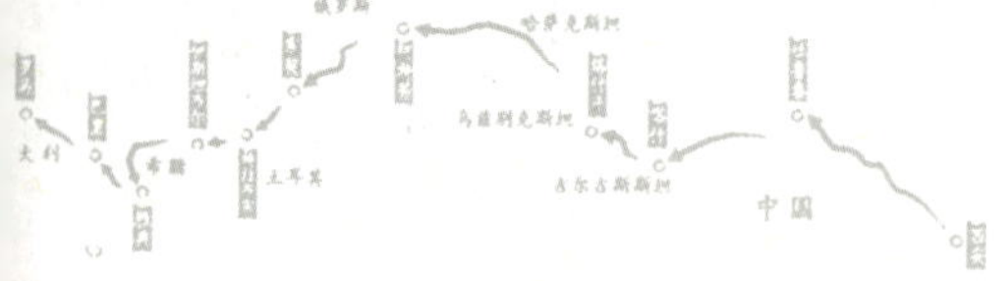

贸、对外文化交流的使者。

对入侵者伸出铁拳，对朋友伸出双手——中国人自古以来就是如此。深究一步还可以看出，长城又在以自己的防御功能宣示，中国人若动干戈，从来都是防卫，从来不轻易出拳。丝路则宣示了我们结谊天下的主动性，我们愿意先伸出双手去不断结交新朋友。——这也是秦汉以来直至今日，中华民族的一贯传统。过去、现在，今天、明天，我们都在以“长城”和“丝路”两个象征物向世界昭告这个传统。

当然，即便是铁血长城的武力捍卫，最终目的还是为了和平。中国文字中这个“武”字真是饶有深意，它传达的意思便是“止戈为武”。以武止武，以武会友，方为大道。这大道，最终就是和睦和谐和惠之道，共通共建共赢之道。

昨天我们在张掖又看到了丝路和长城一个新的交会点，那是已经畅通的高速公路和正在修建的高原高铁，和汉—明长城遗迹交会而过。古长城成为新丝路的历史见证人。

丝路与长城，实在很值得做一番比较研究，在比较中思考这两座纪念碑丰富而又深刻的象征性内涵。嘉峪关市已经成立了“丝路—长城研究会”，举办了这方面的学术讲座。还在筹办全国和国际性的“丝路—长城”音乐节以及其他相关文化活动。我想，这不但突显了自己的文化优势，而且是深层开掘“丝路—长城”文化的有益尝试。

丝路与长城，实在很值得做一番比较研究，在比较中思考这两座纪念碑丰富而又深刻的象征性内含。嘉峪关市已经成立了“丝路—长城研究会”，举办了这方面的学术讲座。还在筹办全国和国际性的“丝路—长城”音乐节以及其他相关文化活动。我想，这不但突显了自己的文化优势，而且是深层开掘“丝路—长城”文化的有益尝试。

重走丝路，又到嘉峪关，远去了的篝火重又在大漠路上燃起，远去了的鼓声重又在城堞之间回响。

2014年7月24日夜，中国　嘉峪关

09

丝路翔龙，敦煌点睛

这个题目，是我在今天上午敦煌市的通关仪式上代表“丝绸之路万里行”采访团书赠给敦煌研究院的题词，由德高望重的樊锦诗院长接受。

每次来敦煌，都同样震撼，它总能引发你的感觉爆炸。敦煌包括莫高窟、西千佛洞、安溪榆林窟，共有石窟735孔，壁画5万多平方米，是我国乃至世界壁画最多的石窟群。想用一两篇短文来写它，不但不可能，简直是大不恭敬。这些洞窟和佛像在不能立足的峭岩上立住脚，在无法生根的坚硬中生下根。远古的风，将大地的沙石吹起来，站成一排排佛像；也是风，又将太阳的黄金洒在佛的脸上、身上。

丝路是一条翔于西天的金龙，敦煌绝对是画龙点睛之地；丝路是一杆秤，长安作为起点，是提纲挈领的绳纽，敦煌就是秤砣。只有它们才能称量出中华文化、丝路文化的分量。很少有地方像敦煌一样强烈体现出丝路文化的核心精神——开放与融汇精神。它简直是人类文化交融的一个活标本。

敦煌是丝路的点睛之笔。

丝路是一条翔于西天的金龙，敦煌绝对是画龙点睛之地；丝路是一杆秤，长安作为起点，是提纲挈领的绳纽，敦煌就是秤砣。只有它们才能称量出中华文化、丝路文化的分量。很少有地方像敦煌一样强烈体现出丝路文化的核心精神——开放与融汇精神。它简直是人类文化交融的一个活标本。

敦煌壁画从内容上看，是俗人现实生活与神灵幻象生活的交汇。俗人生活富有生气，生动鲜活；神灵生活则庄严隆重。

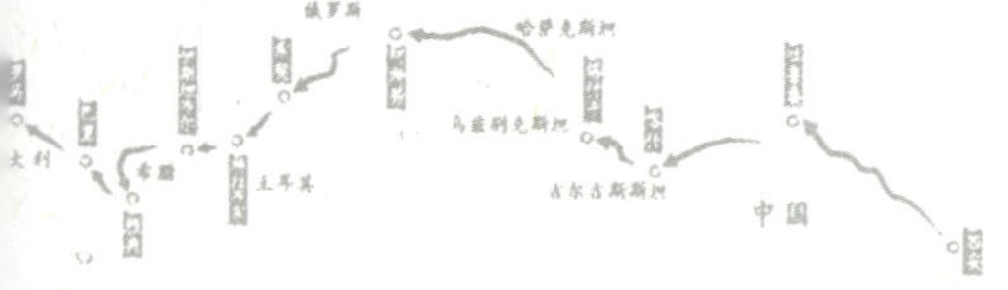

现在英、法、俄收藏的敦煌文书都超过了万件，而中国国家图书馆只藏有8000多件，出现了要到欧洲去研究敦煌学、“敦煌在中国，敦煌学在日本”的倒置！国学大师陈寅恪1930年在《敦煌劫余录序》中痛切地说：“敦煌者，吾国学术之伤心史也！”其实何尝不是吾国民族之伤心史呢？

让我想起自己给朋友们常写的一副对联：“庄严世界还需佛，点染春光也要人。”

从壁画的题材和样式看，故事画与山水画交汇。故事画是宗教故事在时间坐标上的展开；山水画则是自然万象在空间坐标上的展开，它可以说是中国青绿山水的正源鼻祖。

从表现手段上看，是浪漫变形与写实再现手法的交融。早期壁画，多以夸张变形突出神灵形象超凡的特征。隋唐以后，写实性渐浓，重视人体解剖，融进了罗马、希腊的画风。

从技法上看，因画中俗人多为汉人，常采用中土的线条勾勒，适当融入西画的明暗晕染；神灵多在西方、中亚、南亚，则重晕染，也采用油画的凹凸法，显得凝重而有立体感。看来，西方的艺术精神和技法，此前已经通过波斯文化与印度文化的传递到达了西域之地。

如此完整地探索外来艺术与本土艺术的融汇，敦煌既是开先河者，又是集大成者。敦煌凝聚着丝路精神之魂。

敦煌又是丝路的伤心之地。

它在元代以前的几百年保存得基本较好，发现藏经洞后，斯坦因、伯希和、奥为登堡等外国探险者先后潜入，盗买骗购走了大量敦煌经卷和壁画。现在英、法、俄收藏的敦煌文书都超过了万件，而中国国家图书馆只藏有8000多件，出现了要到欧洲去研究敦煌学、“敦煌在中国，敦煌学在日本”的倒置！国学大师陈寅恪1930年在《敦煌劫余录序》中痛切地说：“敦煌者，吾国学术之伤心史也！”其实何尝不是吾国民族之伤心史呢？

我今年去英国，参观了大英博物馆，以前还去过美国纽约的大都会博物馆和法国巴黎的卢浮宫，看到他们从中国、古埃及、古希腊、拉丁美洲弄来了那么丰富的馆藏品，心里打翻了五味瓶，痛惜、伤感、激愤、惭愧，也有如见流落异乡亲人的

亲切感。有些藏品保存得很好，又心生几分慰藉。

去年我去美国宾夕法尼亚大学博物馆看望流失在那儿的昭陵六骏中的两骏：飒露紫、拳毛䯄。之前好些企业界的朋友听说了，真诚地表示，若能买回来或请回来作一次六骏团圆的交流展，出多少钱都乐意。从美国回来后，我一位一位给他们去电话，安慰他们：飒露紫和拳毛䯄在那里待得挺好，但回家的路很远。大家无不唏嘘叹息。

尽管我明白，像敦煌这样的文化瑰宝，早已是人类文明共有的财富，我心里还是在流血。为敦煌伤心，为丝路伤心，为积贫积弱的近代中国伤心，也为掠夺者和王道士的贪婪和愚昧伤心。敦煌的洞窟像一双双深邃的眼睛，在期盼着它的祖国强大，它的同胞有出息！

像敦煌这样的文化瑰宝，早已是人类文明共有的财富，我心里还是在流血。为敦煌伤心，为丝路伤心，为积贫积弱的近代中国伤心，也为掠夺者和王道士的贪婪和愚昧伤心。敦煌的洞窟像一双双深邃的眼睛，在期盼着它的祖国强大，它的同胞有出息！

有人说，在自然和人为的销蚀损坏中，1000年后敦煌将会消失，此说不无道理，但我相信越来越多的高科技手段，足以让莫高窟延年益寿。现在的保护工作十分科学、精细、严格。我们一到达，就受邀参观了敦煌数字研究院，观看了他们用高科技的5D，甚至8D手段制作的敦煌壁画数字电影。有了数字化的保存，谁能说1000年后敦煌将会消失呢？

永远让我们自豪、让我们赞美、让我们纠结的敦煌！

说不尽的敦煌！

2014年7月26日夜，中国　敦煌飞天大酒店

10

华夏万年飞天梦

西部的风常常冷不丁跑过来，拍拍你的肩膀，俏皮地摘下你的帽子，然后扶摇直上，翔于天际……

在敦煌壁画中，与庄重的佛陀和世俗的人生相伴，是那些飞翔于天宇的、无比美丽的“飞天”。“飞天”这个词本是一种动宾结构，描绘的是飞翔天宇的状态，但在敦煌壁画中被拟人化，成为这群美丽仙女的名字。世世代代飞天的向往，转化为姣好的容貌、妙不可言的动姿，转化为飘逸的裙裾、反弹的琵琶，转化为一个个美丽的梦。

在敦煌壁画中，与庄重的佛陀和世俗的人生相伴，是那些飞翔于天宇的、无比美丽的“飞天”。“飞天”这个词本是一种动宾结构，描绘的是飞翔天宇的状态，但在敦煌壁画中被拟人化，成为这群美丽仙女的名字。世世代代飞天的向往，转化为姣好的容貌、妙不可言的动姿，转化为飘逸的裙裾、反弹的琵琶，转化为一个个美丽的梦。

20年前，我与几位书画家西行河西走廊时，专门去看过额济纳旗的胡杨林，又怀着探秘与敬仰之心，北上几百公里，去了酒泉卫星发射基地。一位在那里工作了半辈子却从未谋面的亲戚，热情地与我们相聚。那时内地城市已经有漂亮的百货大楼和高层建筑；而航天城街面还像20世纪六七十年代的小县镇，是农村供销社水平的商店和公共食堂。他们不在乎物质生活，他们有充盈的精神理想。他们用执着和信念，一次次托起中国的航天梦。大漠深处的他们最需要的是理解、亲情和友谊！

那天喝到深夜，一醉方休。席间，他们以那样独异的深情

反复谈到敦煌壁画中的飞天。他们说，飞天女是所有航天人永远相思的情人，我们再苦再累再隐姓埋名，只要想到飞天，心就蜜甜蜜甜、无怨无悔！他们不但能说出敦煌好多洞窟飞天的形象，而且对当年常书鸿、张大千临摹、研究敦煌壁画，对甘肃敦煌歌舞艺术剧院饮誉全球的《丝路花雨》如数家珍，就像在说自己的亲人。“在全球各地巡回演出场次最多的，就是《丝路花雨》，就是飞天！乖乖，200多个国家呀！”“你以为那只是艺术吗？那是我们的梦！载人飞船，登月，我们的梦！”微醺的他们，满脸红光地喊。

敦煌壁画中的飞天，一经《丝路花雨》和其他传媒大量传播出去，她们反弹琵琶的舞姿、发型，她们的喇叭裤，与当时年轻人的审美情趣那么相近，很快就流行起来。我问，这种古今呼应，是一种暗示吗？他们毋庸置疑地肯定，当然当然，绝对是古代人对现代人的暗示，是相同的梦在感应。

真的也许是古今的一种暗通，一种对话。飞天，多么瑰丽的理想！自古以来，我们就有浪漫的飞天织梦者：屈原有长诗《天问》，有“登九天兮抚彗星”“援北斗兮酌桂浆”的名句，庄子在《逍遥游》中幻想鲲鹏变化，“翼若垂天之云”，高飞九万里。我们还有居住在外星上的嫦娥，“寂寞嫦娥舒广袖”。而牛郎织女恐怕是在外星安家的第一家庭了。

如果这些还都是美好的想象，那么2000年前公输盘，即鲁班，已经尝试发明制造了可以飞翔云天的“木鸢”。《墨子鲁问》记载，他“削竹木以为鹊，成而飞之，三日不下，乘以窥

宋城”，活活就是一架木制侦察机了！到了明代，又有万户这位聪明的中国人，最早想到利用火箭的推力飞天。他将47枚自制的火箭绑在椅子上，自己举着大风筝作降落伞功能坐于其上，惜乎点火后爆炸，万户为自己的飞天梦献出了生命。西方学者考证，万户是“世界上第一个想到用火箭飞行的人”。美国国家航天局将月球上的一座环形山命名为“万户”。

到了明代，又有万户这位聪明的中国人，最早想到利用火箭的推力飞天。他将47枚自制的火箭绑在椅子上，自己举着大风筝作降落伞功能坐于其上，惜乎点火后爆炸，万户为自己的飞天梦献出了生命。西方学者考证，万户是“世界上第一个想到用火箭飞行的人”。美国国家航天局将月球上的一座环形山命名为“万户”。

“飞天”梦就是这样相沿相袭，一直传递到航天城，传递到“神舟”与“天宫”航天器，传递到杨利伟、聂海胜、刘洋、翟志刚、王亚平身上。一个古老民族几千年的飞天梦，一以贯之，终成正果。

有意思的是，我儿子的家在西安西郊太空花园小区，这是一个空军系统的家属小区，大门旁有一块巨石，上面镌刻的正是我国第一位航天员杨利伟题写的“太空花园”四个字。每当我拉着小孙女的手出入于这座门，都会给她讲，“太空”是怎么回事，杨利伟是谁，什么是“飞天”，什么是“航天”。有次小孙女问我，太空上真有花园吗？我说真有。你看那么漂亮的“飞天”姐姐、刘洋姐姐飞到那里去，能没有花园吗？我很快给她买来了神舟十号的大模型，让她知道，这一切不是梦，真的不是……

应该尊重每个人的人生选择，不过我还是主张一个人，尤其是青年人，一个民族，尤其是正在走向复兴的民族，应该有点梦，有点理想，有点为实现梦和理想的行动。

2014年7月26日夜，中国　敦煌飞天大酒店

11

停车玉门关

7月26日上午在敦煌莫高窟“九层楼”前的通关仪式上，我说，这次丝路申遗，敦煌地区“连中三元”（指莫高窟、悬泉置、玉门关三处入选），而敦煌则是“二度梅”（指已是第二次入选世界文化遗产），这有力地显示了敦煌在丝路文化和世界文化格局中的意义。

玉门关分小方盘城和大方盘城，曾为玉门都尉府治所，是古代丝路南线、北线的分道口。东南距敦煌90公里，西距罗布泊150公里，有26米见方，高10米的小烽火台遗址，以芦苇与黏土隔层夯实筑成。

下午，大家都去了鸣沙山，我们一行四人选择去80公里外的玉门关。我没有去过那里，但“长风几万里，吹度玉门关。由来征战地，不见有人还”“半夜帐中停烛坐，唯思生入玉门关”，这些悲壮而凄凉至极的诗句，让我对那里充满了历史感的向往。

好一个热！阳光当头直射，晒得天红地红。你能感觉到紫外线对皮肤的灼伤。地上无一茎草，远方无一处景，天上无一丝云。渴死的地、烧红的天，杜绝了你对绿色和水、对一切生命迹象最后的期待。我们在烙烤中无言，埋头在洪荒中穿越。

玉门关分小方盘城和大方盘城，曾为玉门都尉府治所，是古代丝路南线、北线的分道口。东南距敦煌90公里，西距罗布泊150公里，有26米见方，高10米的小烽火台遗址，以芦苇与黏土隔层夯实筑成。朝北可以清晰看见疏勒河，就是那条流经楼

玉门关小方盘城遗址

是生态毁了他。只有生态对生活的毁灭，才会是如此决绝性的毁灭！

兰的孔雀河支流，一个在古典诗文中经常出现的名字。确切地说，我看见的是极度盐碱化、已经干枯成一小块湿地的疏勒河沙化标本！见附近有残存的芦草，同伴顺嘴说出四个字：蒹葭苍苍……便噤住了嘴，我们都感到了一种调侃。

同车的朋友打开手机，调出下载的100多年前斯坦因来这里拍摄的黑白照片，那时这里还是有树，有草，有水的！我明白了为什么这块原先由河流、湖滩组成的地方自古会是兵家必争之地——因为这里有着周边所没有的最后的生存环境。人们逐水草而居，也为水草而争，为自己和自己的族群的生存作最后的抗争！

在玉门关展览馆能看到古代戍边将士和百姓所用的武器、锅碗、夯墙用的苇子、衣服的碎片，和整齐的屋基、农田、水渠遗迹，甚至还有墓群。那时这里曾经有过何等活跃的日常生活。这一切，现在都没有了。不是岁月毁了它，2000多年后的今天，起码还留下了生命的物证和潜藏在诗文传说中依稀的记忆。是生态毁了他。只有生态对生活的毁灭，才会是如此决绝性的毁灭！

你能听见大地深处传来奄奄一息地呻吟吗？人类瓜分了我，榨干了我，然后一个个逃离了我……那是这片苦难土地在呻吟，我们的老母亲在呻吟。

人类争斗乃至战争的最终原因，是生存，而生存的首要条件，是生态。反过来说，人类心灵的宁静、社会的和睦，最终原因也是生态。生态愈益恶劣，社会争斗愈益剧烈，心灵的安妥也便不复存在，烦躁、惊恐将控制我们的情绪。生态问题是生命、社会和心灵的元问题，生态工程是改造自然生态、社会生态、心灵生态的系统工程。

以我的高龄，同伴们不让我在40多摄氏度的烈日下多待。停车半小时，我们便离开了此地。我感慨唏嘘说，“昨天是西出阳关无故人，今天又是春风不度玉门关，西部呀！”我强烈地体验到了张骞、法显、玄奘超凡的精神追求和意志力量。车行一小时，前方的沙原和沙山下，渐渐推近了一抹绿色，这绿色像个具有千钧之力的楔子，深深地插入地老天荒之中。那是敦煌市，那是莫高窟。那里面有花红果硕，有浓荫匝地，有清泉流泻，点缀其中的是楼房和每扇窗户后面的温馨家庭，是孩子的笑靥。

我们能够在沙漠中楔进敦煌绿洲，楔进有永恒生命的敦煌壁画，我们也应该让已经变成沙漠的绿洲重获生机，让玉门关重获生机。玉门关不只有昨天，一定会有明天。

> 我们能够在沙漠中楔进敦煌绿洲，楔进有永恒生命的敦煌壁画，我们也应该让已经变成沙漠的绿洲重获生机，让玉门关重获生机。玉门关不只有昨天，一定会有明天。

明天就要进入新疆了，媒体团连夜开会，加强管理，加强安全和行车教育。已经七天，按说会进入第一个生理和心理疲劳期，但对天山南北好风光的向往，激发出大家新的活力。我们迎接明天。

2014年7月27日，中国　敦煌飞天大酒店

远眺敦煌

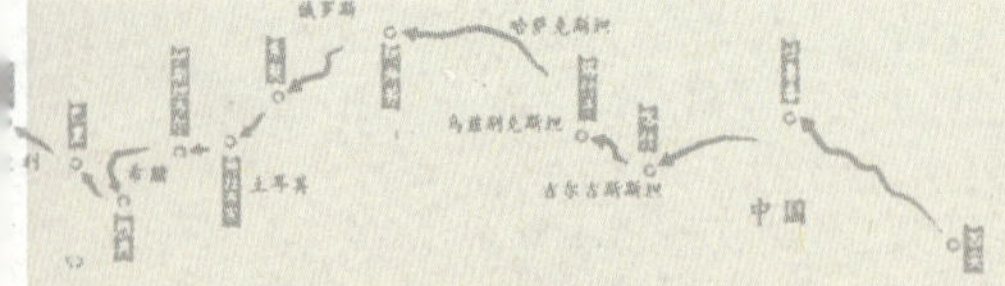

12

好一脉莽昆仑

喧闹的车内忽然沉默了，大家都默默地望着昆仑，感受着它那万古永存却又缄口如瓶的宏大气场。在就要告别天边的昆仑，进入新疆天山廊道的一刻，我必须回首说说这座伟岸至极的圣山。

戈壁，戈壁，戈壁。在漫向天际线的戈壁尽头，昆仑山一直沉默而执拗地注视着我们。它以静制动，以无声胜有声，用气场无处不在地笼罩着我们。喧闹的车内忽然沉默了，大家都默默地望着昆仑，感受着它那万古永存却又缄口如瓶的宏大气场。在就要告别天边的昆仑，进入新疆天山廊道的一刻，我必须回首说说这座伟岸至极的圣山。

车窗外闪出了雅丹地貌，西部的风以百年、千年为时间单位，将这里的岩石和土坡塑造成一幅幅雕塑，有横刀立马的孤胆英雄，有千军万马的战争全景，呼啸而过的马队，孤独的牧羊人和他的羊群。一切都有了生命有了生气。西部告诉我们的是，整个世界，整个宇宙，无处不有呼吸和心跳。

这比我去年冬天去柴达木看到的高原，鲜活多了。那次冒着零下30度严寒和3000米海拔西行，就是想感受一下冬的昆仑，冬的高原，顺便参加“大昆仑文化高峰论坛”，交流一下研究成果。会上，原中国作协书记处书记、青海省委常委吉狄马加给我发了一个“大昆仑文化研究杰出成就奖”，令我很是惭愧。那主要是因为20多年来对西部文化的研究，催动我老而不懈怠吧。

西部古烽火台

关于昆仑山的界域，人文地理学界有争论，越趋精确争论越凶。我从文化坐标上只想对这座山取一个模糊的说法。这座山恐怕是中国最高最大的山，平均海拔五六千米，山表面积五十多万平方公里，三个多陕西还不及它。昆仑山一把将青海、四川、新疆和西藏揽进自己的怀抱。

我心目中的昆仑山，大致可以用六个词来表述，就是：山之根，河之源，族之祖，神之脉，玉之乡，歌之海。

山之根，昆仑山是“万山之祖”。中国山系的主干山系，由它生发出来的支脉和余脉遍布西部大地。从山系角度看，祁连山、巴颜喀拉山，甚至一直到秦岭，都可以收入囊中。

河之源，昆仑被称为龙脉之源。在这无数的雪山中，流出了世上最纯净的水，形成了长江、黄河，浩荡奔腾到太平洋。同时还形成了塔里木盆地与柴达木盆地的内流水系。毫无疑义，它是最大最高的中华水塔！

族之祖，古代居住在昆仑山下青海高原的羌人，曾是北方大族。羌、姜本一字，姜姓部落集团是羌人的一个分支，都以羊为图腾，后来成为古中原地区最著名的民族共同体。它是“华夏族”的重要组成部分，从三皇五帝到春秋战国，这个族群在中原始终占有重要地位。后虽与汉人杂居而相融汇，其分支至今仍在岷江、嘉陵江上游传承繁衍。

我心目中的昆仑山，大致可以用六个词来表述，就是：山之根，河之源，族之祖，神之脉，玉之乡，歌之海。

神之脉，昆仑被称为“万神之山”“中国第一神山”。中国神话有两个大系列，即东部的蓬莱神话系列和西部的昆仑神话系列，一山一海，构成中华民族丰富的神话世界。西王母神

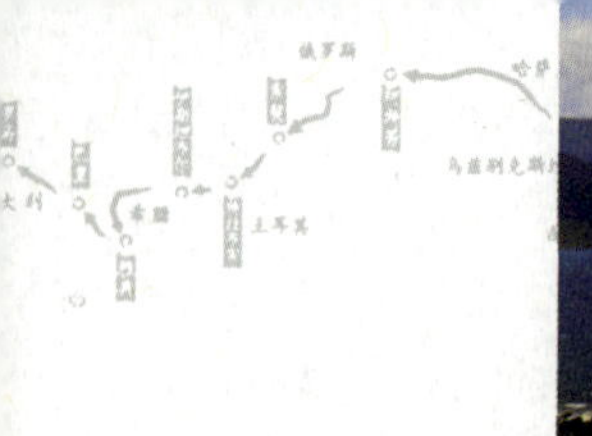

昆仑山的高山胡泊

这个网络正在实现现代转化，转化为公路网、铁路网、电网、航空网，还正在转化为高速公路网和高铁网。

话系列，以及相关的穆天子、瑶池这些昆仑神话中的人物场景，经由世代传说和文艺作品的传播，早已家喻户晓。

玉之乡，昆仑亦称玉山。《史记·大宛列传》写昆仑时即有记载：“其山多玉石，采来天子案，古图书名，河所出山曰昆仑云。”昆仑玉与和田玉东西距离300公里，处于一个线矿带上，质地细润，淡雅清爽，是国家地理标志保护产品，曾作为北京奥运会的奖牌用玉，是白玉产业一大品牌。

歌之海，以“花儿”和玉树歌舞为代表。以赛马会、那达慕、九曲黄河灯会、土乡纳贡节、热贡艺术节、撒拉族艺术节而显出无比斑斓的民族民间艺术，使昆仑山下青海湖边成歌之海、诗之海、舞之海。李白“若非群玉山头见，会向瑶池月下逢”，写的就是昆仑山。近年青海省在青海湖畔连续举办国际诗歌节，更使昆仑之歌诗走向世界——那可是每年几十个国家、国内每个省的诗人都来这里聚会的呀！

昆仑山的雪域高原上，不但行走着张骞、班超，还行走着玄奘、文成公主，行走着我们的地质工作者、铁路公路建设者、油田开采者，行走着世世代代在这里繁衍生息的兄弟民族与汉族的同胞。是他们将唐蕃古道和茶马古道与丝绸之路连成一体，在西部大地上构成了一个古道交通网络。这个网络正在实现现代转化，转化为公路网、铁路网、电网、航空网，还正在转化为高速公路网和高铁网。

昆仑文化有了新的内涵，昆仑高原有了新的高度，昆仑人有了新的活力！

2014年7月27日，中国　哈密加格达宾馆

13

高昌古城，梵音回荡

在哈密的通关仪式上，我说，感谢哈密以阳光的灿烂和哈密瓜的甜蜜欢迎我们。到了去吐鲁番的路上，天气不可思议地热起来。野外气温近50度，身上却不出汗。一种灼烫的感觉无声无息裹严了你。不是烧灼的尖锐，是一种“感觉”。20年前我来这一带，那干热的记忆正是这样的，那种感觉全被唤醒了。

高昌古城距离吐鲁番有40公里。因其“地势高敞，人广昌盛”而得名。沿途是绿洲，村落密集，农贸繁盛。怎么也想不到，拐几个弯，在旷野尽头，突然浮现出一座城，寂然无声地朝我们移动，在热气的蒸腾下神秘地靠近车队。有人惊呼：“海市蜃楼！”不，不是海市蜃楼，我们来到了一座真真实实的古代城市——高昌古城。

高昌古城距离吐鲁番有40公里。因其“地势高敞，人广昌盛”而得名。沿途是绿洲，村落密集，农贸繁盛。怎么也想不到，拐几个弯，在旷野尽头，突然浮现出一座城，寂然无声地朝我们移动，在热气的蒸腾下神秘地靠近车队。有人惊呼：“海市蜃楼！”不，不是海市蜃楼，我们来到了一座真真实实的古代城市——高昌古城。

接待的是吐鲁番地区文物局长王霄飞。他高挑个，一口东北风的普通话，一副眼镜尽显文雅。不畏酷热，在烈日下不戴帽子。我要他用一两句话说说自己，他却先介绍身后的两个年轻人：一个博士毕业，一个博士在读。吓我一跳，知道此人更有来历，仍追问他的情况。他只说了四个词：北大毕业，美国读博，吉林师大任教，公招到这里当局长。见我还要问，歉意

高昌古城遗址

地笑笑，开始了如数家珍的讲解。

他说，西域古国高昌，地处天山南麓的北道交通要冲，为古代新疆政治、经济、文化的中心和交通枢纽。始建于公元前1世纪汉代，分外城、内城、宫城三部分，均呈不规则方形。面积达193万平方米，有一个小城市大了。鼎盛时全城人口30000，僧侣3000，是世界宗教文化荟萃的宝地之一。在13世纪末的战乱中废弃，大部分建筑物消失无存，目前保留较好的外城西南和东南角两处寺院遗址。内城北部正中有一座不规则的小城堡，当地人称“可汗堡”。

城墙由夯土筑成，有清晰的夹棍眼。全城当年共有12重大铁门，分别冠以“玄德”“金福”“金章”“建阳”“武城”等不同名号。城市中房屋鳞次栉比，有作坊、市场、庙宇和居民购买区。建筑布局与当时长安城相仿。所以现在保护加固遗址也请的是西安的古建修缮队。我们问晒得黝黑的师傅是哪达的乡党，他说是户县秦镇的。

王局长给我们讲了两个高昌故事。一个是玄奘与高昌王的故事。当时这里是世界宗教文化荟萃之处，佛、道、祆教都有。玄奘西行路过，笃信佛教的高昌王待以上宾，赐以重金，足够玄奘用20年的盘缠，又亲修通关文牒，着西域各国放行。玄奘应允归途中在高昌讲经两年。他遍游阿富汗、巴基斯坦、印度诸国讲经，在 17年后才踏上归途。本可走南亚另一条更方便的路回国，为了讲经承诺，玄奘拐到高昌，诵经讲佛，并与高昌王拜为兄弟，留下了千古佳话。

另一个是高昌珍宝迷宫的故事。唐军压境，高昌王鞠文泰自酌无法抵抗，便在沙漠之中修建迷宫，将珍宝尽数藏入其中，准备唐军退却后供复国使用。但他的儿子却将迷宫秘图献给唐军以表臣服。高昌勇士知道后，潜入唐营夺走迷宫图，逃入大漠。这成为史上一大迷案，引得以后许多冒险家来这里探宝。近几年，成为一些西部电影的故事蓝本，还做成了电子游戏，广泛流传。

这里在9世纪后还成为高昌回鹘国的首府。原在蒙古高原的回鹘汗国败落后，有十五个回鹘部落先后西迁此地，建立起“高昌回鹘国”。从9世纪起经历了五代、北宋、西辽、元，到14世纪时，已经存在了500多年。

这里在9世纪后还成为高昌回鹘国的首府。原在蒙古高原的回鹘汗国败落后，有十五个回鹘部落先后西迁此地，建立起“高昌回鹘国 ”。从9世纪起经历了五代、北宋、西辽、元，到14世纪时，已经存在了500多年。在回鹘文书中存有回鹘文的《玄奘传》，1930年在新疆出土，现已翻译整理。《金光明经》的回鹘文译本，成为研究古代维吾尔语和宗教的基本资料。《乌古斯可汗传说》则是维吾尔族最早有关自己始祖的传说，现收录在《福乐智慧·导言》之中。20世纪在吐鲁番、哈密发现的译成回鹘文的《弥勒会见记》抄本的残卷，证明这里在汉代已经有中国最早的戏剧表演……

王局长边走边讲，由下午5点直到9点。由于经度差别，这里9点正值黄昏。凤凰卫视的美女主持田桐，在古城遗址前作各种神态和姿势的留影。青春与苍凉、当下画面与历史回音、女性的柔媚与铁血的沧桑，被夕阳剪辑到了一起……

2014年7月27日，中国　吐鲁番麦西莱甫酒店

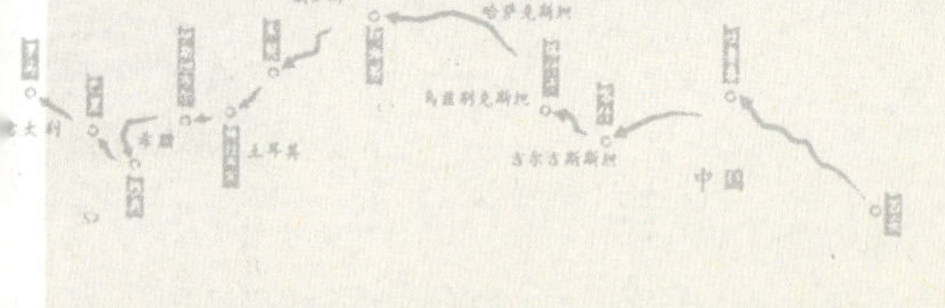

14

沉思楼兰

> 陕西广播电视台主持人刘烨说，我是新疆姑娘，当许多人感到新疆遥远荒凉，不愿或不敢来这里时，我正在走近家乡，我的心在回家。这里有我的童年和青春，有我的亲人,有我小学中学的各族同学和朋友，有我许多的人生故事。上大学每次放假回家，走近星星峡我就激动。今天是我第一次作为一名记者回到家乡，我要用自己的报道告诉广大听众，新疆有多么好多么美。请不要误解我的新疆！她哽咽了，流泪了。

车队疾驰向西，离开甘肃，朝新疆进发。当高速公路上的星星峡口出现时，和我同在3号车的陕西广播电视台主持人刘烨要过车内电台，要求说话。她一口气说了10多分钟。她说，我是新疆姑娘，当许多人感到新疆遥远荒凉，不愿或不敢来这里时，我正在走近家乡，我的心在回家。这里有我的童年和青春，有我的亲人，有我小学中学的各族同学和朋友，有我许多的人生故事。上大学每次放假回家，走近星星峡我就激动。今天是我第一次作为一名记者回到家乡，我要用自己的报道告诉广大听众，新疆有多么好多么美。请不要误解我的新疆！她哽咽了，流泪了。整个车队报以热烈的掌声。

此时，楼兰古国神秘的身影正从我们南边300公里处错过。已经是第三次错过它！楼兰的各种神秘传说，早就勾引着我。但真正引发我想与它零距离接触的冲动，则是另一个谜，那就是科学家彭加木失踪。

著名科学家、中科院新疆分院副院长彭加木1980年在楼兰罗布泊附近突然失踪，引发国内外震动。我与彭加木非亲非故，引起我特殊关注的是，向世界首先报道这一消息的是我的一位大学同班同学，时任新华社新疆分社记者赵全章。此后，关注的连续报道，关注彭加木生死未卜的命运，成为那一段时间我解不开的心结。1984年去新疆伊宁市参加西部文艺高峰论坛。会后，为了能去楼兰，我谢绝了会议组织去南疆的安排，只身返回乌鲁木齐，准备从吐鲁番进入罗布泊。不想刚到乌鲁木齐市，单位急电召回，身不由己，只好怏怏而归。

第二次是1992年，朋友约我由敦煌翻越阿尔金山进入青海柴达木，过冷湖，过花土沟，到达茫崖石棉厂。盘桓数日，一行五人西行入疆，到南疆最东边的一个县若羌，想从这里北行300公里去楼兰。县上朋友坚决不让去，说季节不对，安全设施短缺，“那是玩命！”于是又与楼兰失之交臂。

这次丝绸之路万里行因人多路线长，又无法安排。此生肯定与楼兰无缘了。楼兰对我是一个梦，有许多待解的谜，发现之谜，人种之谜，美女之谜，消失之谜，成为杀敌立功的代名词之谜。罗布泊和孔雀河永远诱惑着我……

楼兰古国遗址

西域36国之一的楼兰，是丝绸之路必经之地，是丝路南线、北线的分道口。对它的重要地位，《史记》、法显和玄奘都提到。一万年前已有人类活动，但1600年前却突然在大漠中消失。不止楼兰一处，整个塔克拉玛干沙漠和塔里木河一线的古城，都在这前后消失。这谜一般的消失，成为科学探讨和舆论关注的热点。

一万年前已有人类活动，但1600年前却突然在大漠中消失。不止楼兰一处，整个塔克拉玛干沙漠和塔里木河一线的古城，都在这前后消失。这谜一般的消失，成为科学探讨和舆论关注的热点。

有说是楼兰消失于战争，被北方强国摧毁。是的，在我们的古典诗词中，楼兰是杀敌立功的代词。“愿将腰下剑，只为斩楼兰”“黄沙百战穿金甲，不破楼兰终不还”，李白、王昌龄的壮士豪情，都借攻打楼兰来表达。这里肯定频繁地受过战争的蹂躏。有说消失于生态恶化，尽管楼兰颁布过世界上较早的环境保护法，但因上游河水被截断流，无法灌溉，干旱、缺水最终还是逼走了楼兰人。有说消失于地质地貌的变迁，罗布泊以千年为周期南北移动，湖泊移走，这里也就没有了生存条件。有的说楼兰衰败于丝绸之路北道的开辟，经哈密、吐鲁番的丝路北道日渐繁荣，这里逐渐被废弃。

还有的说与生物入侵和瘟疫蔓延有关。从两河流域入侵的蝼蛄，以这里的膏泥为食，泛滥全城，逼走了楼兰人。更可怕的说法是一种急性传染病“热窝子病”，一死一家，一倒一村，楼兰人只好弃城而逃，在大漠中留下一个“千村霹雳人遗矢，万户萧疏鬼唱歌”的废城。

我想，所有这些说法都有道理，都是楼兰消失的一个原因。改变历史、改变地域的，从来都是战争、饥饿、疾病、生态失衡，以及其他各种因素综合的结果。这说明了社会发展、历史变迁的复杂性，这些因素中的每一条都给后人综合治理社会以教训，以警示。历史是何等苍凉，历史本来就是以无数生命的前赴后继书写出来的。

楼兰的人种之谜更有思考的启动力。有人认为，最早的楼兰人就是欧洲的雅利安人，是后来这里飘泊着印欧人的古老部落，他们操印欧语系的吐火罗语。而从基因学、器物学角度，有人类学家又认为，楼兰人更接近古代阿富汗人。但从闻名世界的那具保护完好的女尸，那浅色头发、眉弓高耸、鼻梁挺直的形象中，又分明有着高加索人种的特征，这与对墓地骨殖作体质人类学的测试吻合。到了汉代，蒙古人也来到这里，与其他种族的人共居共处……

楼兰人是跨越欧亚大陆的多民族的共生体，楼兰人的灿烂文明，是各地域、各民族文明交汇融合的成果，是整个人类文明形成的一个缩影。人类的文明从来由人类共同创造，共同享用。楼兰的消逝，使我们生发悲从中来的慨叹，但楼兰文明的多维融聚，又使我们对人类生命力充满了信心，充满了乐观的期待。

楼兰人是跨越欧亚大陆的多民族的共生体，楼兰人的灿烂文明，是各地域、各民族文明交汇融合的成果，是整个人类文明形成的一个缩影。人类的文明从来由人类共同创造，共同享用。楼兰的消逝，使我们生发悲从中来的慨叹，但楼兰文明的多维融聚，又使我们对人类生命力充满了信心，充满了乐观的期待。

2014年7月28日，中国　吐鲁番麦西莱甫酒店

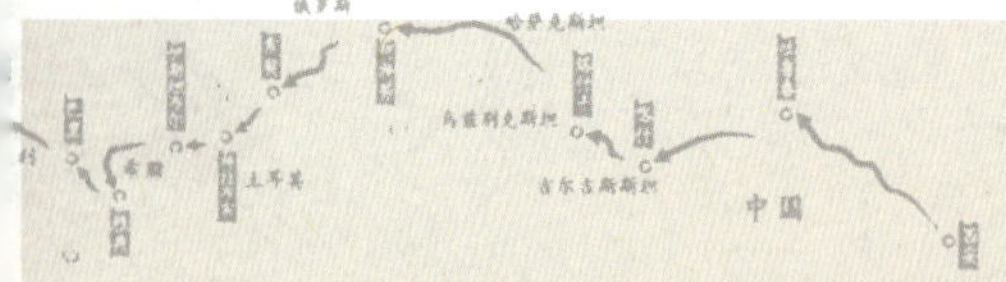

15

火焰山下雨了

今日去吐鲁番火焰山，那里是全国第一热，又逢伏天，年龄大了，心里很是忐忑。我鼓励自己：算是一次体检，耐得住这里的干热，我的健康就可以打90分。

走着走着，车里人不说话了，开始体验品味这热。温度绝对不低于桑拿，但不是桑拿，高强度的无汗干蒸。空气也凝固了。开始头有点儿昏，接着心跳加速抑或血压增高。有一种窒息感，想大口喘气缓解窒息，吸进去的全是热气，热加上热更不胜热！一只小虫子不知何时飞进车里，躲避外面的骄阳吧，开始还扑棱着双翅，后来就一动不动——热死了。啊呀，这就是名不虚传的吐鲁番，把唐僧、孙悟空、猪八戒热得叫苦连天的吐鲁番。

陕西卫视历险拓展主持人亢凯是条汉子，他第一个下车，将鸡蛋放在沙窝里，一会儿就熟了，面对镜头吃得挺香。接着带领近百名旅游者攀爬火焰山，大家都为他捏一把汗，一个多小时后转播车里传来他兴奋的声音，我们十几个已经第一批登上了山头！

时代真变了。亢凯这一代年轻人可以兴高采烈地游遍、玩遍大好河山。而我们年轻的时候有的却是另一种故事。我给大家讲了一个“文革”中发生在这里的一件事。当时北京有一队红卫兵来到吐鲁番点燃“革命烈火”。见火焰山上没有一处毛主席语录和革命口号，决心要在坡坎上刻一条“毛主席革命路线胜利万岁！”的巨幅标语，每字一人高。他们以虔诚的忠心和青春的豪情战胜高温和饥渴，干了好几天，超负荷消耗使他们奄奄一息。黑夜降临，只剩下最后一个大惊叹号没有作完。队长是从西北考到北京大学的一个小伙子，他用微弱的声音唱着“下定决心，不怕牺牲，排除万难去争取胜利”的语录歌，爬到沟面上，用红油漆刷那个惊叹号。结果……他再也没有下来，整个人被风干在那里，自己的身体成了一个惊叹号！

这个故事发生在那个火热的年代。那个年代，这火热的地方却是那么寒冷！

吐鲁番的气候特点，可以用几个字概括，这便是热、干、低、堵。这里年日照超过3000小时，6～8月平均气温超过38℃，最高气温达到过49.6℃，沙面温度曾达80℃以上。自古称此地为“火洲”。

先说热、干——年平均雨量只有16.4毫米，相当于南方一场大雨的十几分之一，也就是星星点点几分钟。因为空气中没有水分蒸发，又加剧了气温的上升。低——吐鲁番南部盆地在海平面以下，最低的艾丁湖低于海平面154米，中国第一，世界第二（仅次于约旦死海）。堵——这里是大高差的盆地，周围层叠的山与盆地底部绿洲高差达到四五千米，风丝毫进不来，阳光热量发散不出去，热浪堵在盆地底部像火一样回旋。

不过，这儿从古至今人类活动络绎不绝，而且创造了许多彪炳史册的文明成果，像附近的高昌、交河、楼兰古文明，这些都在丝绸之路世界文化遗产项目之列。当地人怎样智慧地生存呢？这就不能不说到坎儿井。天上的雨，山上的冰雪，融化流进戈壁之后，大都蒸发了。维、汉各民族的老乡就发明了“坎儿井”——用明渠、暗渠、直井、涝坝整套系统将上游还未蒸发的水引入地下，又将地下暗渠里的水从直井中打上来浇灌。老天爷，你热你的，人们却有办法让火焰山下绿洲遍野，

吐鲁番的气候特点，可以用几个字概括，这便是热、干、低、堵。这里年日照超过3000小时，6～8月平均气温超过38℃，最高气温达到过49.6℃，沙面温度曾达80℃以上。自古称此地为“火洲”。

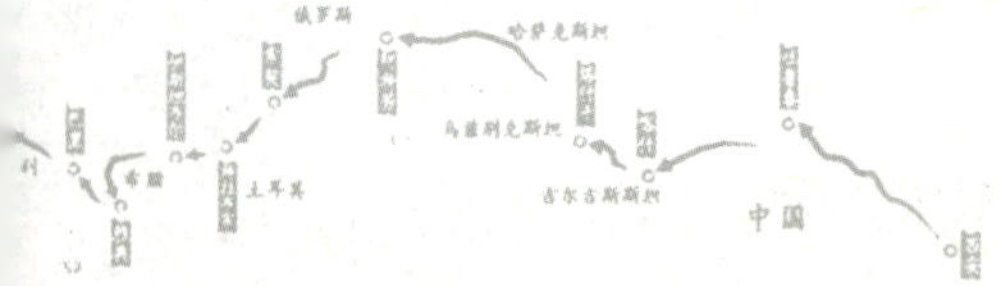

这儿从古至今人类活动络绎不绝，而且创造了许多彪炳史册的文明成果，像附近的高昌、交河、楼兰古文明，这次都在丝绸之路世界文化遗产项目之列。

葡萄瓜果驰名中外。

傍晚，一碧如洗的天空现出一条龙形的云朵，大家都争相拍照。想不到的是，第二天一早我们去火焰山拍摄通关仪式时，竟然乌云满天，一会儿脸上便感到了雨星。啊哇，我们竟有幸遇上了吐鲁番下雨！老天竟慷慨地将一年16毫米雨量的八分之一赐给我们这些丝路的旅者，莫大荣幸啊！

在通关仪式上，名嘴王志在通关仪式上要我讲几句。我说：今天是开斋节，我向所有维吾尔族的父老乡亲祝贺节日。开斋节天降甘霖，是真主在祝福我们这块热土吉祥如意。吐鲁番的葡萄熟了，我们丝绸之路万里行团队来了。我们不只为火焰山、葡萄沟、哈密瓜的乡土风情而来，也不只为高昌、交河古城和吐鲁番洞窟经卷这些深厚的文化传统而来，我们更为吐哈油田、风力发电、煤电转换这些新丝路经济带的重点工程而来。千百年来，各民族团结和睦建设自己的新家园，我们来学习、传播，叙一点儿兄弟之谊！

2014年7月29日，中国 吐鲁番麦西莱甫酒店

16

秦音秦腔与百岁老人

下午，与总主持王志一道去新疆生产建设兵团猛进秦剧团，采访他们的老团长、97岁的耄耋老人邸德民。

路上有点儿堵，五点才到。下车后，摄制组的小伙子们扛着超重的器材，走了很长一段路，然后拐进一个院子，然后进单元楼，然后下地下室。引路的人摸不到电灯开关，只好摸黑下台阶，拐弯，再下台阶，倏尔光亮骤至，进到一个小剧场。小剧场空空如也，只一两百个座儿，虽有年代，倒还整齐。演员都去借用的另一处场地排戏了，排的是自己创作的反映兵团生活的秦腔新戏《军垦之家》。

舞台上孤零零坐着一位老人，戴一顶草编礼帽，手里攥着一个红袋子。见面第一句话是：我三点半就来了！

王志赶忙道歉：让您老久等，罪过罪过。我也上前，特意操醋溜陕西话与他说易俗社，说秦腔，说这次丝绸之路万里行正是从他的老家西安灞桥启动的，老人才高兴起来。王志不愧名嘴，很质朴又很老练地开始对话，且不露痕迹地朝深处开掘。他问得真诚而真切，很快拉近了距离。

邸老个子不高，声音不大，记忆力、表达力、应对能力基本不错。整个对话长达一个半小时，老人能不休息不喝水，一

邸老个子不高，声音不大，记忆力、表达力、对应能力基本不错。整个对话长达一个半小时，老人能不休息不喝水，一气坐下来、说下来，你不能不佩服。

气坐下来、说下来，你不能不佩服。他是1917年生人，十四五岁因父母双亡，乞讨为生，被陕西周至益民剧社收留入班学戏，由做剧务到登台主攻胡子生而小有名气，“我们那时是师傅的鞭子抽出来的。”1949年32岁时，原国民党17师猛进剧团被中国人民解放军收编，保留“猛进”名称不变。他参军入伍，随王震将军入疆，后剧团转业为生产建设兵团建制。当团长时，由于要缩减编制，他首先让自己当演员的夫人在40岁的黄金年龄下岗。“她能想通吗？”“想不通也没办法，我是团长、党员嘛！”

超过一个甲子，猛进秦腔剧团走遍南疆北疆，兵团各团场、地方各州县都有他们的身影。他们让援疆的西北各省同胞过了秦腔瘾，也向各民族传播了秦腔艺术。他们坚持创作反映边疆现实生活的新戏，改编优秀的历史剧，多次获奖，为秦腔艺术的发展与现代转型做出了贡献。直到现在，在多媒体冲击、戏曲市场萎缩的大形势下，剧团克服各种困难，每年还演出百场以上，超过了自治区规定的80场任务。这在地域辽阔，转场费时的新疆很不容易了。

邸老还告诉我们，20世纪五六十年代，老一辈中央领导习仲勋同志不止一次看过“猛进”的戏。“习老表扬我们：这个团扎根新疆，学雷锋，要好好帮助发展。还与我们一起合影。”“猛进”后来被评为“五好”剧团，他还代表团里去北京开了会。

猛进秦腔剧团走遍南疆北疆，兵团各团场、地方各州县都有他们的身影。他们让援疆的西北各省同胞过了秦腔瘾，也向各民族传播了秦腔艺术。他们坚持创作反映边疆现实生活的新戏，改编优秀的历史剧，多次获奖，为秦腔艺术的发展与现代转型做出了贡献。

前不久，和古老的西安易俗社一道，这个扎根边疆70年的剧团，入选国家非物质文化遗产。

我手头没有任何剧团的文字材料，以上情况，都是老人絮絮叨叨、零零星星说出来的。我只是稍加整理，也没有去落实。一位百岁老人的记忆和表述也许有误，但有时候，具体事实的准确与详细与否其实并不重要，关键是我们面前这位平凡而又可敬的老人，他由参加革命的热血青年到主要演员，到导

王志与邸老的对话

演，到连任剧团多届团长，到退休，一生献给了边疆，献给了兵团，献给了秦腔艺术。他只是当年成千上万援疆内地人中的一员，他让我们看到了一个庞大而又强大的群体雕像，看到了他们光彩四射的精神。

邸老在对话中多次重复、反复强调、不断更正别人的一些用语："革命么，党员么"，是他的口头语。"猛进是解放军收编的，我不是投诚，我是参加革命跟王震来的"，起码说了三次。

我注意到邸老在对话中多次重复、反复强调、不断更正别人的一些用语："革命么，党员么"，是他的口头语。"猛进是解放军收编的，我不是投诚，我是参加革命跟王震来的"，起码说了三次。他念念不忘的是市场冲击和改革，重复了四五次，直到最后还给现任团长王建昌反复叮咛："秦腔要改革哩，新疆全国各地人多，我把一些道白里陕西土话改成大家能听懂的，比如'国家'不叫'归家'了，'勺勺'不叫'佛佛'了"，"秦腔音乐里还要掺和一些新疆歌舞音乐"，"戏不好演咧，这电视……"

这些，可能是老人的唠叨，更可能是老人的心结，老人至死不渝的坚守。

最后王志帮他打开他多次想打开的书画作品。其中有一幅楷书，写于兵团建立60周年："天山何茫茫，西北大屏障。瀚海进兵团，屯垦伟业壮……"他小声念着，我心里却响起了壮丽的交响乐。

2014年7月30日，中国　乌鲁木齐华林美爵宾馆

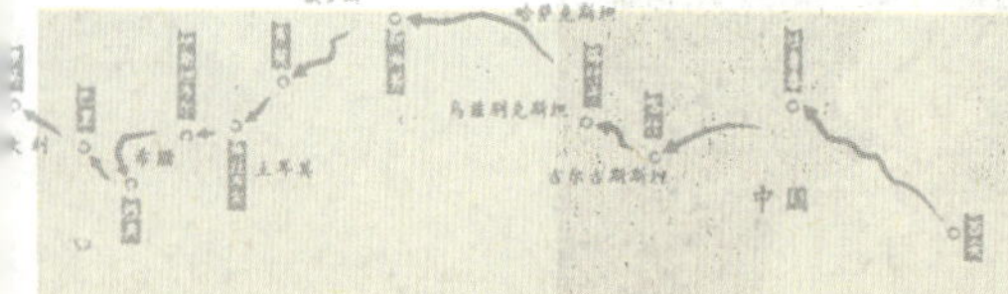

17

交河古城

古城总面积47万平方米，相当于1/60个现代北京！现存建筑遗迹竟达36万平方米，有一个当代县城大小了。城内建筑物大部分为唐代修建，建筑布局独具特色。长期生活在长安的我们，颇为熟悉这种格局，能够感受到那时候中原文化，特别是唐文化对整个西域的巨大影响。

交河，世界上最大、最古老、保存最完好的生土建筑城市，也是我国保存了两千多年最完整的都市遗迹，完全可以被称为地上的庞贝城。得益于这里极度干燥的气候，整个古城奇迹般地完整地保存了下来。当年唐西域最高军政机构安西都护府就设在交河古城。因河水分流绕于城下，故称交河，两水相夹，全城呈柳叶状半岛。

遗址保存相当完好，南北长1600余米，东西最宽处300米，分为寺院、民居、官署等部分。古城总面积47万平方米，相当于1/60个现代北京！现存建筑遗迹竟达36万平方米，有一个当代县城大小了。城内建筑物大部分为唐代修建，建筑布局独具特色。长期生活在长安的我们，颇为熟悉这种格局，能够感受到那时候中原文化，特别是唐文化对整个西域的巨大影响。

古城像一个层层设防的大堡垒，人行墙外，犹如处在深沟之中，无法窥知城垣内部的情况，而城内的人则可居高临下，控制内外动向，布防极为严密。城西有许多手工作坊。临街那面却不开门，从大道两侧看到的是高厚的土墙，墙后才是纵横交错的短巷和“坊”。

古城内垂直交叉、纵横相连的街巷把全城分为若干小区，

交河古城遗址

颇似中国内地古代城市的坊和里。这说明在唐代这里曾经有过一次新的规划和改建。它一方面受到了内地城建规制的影响，又有自己的特色。适应频繁战争的需求，街巷、城门、交通网络及其他建筑，无不考虑军事防御功能。整座古城就是一个巨大的军事堡垒，我们能够想象出这里曾经有过的激烈的民族矛盾和军事冲突。

这座城市真是一个庞大的古代雕塑，建筑工艺之独特，国内仅此一家，国外也罕见其匹，体现出古代劳动者的聪明才智和巨大的创造力。

2014年7月30日，中国　乌鲁木齐华林美爵宾馆

这座城市真是一个庞大的古代雕塑，建筑工艺之独特，国内仅此一家，国外也罕见其匹，体现出古代劳动者的聪明才智和巨大的创造力。

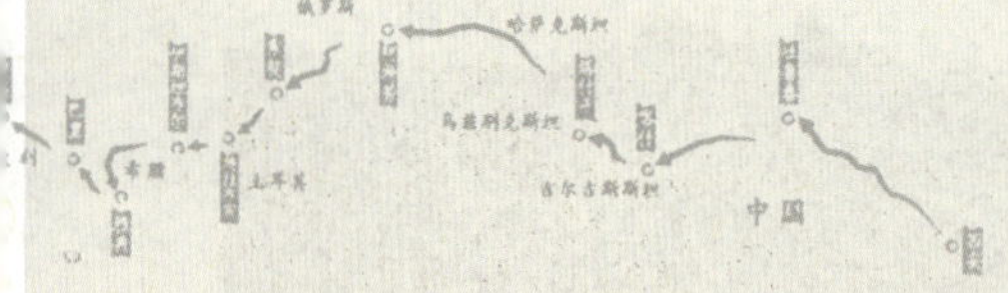

18

石河子忆旧

在1965年周恩来总理与上海支边兵团战士在葡萄架下亲切会见的那张大照片中，一眼就看到了她。她是参加会见的几个兵团战士代表之一，隔一个人站在周总理旁边，大家正谈笑风生。五十年光阴逝去，我已经记不住她的名字……

我几十年蜗居长安，在石河子有旧可忆吗？还真有。今天到了石河子参观农垦博物馆，我在展板中寻找一位朋友。

这是一位上海支边的生产建设兵团女战士。在1965年周恩来总理与上海支边兵团战士在葡萄架下亲切会见的那张大照片中，一眼就看到了她。她是参加会见的几个兵团战士代表之一，隔一个人站在周总理旁边，大家正谈笑风生。五十年光阴逝去，我已经记不住她的名字，讲解员也说不清，说要去档案馆查，时间又不允许。

1964年，当时的中共中央西北局（后来全国各大区中央局撤销）在西安召开西北大区农业产业经验交流会，我是一名驻会记者，任务就是采写这位先进的兵团女战士。除了发表通讯，还要为她整理大会发言稿。在西安人民大厦的前厅，她给我讲述了自己怎么瞒着家人报名去新疆，在七天七夜西去的列车上，怎样动情地朗诵郭小川的诗《在西去列车的窗口》，唱《送你一束沙枣花》。列车满载着燃烧的青春、革命的激情，不舍昼夜在西部大地疾行。

到了乌鲁木齐，然后换乘汽车，奔波一整天到石河子当时

兵团总部，然后换乘拖拉机去团场，又转乘拉拉车（架子车）去连队。她们不再谈笑，惊恐地看着这大荒原，回想着一个星期来由繁华的黄浦江畔到西天尽头的奔波，想着父母送别时的泪水，思考着以后的人生之路。晚餐是杂粮馍馍，而菜是“饲料瓜”。我印象很深，当时兵团把笋瓜叫饲料瓜。这些初中刚毕业的孩子，终于哇的一声号啕大哭起来……

她们不再谈笑，惊恐地看着这大荒原，回想着一个星期来由繁华的黄浦江畔到西天尽头的奔波，想着父母送别时的泪水，思考着以后的人生之路。

三年五载下来，不少人找各种理由回上海了，也有人一直缓不过神，她却适应了环境，朝着当初的理想一步步走下去，成了当时上海知青中的先进，那次又被选来参加西北大区的会议。记得当时写她的稿子占了《陕西日报》通栏大半个版，而在她大会发言之后，当时西北局第一书记刘澜涛站起来与她热情握手，感谢上海知青支援大西北。

屈指算来，这位上海姑娘已是70岁的老人，她还在石河子吗？现在的境况怎样？那以后的人生之路又怎样延伸？我想从身边路过的兵团人中寻找答案。这些儿孙辈的青年对我的问题已经很是陌生，茫然不语。他们将炎炎的夏日披在肩头，且行且歌地走远了，留下了一串笑声。噢，她大概和所有老一代的兵团人一样，成了这里的条田、树林，成了团场的楼房、水渠和小溪流，还有这笑声和歌声……

我最崇敬的老诗人艾青，从反“右”到“文革”，蒙难多年，就发配在石河子兵团。他是政治上的异类，却成为许多年轻人心中的诗圣。四川一位小学教师叫杨牧的，因在日记中写

石河子街区

了独立思考的文字而受批判，决绝地抛弃公职来到兵团，与艾青同在一个团场。他与老诗人情同父子，渐渐步入诗歌王国。他在这块土地上找到了精神家园。改革开放初期的20世纪80年代，崭露头角的杨牧，和老师艾青同时荣获全国诗歌大奖，一时成为文坛佳话。杨牧后来回四川，是作家协会主席。

艾青充满感情地写过这座城市：“我到过许多地方，数这座城市最年轻，它是这样漂亮，令人一见倾心。不是翰海蜃楼，不是蓬莱仙境，它的一草一木，都由血汗凝成。”

艾青充满感情地写过这座城市：“我到过许多地方，数这座城市最年轻，它是这样漂亮，令人一见倾心。不是翰海蜃楼，不是蓬莱仙境，它的一草一木，都由血汗凝成。”20世纪80年代中期，我去北京北新桥艾青回京后的新居，采访了他复出后新的经历，发表了几千字的访问记，后收入我的《中国当代文坛百人》一书。艾青欣然为这本书题了书名。

易中天也是石河子走出去的。“文革”后他从这里考上大学，在武汉读研，在厦门大学教书，而后走上中央电视台百家讲坛，名动中华。和晶，那位中央电视台美丽的女主持人也是兵团出身。有趣的是，10多年前在中央电视台一次评选全国最佳魅力城市的电视直播活动中，我与这些兵团人不期而遇，在语言的交锋中，感情大聚会了一次。那次我是汉中市的文化代言人，和晶与阿丘主持，易中天、敬一丹是点评嘉宾。和晶忠于自己的职守，不断质疑我。幸亏易先生看在交情份儿上，力挺汉中，施我以援手。事后一起用餐，说起几千人的石河子缘分，一齐抚掌大笑。好温馨的石河子！

田野给大地围上一条绿色的纱巾，麦子摇摆的歌声拍打着蓝天，拖拉机向仓库拖运秋天，这是我眼中的农垦新城。

2014年7月31日，中国　石河子农科宾馆

19

“这个世界的启示在荒原”

车过石河子，一直沿着天山北麓飞驰。天山白色的冰川雪帽，戴在钢铁般的骨架上一动不动，像哲人俯瞰着西部大地，沉着而饶有兴致地注视着这个车队，注视着这些重闯西部的张骞后裔。怪不得山名称“天山”了。其实，祁连山的“祁连”二字，蒙古语的意思也是“上天”。山岳给予我们心灵的，永远是天空般的崇高和宏阔。夕阳之下，砂砾覆盖着的大地，在车窗外旋转成一个扇面。沙柳和沙棘，在不能直立的飓风中立住了脚，在无法生根的坚硬中生长了根。

山岳给予我们心灵的，永远是天空般的崇高和宏阔。夕阳之下，砂砾覆盖着的大地，在车窗外旋转成一个扇面。沙柳和沙棘，在不能直立的飓风中立住了脚，在无法生根的坚硬中生长了根。

太阳光耀的圆，正在渐渐地接近地平的直线。接近的速度似乎可以感觉到。它们相交的瞬间，球体在地平线上轻轻回弹了一下，相切点上瞬间爆发出炽烈的弧光，太阳和大地便在这炫目的光芒中熔铸到一起。几乎同时，一阵凉风，贴着地皮掠过，晚风悠悠袅袅地飘散开来，给大地轻轻地敷上一层纯青、一层淡紫，直到天地混沌成昏暗的一片。

三十多年来，我几次穿过河西走廊，沿天山西进，还有两次是从青海海北自治州的大草原，翻过祁连山去张掖、敦煌。有一次，在山南的绿色原野上，突然遇上了裕固族鲜艳无比的马队——原来是接新娘子的队伍。我们的车整整跟行了半个多小时，好好领略了一番兄弟民族的婚嫁风情。

几十年过去了，在驰骋中跳出的这彩色回忆，让我想起一句名言：“这个世界的启示在荒原！”这话是美国一位林务官利奥彼特说的。他毕生与大自然打交道，悟出了这个道理。

为什么“这个世界的启示在荒原”？因为发达地区是已开发地区、资源已利用地区、发展机遇正在过去或已经过去的地区，大都成了现在时和过去时。未开发的荒原，才是潜力和机遇最富集的地方，资源保存最佳的地方。荒原是未开垦的处女地，是真正的未来时，真正的希望所在。

荒原的启示还因为它在文化上有一种“隔离机制”。交流是经济、社会发展的必要条件，这大家都知道，都重视交流。但隔离可以从另一个角度促进社会发展，却不是人人都能想到的。隔离可以保存文化特色，隔离是地域文化个性形成的必要条件。文化个性的丧失，常常和过度交流有关。交流往往只能促进同质文化的批量生产。这也许是有些国家为了自己民族的文化安全，对现代化保持警惕的原因吧！

荒原对飞速发展的现代社会，还有一种价值平衡、文化叩

问的象征作用。对于此岸喧闹繁华的社会生活，荒原像彼岸宁静淡定的精神世界，像灵魂的清洁剂和平衡仪。雪山大漠让被异化深深伤害的人类回到大自然朴素的原点。人类世世代代都在读着高峰与雪山的对话，温习其中史诗般的句子。荒原无语，却何等让人敬畏！

从地形上看，欧亚大陆像一片四轮葡萄叶。四个叶端，分别是地中海、波斯、印度和中国东亚。由于靠近海洋，经济与文化发展较早，形成了四大古文化区。葡萄叶的叶掌，则是以帕米尔山结为核心的大高原、大雪山、大戈壁。这里生存条件不佳，文化经济因隔离而滞后，四大古文化开始只能在隔离中独自发展，反而形成了各自的个性，最后又必然向叶掌的文化低谷汇流。我称之为多维文化的向心交汇。

这种向心交汇，使中国西部形成四圈四线的文化交汇地图。四圈，即新疆文化圈、青藏文化圈（即大昆仑文化圈）、蒙宁文化圈、陕甘文化圈。这四圈鲜明地反映着地中海文化、波斯文化、印度文化、蒙古文化和中国中原文化在西部不同程度的交融。四线，即将这四圈文化和世界四大文化联成网络的丝绸之路、唐蕃古道、草原之路（秦直道）、南方丝绸之路（茶马古道、茶盐古道）。

但是，在世界文化格局中，同时还有另一种文化交汇。这

从地形上看，欧亚大陆像一片四轮葡萄叶。四个叶端，分别是地中海、波斯、印度和中国东亚，由于靠近海洋，经济文化经济发展较早，形成了四大古文化区。

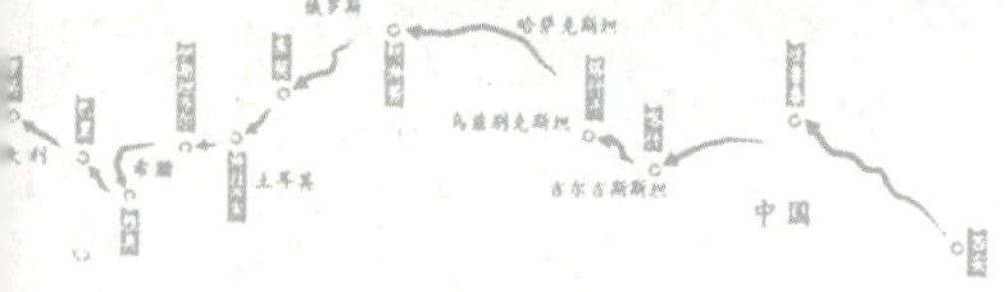

为什么“这个世界的启示在荒原”？因为发达地区是已开发地区、资源已利用地区、发展机遇正在过去或已经过去的地区、大都成了现在时和过去时。未开发的荒原，才是潜力和机遇最富集的地方，资源保存最佳的地方。荒原是未开垦的处女地，是真正的未来时，真正的希望所在。

就是世界四大古文化，通过海洋辐射到美洲、澳洲和非洲部分地区，和那里的本土文化融合。这种交汇不是内向的交汇，而是外向的辐射性交汇，我们称之为多维文化的离心交汇。离心孕育的美、澳、非（主要是南非）新大陆文化，在深层结构方面，和中亚文化、西部文化有相似之处。尽管两者处于不同时空，发展有很大的差异，但内在的同构却使他们在这里那里产生自觉的呼应和不自觉的感应。

新开发的大陆即美、澳地区，已经发挥了多维文化交汇的优势，先后成为发达地区。西部和中亚如何发挥多维交汇的文化优势，不仅内在结构和现代文明相互感应，而且在成果上和现代文明相映生辉，这个任务摆在了我们面前。

我心里有一个世界，那个世界在我心里。

2014年8月1日，中国 伊宁

20

伊宁：中国第一次西部文学盛会

这次乘越野车已经跑了4000公里，前面还要跑万里以上。贴着大地丈量西部，丈量丝路，是殊为难得的机遇。乘飞机穿越，只能在高空鸟瞰西部，乘汽车一里一里丈量西部，感受完全不一样。西部在你面前徐徐展开，你在徐徐进入西部，感觉说多好有多好。

我几次去新疆，都是乘飞机，只有一次坐火车回内地。这次乘越野车已经跑了4000公里，前面还要跑万里以上。贴着大地丈量西部，丈量丝路，是殊为难得的机遇。乘飞机穿越，只能在高空鸟瞰西部，乘汽车一里一里丈量西部，感受完全不一样。西部在你面前徐徐展开，你在徐徐进入西部，感觉说多好有多好。

1984年，是一个平常而又平常的年份，对我的人生却是十分重要的。这一年，我的事业有了一次转型。“文革”前，我在报社当文艺记者，也写一些评论文章，却仍是以文艺报道为主，应定位为文艺记者。接着便是长达十年的“文革”，辗转下放农村、工厂和基层报纸，文事完全停顿。

“文革”之后回到文化界，已经奔四。1979—1984这五年，是我人生事业的再度起步期，是我文艺评论的写作期。我们几个中年人组织了以《笔耕》命名的全国第一个文艺评论组，开展了许多活动。对上一代的陕西作家柳青、杜鹏程、王汶石、李若冰和同一代的陕西作家路遥、陈忠实、贾平凹、邹志安、京夫等，我大都写了专文评论，也参与了像全国中篇小说评奖这样的国家级文艺评奖当评委以及相关的评论活动。

久而久之便出现了疑虑。几位同龄文友一起议论时谈到：

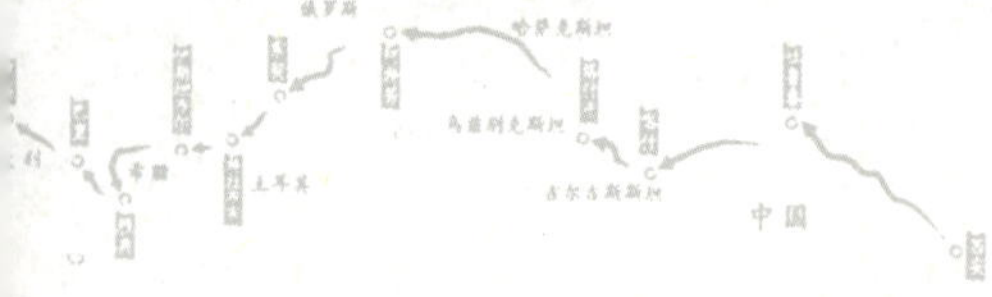

四十岁的人了，事业应该有自己的领域，不能就这样被动追踪作家的创作，没有自己的理论体系。从那时候起，我决定进入中国西部文学的研究领域，并逐步向中国西部文化拓展。1984年初，我在《陕西日报》发表了整版长文《美哉，西部》，提出“西部美”的概念，力图将西部文化作为一个整体的概念体系提出来。此文许多报刊转载，引发了较大反响。

这前后我由《陕西日报》调到陕西文联，主管文艺理论研究工作。我组织的第一项活动，就是联络西北各省区文联与西安电影制片厂，召开首次中国西部文艺研讨会。为了突出西部的特点，会议选在新疆伊宁市——中国最西边的城市。

于是有了第一次西部之行，是乘苏式伊尔-18飞乌鲁木齐的。那天晴空万里，纤尘不染，我紧靠在8000米高空的舷窗上，把鼻子压成一个扁扁的三角，目不转睛地盯着窗外。竟然能够清晰地看到大地，看到戈壁，看到细细的公路将荒原切割成这样那样的几何图形。祁连山缓缓地向后挪动，小小的如玩具般的采油树撒播在山原之间。河流大都干涸着，与路几乎无法分辨。有时能看到一些零零星星的绿色，不知那是左公柳（左宗棠征西时栽下的柳树，因而得名），还是沙柳丛。快到乌鲁木齐，飞机盘旋下降，戴着雪帽的博格达峰像一位阅尽沧桑却又缄口如瓶的老人，从地平线上伸出头颅凝望着我们。那充满了哲理性的无声的凝视，让我深深地感觉到了西部的苍劲伟岸和自己的渺小、猥琐……

1984年初，我在《陕西日报》发表了整版长文《美哉，西部》，提出“西部美”的概念，力图将西部文化作为一个整体的概念体系提出来。此文许多报刊转载，引发了较大反响。

到乌鲁木齐的当夜，筹委会决定要我在开幕式上做关于西部文艺的主题报告。丝毫没有准备，推脱再三，恭敬不如从命吧。只一天准备时间。那时都是两三个人住一间房。第二天一早，我带一支笔几张纸，问路问到红山公园，找了树丛深处的一块石头——那应该是为恋人们准备的地方，开始写我的主题发言提纲。拟了近10个相关问题，一个一个想，写了6页纸。其间不时有恋人找到这块隐秘之地，见到我这个不知趣的人，只好扫兴退出。有对年轻人还小声地表示了不满，嘟囔说，到

赛里木湖畔

公园里还写什么，假正经！第三天一早，我们便坐上大巴向600公里外的伊犁进发。脑子里一路盘旋着心中的西部，耳际响起了当时一首写西部的歌：

也许你还不了解它。
它的绿洲，
它的黄沙，
它的牛羊，
它的庄稼，
它的胡杨林如诗如画。
哦，
我说你会爱上它，
你会爱上它。
也许你还不熟悉它，
它的油海，
它的钻塔，
它的花毯，
它的彩裙，

它的林荫道攀越山崖。

哦，

你会爱上它，

你会爱上它！

这首歌的题目叫《你会爱上它》。是的，永远永远，我真的从此爱上了它，爱上了我的西部，我的丝路。

在伊宁的大会主旨报告，后来整理成18000字的长文发表，再后来又发展为30万字的《中国西部文学论》。到今年，到这次又走丝路，已经整整30年！我生命最精华的段落，除了“文革”的耽误，全都给了西部和丝路。如若没有1984年的那次转型，没有西部和丝路对我人生的决定性影响，我也许会为十年浩劫耽误了的十年青春而悔恨终生呢！

2014年8月2日，中哈霍尔果斯边境口岸

21

“我是鹰，云中有志”

我是鹰——云中有志！

我是马——背上有鞍！

我是骨——骨中有钙！

我是汗——汗中有盐！

一群十来岁的男孩子不用鞍子，双腿夹住光裸的马背，一路打着呼哨，在愉快的呐喊声中绝尘而去。他们让我懂得了西部人勇敢敏捷的原因——强悍，在这里是一种“胎里带”，一种童子功，一种自小长成的地域性格和民族精神。

在由伊犁向边境疾驰的路上，沿途的大景观在我心中唤醒了记忆中的这首西部诗，是当年著名的西部诗人杨牧的《我是青年》。短短几句，抓住了西部的魂魄，好长西部人的志气。

近30年前第一次来西部，我们曾特意拐到天山南麓的巩乃斯草原去看了一场赛马、叼羊比赛。哈萨克男人在叼羊比赛时的执着勇猛震撼了我。马群、人群一会儿围着那头被叼的羊挤成一个旋涡；一会儿被哪位小伙子抢到手，离群疾驰，引发一场千军万马的大追击，又将这个旋涡拉成一绺烟尘。那是男子汉的角力赛，是男人亮肌肉的T台。而“姑娘追”，姑娘们甩着长辫子，飞扬着头巾下的长发，边追小伙子，边用鞭子抽打他，在草原一阵阵的笑声中，又传递了多少温馨、温存和喜爱。

最触动我的还是少年组赛马，一群十来岁的男孩子不用鞍

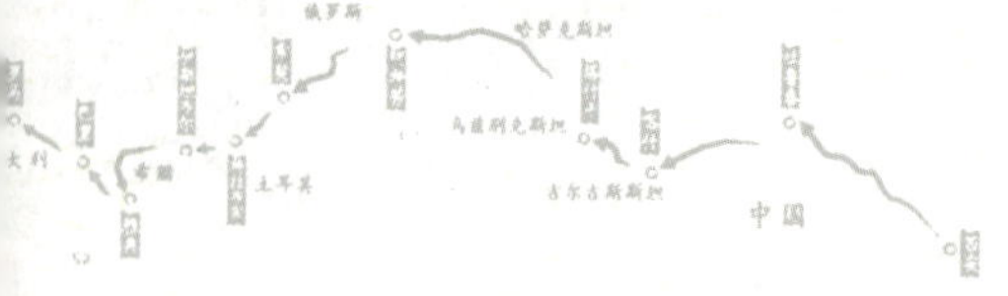

子，双腿夹住光裸的马背，一路打着呼哨，在愉快的呐喊声中绝尘而去。他们让我懂得了西部人勇敢敏捷的原因——强悍，在这里是一种“胎里带”，一种童子功，一种自小长成的地域性格和民族精神。

生龙活虎的西部，生命飞扬的西部。这个民族骑在马背上，天是开阔的，心是透明的。

当大家围着挤着看赛马时，有一位哈萨克老人在马背上远远地看着欢乐的人群。他占据了一个稍高的小山坡，好像是一匹离群的马或者离群的狼，用自己的沉默和族群的欢腾形成反差。我很早就注意到了他，当我走上前去想与他搭讪，却愣住了，这是一位双腿截肢的老人！小腿以下双双截去，用白色的毡毛包裹着，两个马蹬空着，在微微地晃荡，一副双拐搭在马背上。他在马鞍上稳如泰山，整个身子与他的马熔铸为一座雕像。就那样，像草原的统帅一样，威严地伫立在赛马场边。

他怎样受的伤？赛马引发了他哪些回忆？或许他曾经是赛马叼羊第一名？或许在这里有意地被许多让他心动的姑娘追上，用鞭子轻轻抽打过？或许在哪一场暴风雪中，他和他的羊群被包围，而冻坏了双脚，从此需要双拐支撑？但这一切，都无法将他和他的马、他的草原分开。他还可以骑马，还可以以马代步去亲近他的草原和羊群；每次赛马他必定到场，静静地感受着、享受着那依然在心中燃烧的豪迈气氛和英雄情结。这位英雄的哈萨克老人，在我心中掀起了涟漪……

生龙活虎的西部，生命飞扬的西部。这个民族骑在马背上，天是开阔的，心是透明的。

那次看赛马的归途上，天突然变了，瓢泼大雨将绿色的草原上打起了一层水泡。草原刹那间像回到了蛮荒时代，地老天荒没有人迹。这时候一座孤独的帐篷出现了，滂沱的大雨中它那么孤独，那么无助，帐房的小卷窗里有个孩子，孤独地望着这变了脸的天地，也显得那样无助。他会恰好就是那位哈萨克老人的孙子吗？西部人就是这样孤独地、悲怆地然而又是倔强

而英雄地活着的吗？

在那以后的几年时间内，每当下雨，我就会沉默地面对窗外如注的雨滴，想起草原上孤独的帐房，帐房里孤独的孩子，还有依然像山一样伫立的孤独的哈萨克老人，他永远是一副绝不弯腰的姿态，雄视着远方。

每当下雨，我就会沉默地面对窗外如注的雨滴，想起草原上孤独的帐房，帐房里孤独的孩子，还有依然像山一样伫立的孤独的哈萨克老人，他永远是一副绝不弯腰的姿态，雄视着远方。

每当这时，我也会陷入一种孤独和悲怆之中，体内会升腾起一股血性。我也就更体会到西部人生存的艰难和在这种艰难生存中锻打出来的刚毅和强大。我更会想到，西部人生命中这种品质和现代社会能有所呼应，成为西部现代化中的一个精神优势。西部人原始生存和艰苦发展的悲剧感、忧患感；西部人由于空间疏离造成的孤独、人在自然包围中的孤独、与现代人由于心灵疏离造成的孤独、人在“物化人”包围中的孤独，难道不是一种精神相似和同构吗？西部人承受悲怆和孤独的先天性能力，难道不是孕育了在今天丝路经济文化发展中的潜在精神优势吗？

西部人是以自己的艰难的生存来投资现代发展、投资丝路建设的啊！

我因此而有了些许的安慰。

2014年8月2日，中哈霍尔果斯边境口岸

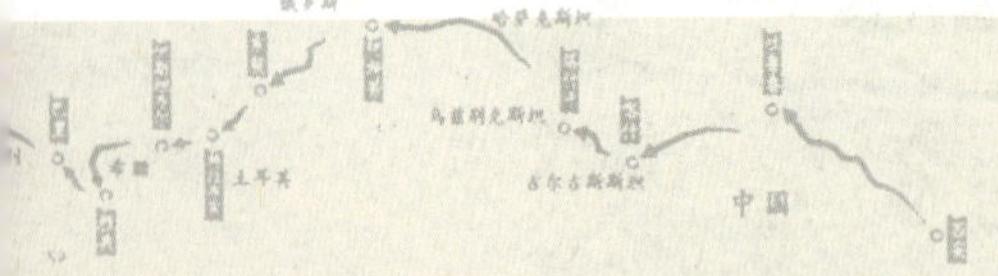

22

丝路在哈萨克斯坦很热乎

市长将一幅画着一棵大树的油画送给丝路万里行活动，解释说，当年马可·波罗路过此地去中国，曾在这棵树下休息，而你们的张骞比马可·波罗早了一千多年，更为伟大。

我原来有一个猜想，丝绸之路在中亚，在国外，可能没有在中国国内这么热，但是，我是完全错了。

车队一过霍尔果斯海关口岸，哈萨克斯坦东干族协会会长安胡塞和费尔肯特市市长，以及哈萨克斯坦东干商会领导便热情地用鲜花迎接我们，并作了简短而极有温度的讲话。然后车队继续行驶，不到半小时，又拐到路旁一个场地上，我们看到了烈日下用手举着的欢迎横幅。这才是正式的欢迎仪式，市长致欢迎词说，费尔肯特市是中国丝绸之路进入哈萨克斯坦的第一站，他极感荣耀，近年来中国朋友来这里投资很多，他极为感谢。我听了，真有点极为不安。

之后，车行又不到一小时，开进了一个喷泉广场。民族乐队正盛装以待，见我们来了，立即鼓乐齐鸣，身着鲜艳民族服装的姑娘们旋转成一个花环，让你目不暇接。原来我们要在这里用餐。举杯前，市长将一幅画着一棵大树的油画送给丝绸之路万里行活动，解释说，当年马可·波罗路过此地去中国，曾在这棵树下休息，而你们的张骞比马可·波罗早了一千多年，更为伟大。真想不到，费尔肯特市在短短不到两小时内欢迎了我们三次，更想不到，他们和我们一样，也形成了丝路经济

哈萨克老大娘载歌载舞迎接中国客人

热。我有了一分自豪，三分自信。我们的车队掠过戈壁草原，翻越高峻的天山，然后又进入伊犁河河谷的绿地，真是没有白走。

还有更想不到的。午饭后参观一座清真寺，阿訇很自豪地告诉我们，这座著名的大寺是中国工匠洪斌(音)建造的，仿照的是西安清真大寺的风格。他说，西安以西的兰州、乌鲁木齐、伊宁清真大寺都是西安大寺风格。的确，寺里大梁上画的是扇面形的中国花卉，挂的是中国的宫灯，印证了阿訇的话。长安文化、中华文化对丝路沿线的深刻影响显而易见。

去江布尔州塔拉兹途中，一辆警车拦下我们问，你们去哪里？答一直去罗马，交警竖了竖大拇指，拦住对面来的所有的车为我们让行。我们直奔市里安排的经济文化交流对话会场。

哈萨克斯坦面积超乎常人想象，270多万平方公里，比新疆、青海、甘肃加起来还大一点，全球居第6名。阿拉木图是丝路重镇，曾经是首都，中亚第一大都会，现在也是经济、文化、商贸、金融中心。这里自古以来渗汇了欧亚文明和土耳其文明、东正教和伊斯兰教文明，是地道的文化之都。绿色覆盖达50%，全城水声如乐，是生态之都。生产总值占全国的20%，约4000亿人民币，与西安市相当，是经济之都。她还是中亚最大的金融中心，有中亚最大的银行，有证券交易中心，和底特律、曼彻斯特处于一个量级，是金融之都。她有东方的典雅，西方的高贵，居民消费水平和质量都很高，时尚而奢华。

早餐时，我们选坐在风凉清新的阳台遮阳伞下，俯瞰这座中亚名城。车辆、道路在浓荫的缝隙中穿行，阳光给楼房镶上金箔。不见苍蝇，倒有三两只蜜蜂在牛奶与果盘上嗡嗡地盘旋。

当然，她首先是苹果之都。在哈语中，“阿拉木图”的含义就是“盛产苹果的地方”，就是“苹果之城”。驱车从大街小巷走过，树上飘着果，晒着美丽。随处可见苹果形状的标记和装饰。在全市最高的建筑电视塔前，有个广场喷泉，水柱就从正中间的大理石苹果中喷薄而出。各大市场都有苹果的工艺品出售，我买了一个苹果石雕钟，带回去好永远记住在阿拉木图的美丽时刻。

在当地，苹果是丰收、健康、美丽的象征，是男女联姻的标志。婚礼上，新郎新娘要互赠苹果，接受这一份爱和幸福。这里苹果的最大品牌叫阿尔波特，色泽鲜艳、香甜多汁，极具营养价值，曾获巴黎和英国博览会奖。苏联时代，这种苹果是“贡品”，是克里姆林宫的专用苹果。

我从中国的苹果之乡陕西来到这座苹果之都，多少有了家乡的感觉，家乡的味道，那种酸甜酸甜、入口入心的香味令人回味。陕西苹果近年来迅猛发展，已经在产量、质量、加工转化、市场营销各方面，拿到了全国第一。陕西、阿拉木图两个苹果之乡，近几年正在实现强强联合。

王志与哈萨克斯坦前总理捷烈先科上午有场对话。总理到中国10多次，由于有东干族人士牵线搭桥，与陕西关系尤其密切。他与赵正永书记、娄勤俭省长见过面，娄勤俭省长还来过阿拉木图。在与当地企业家、学者的座谈会上，许多人都表示了希望中国及陕西来投资的愿望，当然远不只是果业，而且是石油、天然气、风力发电，直到工艺美术品市场的开发。

车队在公路上飞驰，两边是一望无际的大草原、大庄稼地。哈萨克斯坦人均耕地20倍于中国，牧民的潜在财富更令人羡慕，动辄就说我家有一条河、一片山坡、几千头牛马。大家开玩笑说，真想移民了，为了这美丽的草原，这一望无际的未开垦的处女地。

丝绸之路经济带快捷地把中国及陕西推到世界舞台上。

在当地，苹果是丰收、健康、美丽的象征，是男女联姻的标志。婚礼上，新郎新娘要互赠苹果，接受这一份爱和幸福。这里苹果的最大品牌叫阿尔波特，色泽鲜艳、香甜多汁，极具营养价值，曾获巴黎和英国博览会奖。苏联时代，这种苹果是“贡品”，是克里姆林宫的专用苹果。

2014年8月4日，哈萨克斯坦　阿拉木图至陕西村途中

23

在丝路上打前站的乡党

今天在抵达塔拉兹途中，应东干族协会会长安胡塞盛邀，拐到陕西村去会陕西乡党。那里有一个原生态的婚礼要我们这些“老舅家”来的人去体验。“老乡见老乡，两眼泪汪汪。”何况是一百多年未见面的乡党，何况是离家乡万里之遥的乡党。我不禁想起岑参的边塞诗《逢入京使》“故园东望路漫漫，双袖龙钟泪不干。马上相逢无纸笔，凭君传语报平安。”

140多年前，陕西回民在清政府的驱杀下，沿丝绸之路西行，翻越天山走出国境，之后就杳无音讯。直到百年后俄裔学者葛维达一篇关于前苏联“东干人”风俗习惯的文章，透露他们是19世纪80年代定居中亚的中国陕甘回民的后裔，东干族和陕西村才浮出水面。

140多年前，陕西回民在清政府的驱杀下，沿丝绸之路西行，翻越天山走出国境，之后就杳无音讯。直到百年后俄裔学者葛维达一篇关于前苏联“东干人”风俗习惯的文章，透露他们是19世纪80年代定居中亚的中国陕甘回民的后裔，东干族和陕西村才浮出水面。

他们一直深深地思念着故土。早在1910年，曾有4个东干族乡党绕道莫斯科、北京，克服许多困难来到陕西寻根问祖。1930年前后，又有7个人找回家乡。当时的陕西战乱加天灾，民不聊生，加之民族隔阂还很深，没人敢接待他们。回去后，他们伤心地说，乡党不认咱们了，从此失去了和老家联系的信心。

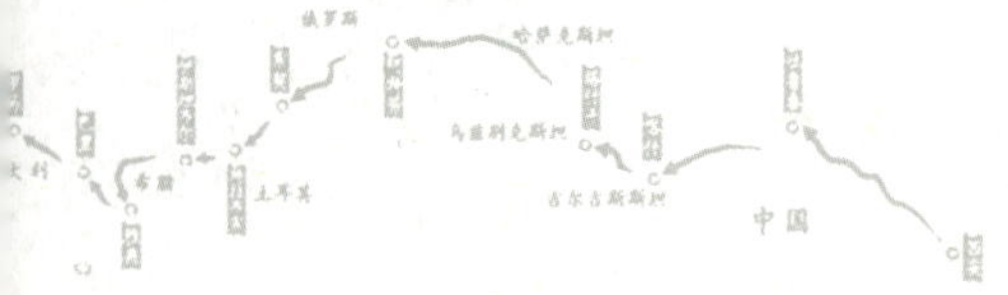

东干人的婚礼完全是老西安色彩。新娘清一色的清代古典服装，凤冠霞帔，绣花旗袍，脚蹬缎子裹的木屐。她向墙而坐，背对大家，新郎不来不能在外人面前亮相。外围坐一圈小妹妹，我想，这是一种婚嫁民俗教育传承的方式:你们将来也要像她这样出嫁。

改革开放之后，联系的渠道畅通了。20世纪80年代，陕西师范大学教授王国杰访问了吉尔吉斯的陕西村，并写了访问记，后来还出了书。媒体对此作了大量的报道。媒体的报道，引发了全国性的关注。那以后，他们和家乡的联系愈来愈多。1993年，前苏联回族协会副主席黑老五应邀参加了陕西电视台春节联欢晚会，用地道的陕西话在屏幕上给乡党拜年，成为三秦大地的新闻人物。不久他们组织一批东干族子弟来西安的大学留学。巧合的是，黑老五的儿子在西安交通大学还听过我老伴讲的中国近现代史课程。

后来，我又有幸和回陕的哈萨克斯坦“陕西村”村长安胡塞一起吃过饭，互赠书法作品。我给他写的是“三秦好儿女，中亚扎营盘。”（营盘村、新渠、哨葫芦是东干人在东亚聚后的三大中心。）他不会写中文，却用毛笔以俄语拼出一句陕西话送我，“东干人把家乡想扎啦”，后面的署名竟是“东干族陕西村‘皇帝’安胡塞”。我吃了一惊，他笑着解释说“咱那儿把领头的都叫‘皇帝’呢！”

东干人的婚礼完全是老西安色彩。新娘清一色的清代古典服装，凤冠霞帔，绣花旗袍，脚蹬缎子裹的木屐。她向墙而坐，背对大家，新郎不来不能在外人面前亮相。外围坐一圈小姐妹，我想，这是一种婚嫁民俗教育传承的方式：你们将来也要像她这样出嫁。婆家接新人的汽车来了，她披上盖头款款挪步车前。到了娘家门口，新郎出来，用双手做望远镜状瞄车内，伙伴们问：瞄见么？没瞄见。再瞄。如此者三，新郎大喊，瞄见啦，把帽子朝车上一甩。大家又喊“没油啦没油啦”，索要红包好去加油，安胡塞代表婆家长辈，我代表舅家随了份子钱。于是进门，拜堂，抹红，开席。少顷，娘家人与新娘道别，人人抹着眼泪退场。新娘自始至终低眉顺眼，面无笑容——就要离开亲爹娘了，怎能笑得起来？到了新家侍奉公

哈萨克斯坦陕西村的中国式婚礼

婆，又怎能不低眉顺眼？

这一切就像百多年前老西安宅子里的场景，而又确实发生在万里之遥的当今东干族的陕西村里。这不仅是一种民俗的保存，是飘零外域的人们在传承、铸造自己的群体凝聚力。

东干族的陕西人很能行，到中亚后，不仅以辛勤的劳动摆脱了贫困，安居乐业，成为当地极受尊重的民族，他们还为哈萨克斯坦带来了精耕细作的粮食、蔬菜种植业。虽以务农为主，也出了不少教授、企业家，还有代表当选为全国议员。更令人尊敬的是，在异质文化的包围下，他们较好地保存了中国文化。他们老一代的人爱说陕西话，村里不定期地组织中文演讲比赛。我们从老者那里听到许多陕西老话俗语，像“人离乡贱，物离乡贵”“宁念本乡一捻土，不爱他乡万两银”，还有“衙门”“大人”“学堂”等。他们称银行为“钱庄子”，称“签名”为“画押”，把饼干叫“花馍”，结过婚的妇女叫“婆娘”，把“米粮川”叫“米粮番”，陕西人正是将“川”字读为“番”音的。许多人把东干族称为“陕西近代文明的活化石”。

东干族的陕西人很能行，到中亚后，不仅以辛勤的劳动摆脱了贫困，安居乐业，成为当地极受尊重的民族，他们还为哈萨克斯坦带来了精耕细作的粮食、蔬菜种植业。虽以务农为主，也出了不少教授、企业家，还有代表当选为全国议员。更令人尊敬的是，在异质文化的包围下，他们较好地保存了中国文化。

下午，我与安胡塞、王志做了一个“长安对话丝路”的

在东干族协会会长安胡塞家录制电视对话并赠书法作品“根在中华，花开中亚”

电视专题。开场由孩子们用老西安话表演儿歌。当稚嫩的乡音念起“他大舅他二舅都是他舅，高桌子低板凳都是木头”，我几乎要流泪。为了保持自己与故土文化的血缘，一百多年来，他们实在太不容易了。安胡塞介绍了陕西村扎根异域 、重建家园的情况，我们就此深入讨论了这块中华文化国外飞地的种种问题：东干人如何保存自己的文字、语言、风俗和群体文化心理？这种文化保存的意义？如何处理交流与凝聚的关系？如何借助新丝路经济圈将防守性文化保存转化为进取与开放性的文化发展？

东干人不满足于只当陕西文化在异乡的化石，他们正以“老舅家”强大经济文化优势为后盾，通过丝绸之路经济带的构建，加强中亚各国与中国、与陕西的经贸文化交流。陕西村在外工作的人都喜欢在中国公司工作，他们已经成为中亚各国与中国贸易的先行者。

晚餐是地道的秦地面片，酸辣甜咸恰是老陕最爱。我不客气咥了三碗，是出国后吃得最过瘾的一顿。

2014年8月5日，哈萨克斯坦 塔拉兹赴边境途中

阿拉木图与冼星海

阿拉木图虽然已经不是首都，但在哈萨克斯坦的地位依然首屈一指。1991年12月21日，苏联原11国领袖在这里宣布俄罗斯取代苏联任安理会常任理事国，标志着苏联的解体。这遥远的异国都市，有一条冼星海大街，是1998年10月7日命名的。还有冼星海纪念碑和故居。冼星海大街与拜卡达莫夫街并行。拜卡达莫夫是哈萨克斯坦著名音乐家，当年曾向流落异乡的冼星海伸出援助之手，两位音乐家在艰难岁月中结下了深厚的友谊。

冼星海

原来中国作曲家冼星海1943—1945年曾居住在这座城市，并在这里创作了多部音乐作品。

冼星海，广州人，生于澳门一个贫苦船工家中。母亲打工支持他去广州、北京、上海学习小提琴和钢琴，后又去巴黎音乐学院学习。他自食其力，在餐馆、理发厅做杂役，几次累得晕倒。当得到可以报考巴黎音乐学院班的荣誉奖时，校方问他要什么奖品，他说：我要饭票。

冼星海回国后积极参加抗日救亡运动，创作了大量爱国抗日歌曲，《救国军歌》《只怕不抵抗》《游击队歌》《路是我们开》《到敌人后方去》《在太行山上》等，并为进步电影

亲历了歌声、瀑声，历史、现实，青春、生命的大交响。在巨大的声浪中，为逝去的岁月，为依然的激情，为先辈的生命在青年一代的延续，许多人流下了眼泪。

《凌云壮志》《青年进行曲》谱曲。抗战开始后，参加救亡演剧二队，在周恩来、郭沫若领导下，负责开展救亡歌咏运动，多次在广场上指挥群众大合唱。1938年，武汉大火的那个晚上，他一手抱着提琴，一手拉着恋人钱韵玲，踏上了北上的最后一班列车，辗转河南、山西，直奔延安，任鲁迅艺术学院音乐系主任。又先后创作了《生产运动大合唱》《黄河大合唱》《九一八大合唱》。

1992年为纪念《在延安文艺座谈会上的讲话》发表50周年，我担任了六集电视片《长青的五月》总撰稿，采访了近百名当年老革命文艺工作者。冼星海的夫人钱韵玲给我详细介绍了《黄河大合唱》创作过程。诗人光未然怎样被黄河惊涛所触动，写出了黄河颂的长诗，冼星海激动得主动请缨作曲。在鲁艺一间寒冷的小屋中，冼星海写一段，用小提琴拉一段给妻子听。第一次演出，他亲自指挥，全场沸腾了。在场的毛泽东站起来连连说好。几乎在这同时，小女儿冼妮娜出生，中央决定每月给他特拨15元津贴，比朱老总还多7元。

《长青的五月》记录了这一切，抢救了大批当事者珍贵资料。那以后的相关影片无不大量引用了这些资料。2012年，陕西文联组织壶口千人《黄河大合唱》，作为组织者之一，亲历了歌声、瀑声，历史、现实，青春、生命的大交响。在巨大的声浪中，为逝去的岁月，为依然的激情，为先辈的生命在青年一代的延续，许多人流下了眼泪。海内外的报道，均称这是继第一次延安公演和海外华侨华人演出后，第三次标志性演出。

1940年，党委派冼星海去苏联为纪录片《延安与八路军》进行后期制作与配乐。行前毛主席设家宴送行。不料苏德战争很快爆发，影片制作停顿。他想经新疆回延安，却因盛世才反共，滞留在了阿拉木图。在这里，在战火与饥饿中，他又完成《民族解放交响乐》《第一交响乐》《神圣之战》、管弦组乐

与阿拉木图企业家座谈

阿拉木图街头的丝路地图

《满江红》、交响诗《阿曼盖尔达》。长期营养不良，加之肺结核日益严重，冼星海被苏方送到莫斯科住院，又在医院创作了管弦乐《中国狂想曲》，表达对祖国的思念和企盼。不久肺结核转为血癌，1945年10月，年仅40岁的他离开了他所热爱的世界，安葬在莫斯科近郊公墓。镶着照片的大理石骨灰盒上，用俄文镌刻着：中国作曲家，爱国主义者和共产党员黄训（赴苏后改名，随母姓）。

冼星海只有40岁的生命，在仅仅10年的创作生涯中，现存的创作歌曲就有250首，大合唱4部，歌剧1部，交响乐2部，器乐曲多部。什么是卓越？能够超越生命的短长和世俗的平庸，直指意义境界，这就叫卓越。

阿拉木图，一座流水淙淙的城市。上千条河流构成水网，在城市各个角落鸣奏。在整整70年后，我们来到冼星海待过的这座城市，音乐家还在这座花园城市的河流中歌唱。

阿拉木图，一座流水淙淙的城市。上千条河流构成水网，在城市各个角落鸣奏。在整整70年后，我们来到冼星海待过的这座城市，音乐家还在这座花园城市的河流中歌唱。

2014年8月3日，哈萨克斯坦　阿拉木图

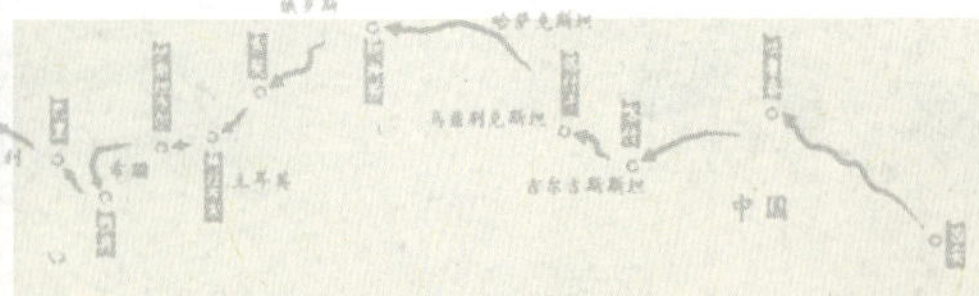

25

自古征战无胜负

来到哈萨克斯坦南部城市、江布尔州的首府塔拉兹。这座城市曾经留给我一个美好的记忆，就是塔拉兹铁合金厂这个有16000工人的现代化大企业，在20世纪60年代兴建时，曾经与西安电工城的一家企业结为友好企业。其时我是《陕西日报》记者，采访过他们派来的专家（当时苏联还未解体，叫“苏联专家”）。但不到两年，中苏交恶，他们很快回国，断了联系，留下的是一段遥远而很热乎的记忆。

这座城市曾经留给我一个美好的记忆，就是塔拉兹铁合金厂这个有16000工人的现代化大企业，在20世纪60年代兴建时，曾经与西安电工城的一家企业结为友好企业。

行前读《大唐西域记》，在卷一中玄奘记载：“……千泉西行450公里，至呾逻私城，城周八九里，诸国商胡杂居也。”“呾逻私”即后来的“怛逻斯”，今天的“塔拉兹”。丝绸之路的先行者们是早在千年前就来到这里，播种了友谊的。

是的，塔拉兹意味着现实的和平、合作和友谊，但怛逻斯却意味着历史上的厮杀和战争。1200多年前，大唐帝国与阿拉伯帝国在这里有一场震惊世界的大战。

此前，唐安西节度使高仙芝两次远征西域，平定了吐蕃及其附近的小国，占有了塔里木、伊犁河地区，并成为塔什干的宗主国，吐火罗、喀布尔和克什米尔的保护者。高仙芝本是高丽的移民，此时俨然成为大唐在中亚的总督。这时阿拉伯帝国

哈萨克大峡谷

动乱，黑衣大食取代了白衣大食，高仙芝想趁乱恢复大唐在葱岭之外的主权。而阿拉伯要控制中亚，又必须击退唐朝的进攻。于是战云密布。读边塞诗人岑参的诗，你可以感到大战浓重而严峻的气氛，以及这场战争的规模和残酷：

汉家大将西出师，将军金甲夜不脱。半夜军行戈相拨，风头如刀面如割。马毛带雪汗气蒸，五花连钱旋作冰。（《走马川行奉送封大夫出师西征》）

虏塞兵气连云屯，战场白骨缠草根。剑河风急云片阔，沙口石冻马蹄脱。（《轮台歌奉送封大夫出师西征》）

这场大战双方兵力少说也有五六万人。高仙芝率三万将士翻越葱岭，跨越沙漠长途跋涉三个月，围攻怛逻斯城。城内几千守兵，拼死抵抗，五日不克。阿拉伯人调集军队从背后闪击，唐军抵挡不住，阵脚大乱。阿拉伯军突进唐军大营和帅帐，疲惫已极的唐军终于溃败。高仙芝在夜色中单骑逃脱。残部在东逃安西路上，遭遇另一支唐军残部，为争夺道路又相互残杀。这一战，高仙芝安西精锐部队几乎全军覆没，只有千余人生还，这是大唐立朝以来最惨重的败仗。怛逻斯大战刀枪剑戟的火花，闪耀于千年的历史云层。

但自古征战又何尝有过真正的胜负？历史上，凡是如此拼生命、拼消耗、拼士气民心的大战，几乎都是两败俱伤。怛逻斯大战严重削弱了中唐的国力，高仙芝被玄宗斩首，唐朝逐步陷入藩镇割据状态，再没有了昔日的辉煌，在西域的霸权当然

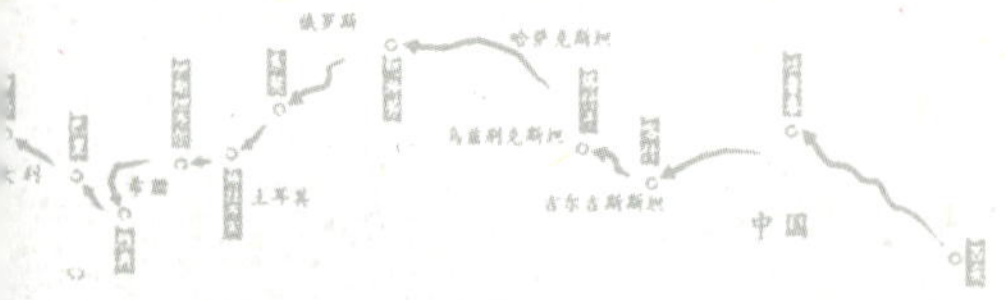

更是灰飞烟灭。大战引发的各种社会矛盾可以说是安史之乱的祸根之一。而安史之乱不单是唐代由盛而衰的转折点，其实，也是整个中国由盛而衰的转折点。汉唐盛世从此成为过去。阿拉伯大食国是战胜方，后果也好不到哪里去。因为胜利大将军阿布功高盖主被谋杀，手下将士多受株连，激发了大规模的叛乱。阿拉伯忙于解决内讧，再也没有力量趁胜击进。西域自此呈一种相持胶着的状况。

其实，战争本来就是文明以流血的形态在传递。恒逻斯战争使中华文明与阿拉伯文明由遥感到近距离接触，再到相互进入。中国四大发明最早传向世界的造纸术，与这场大战有直接的关系。

唯有文明的传播交流永不中断。其实，战争本来就是文明以流血的形态在传递。怛逻斯战争使中华文明与阿拉伯文明由遥感到近距离接触，再到相互进入。中国四大发明最早传向世界的造纸术，与这场大战有直接的关系。上万名唐军战俘，包括一些造纸工匠从此在大食国生存下来。不久，国土之外的第一个造纸作坊出现在乌兹别克的撒马尔罕。随后，今天的伊拉克巴格达一带也出现了造纸作坊，由丝路文明走廊逐渐传到大马士革、开罗、摩洛哥、西班牙以及整个欧洲。战争遭到了人民和历史的否定，文明却超越战争迈出自己的新步伐，开始了自己的世界和平之旅。

这就是怛逻斯大战给予我们的启示。一千多年后，塔拉兹大型铁合金厂对西安企业的支援和陕西对塔拉兹的建设投资，难道不是对这个启示的一种呼应吗？国家与国家、民族与民族、地域与地域之间，手拉手、肩并肩，那是比相互挥拳头、踩脚后跟好一万倍啊。

2014年8月5日，哈萨克斯坦　塔拉兹

26

三座纪念碑触动我的心灵

哈萨克斯坦到乌兹别克斯坦的过境手续，谢天谢地，6个小时总算办完了。一般我们这15辆车的车队，办一天还算快的，因为要打开每一件行李设备检查，语言不通，颇费工夫。大家纷纷对打前站的国旅感谢不尽。下午6时到达首都塔什干，入住乌兹别克斯坦酒店。又热又累，发完稿便睡下。今天一早乘车游览老城区、中心广场和伊玛姆清真寺。

触动我眼睛的是满城又厚又深的绿荫，没有近百年的功夫，绿不到如此程度。而触动我心灵的则是三座雕塑，静静坐落在广场上的三座雕塑。

触动我眼睛的是满城又厚又深的绿荫，没有近百年的工夫，绿不到如此程度。而触动我心灵的则是三座雕塑，静静坐落在广场上的三座雕塑。

在中亚各国，塔什干和阿拉木图是我知道最早的城市。记得20世纪60年代，这里便举办了亚非拉电影节。那时，我们闭关锁国，奥斯卡、蒙特利尔、戛纳几个西方电影节一律被斥为资本主义文化，不参与、不报道。乌兹别克斯坦当时是苏联加盟共和国，塔什干电影节是社会主义阵营的电影节，宣传力度很大，我们那一代没有不知道的。

还有一点，也让这座城市深深印在我的脑海。20世纪60年代，杨朔的散文全国走红，他写的《荔枝蜜》《雪浪花》《茶

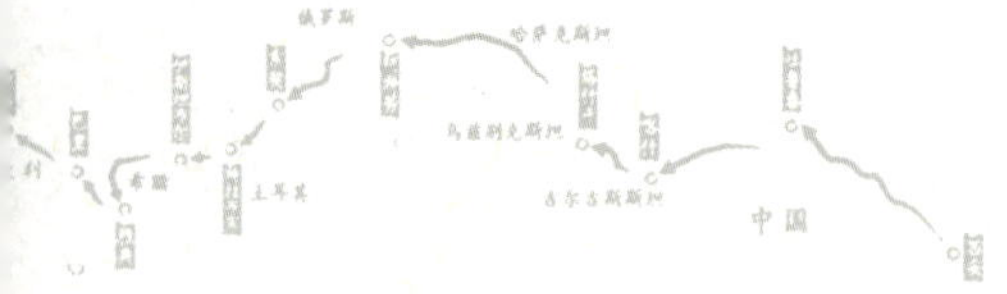

塔什干在乌兹别克语中意为石头城，地处中亚最长河流锡尔河冲积平原，河滩有许多山上冲下来的石头，让人不由想起中国的古诗“满川滚石大如斗”来。这座公元前2世纪建城的古都，是丝路必经重镇，法显、张骞、玄奘都到过这里。有三座雕塑特别引发了我的思索和联想，让我懂得了这座城市、这个国家。

花赋》都是选入教材的名篇。1960年我大三时，新闻系文学社团曾与他座谈，当面讨教创作经验。记得他说，他已经作为中国作家协会的代表，派驻塔什干，担任亚非作家联盟驻会的书记。年轻的我于是分外崇敬他，向往塔什干。

塔什干在乌兹别克语中意为“石头城”，地处中亚最长河流锡尔河冲积平原，河滩有许多山上冲下来的石头，让人不由想起中国的古诗“一川碎石大如斗”来。这座公元前2世纪建城的古都，是丝路必经重镇，法显、张骞、玄奘都到过这里。有三座雕塑特别引发了我的思索和联想，让我懂得了这座城市、这个国家。

一座是纪念广场原无名烈士广场上的单体圆雕《哀伤的母亲》。这是1999年为纪念反法西斯战争牺牲的烈士而创作的纪念碑。一位母亲哀伤地坐着，手搭在膝盖上，头微垂，看着面前的长明火，那肯定是儿子的生命在燃烧。她背后如双翅展开两道长廊，廊内有一册一册铜版刻制的荣誉簿，记载着在反法西斯战争中为祖国牺牲的烈士姓名。战争的胜负不取决于哪位领袖，而取决于祖国母亲膝下的每一位战士。

这个雕塑反映了乌兹别克斯坦人民一种新的战争观和审美观。艺术家没有走歌颂英雄烈士的老路子构思，用年轻战士的坚强豪放去歌颂那场战争，虽然这种构思也不错。这座雕像将英雄烈士转换到母亲哀伤的角度，由社会民族的斗争转化为人性亲情的控诉，就超出了对具体事件的反映，而有了超越国家、超越时空的人类性，给所有人以感情上的震撼。明年是世界反法西斯战争胜利70周年纪念，各类纪念活动陆续进行或者即将开始。但有些战争发起国，却不愿承担挑起这场战争的责任，否认对平民的屠杀，否认侵略，实在应该让全世界所有的母亲来这里重温战争给人类带来的痛苦。

还有一座雕塑是地震纪念碑。1966年4月26日塔什干大地震

塔什干独立广场

一个国家、一座城市要给后代留下什么？留下战争给母亲造成的伤痛，留下灾害面前的坚强不屈，留下独立自强争取幸福的信念，留下建设绿色家园的传统——这就是塔什干人，这就是乌兹别克人！

给城市造成了极大的破坏，之后全国投入首都的重建，一个新的塔什干在废墟上崛起。全城高楼林立，地铁、高速路、铁路四通八达，运动中心、花园广场、歌剧院、图书馆都那么现代，完全是一座新兴的现代化城市。这不只是一座城市的复兴，更是一个民族的复兴！地震纪念碑突出表现了人类同自然灾害做斗争的不屈精神。雕塑上，方形时针永远指向地震发生的那一刻，让世世代代的子孙永志不忘。

第三座是幸福母亲纪念碑，坐落在独立广场正中心。1991年独立之后，祖国母亲终于搂着自己的孩子笑了。有意思的是，上面原来的列宁像换成了地球仪，强调了一种新坐标：幸福是全人类的，而不是某种政治意识形态的。

在一小时的参观中，我们遇见好几对新人在这些雕像前献花、许愿、留影，也有几对新人在绿荫中照婚纱照。一个国家、一座城市要给后代留下什么？留下战争给母亲造成的伤痛，留下灾害面前的坚强不屈，留下独立自强争取幸福的信念，留下建设绿色家园的传统——这就是塔什干人，这就是乌兹别克人！

2014年8月7日，乌兹别克斯坦　塔什干

27

中亚母亲河

帕米尔高原是整个亚洲中部的大水塔、大水库。朝东，昆仑山是世界大河长江、黄河与澜沧江—湄公河的源头。朝南，青藏高原、喜马拉雅山是世界大河恒河和伊洛瓦底江的源头。朝北，阿尔泰山和蒙古高原是亚洲大陆流向北冰洋的几条河——鄂毕河、叶尼塞河的源头。那么朝东北呢？天山山脉孕育了中亚的三条内陆河——锡尔河、楚河、伊犁河，加上发源于帕米尔高原以西兴都库什山脉的喷赤河、阿姆河，都是中亚各国的母亲河。其中与丝绸之路关系密切的是前面三条河。

这三条河自古以来共同养育了哈萨克斯坦、乌兹别克斯坦、吉尔吉斯斯坦、土库曼斯坦的土地和人民，也见证了这里的历史变迁和刀光剑影。三条河流的波涛奔腾着中亚各民族的生命力和创造力，也映照出千百年来种种的沧桑、血泪。这三条母亲河还涵养着中亚的民族性格，中国新疆和中亚的许多文化、信仰、风俗都能从滚滚的河水中找到根源。更有意思的是，这些民族性格中竟然有许多与现代生活相呼应的质地。

这三条河自古以来共同养育了哈萨克斯坦、乌兹别克斯坦、吉尔吉斯斯坦、土库曼斯坦的土地和人民，也见证了这里的历史变迁和刀光剑影。三条河流的波涛奔腾着中亚各民族的生命力和创造力，也映照出千百年来种种的沧桑、血泪。这三条母亲河还涵养着中亚的民族性格，中国新疆和中亚的许多文化、信仰、风俗都能从滚滚的河水中找到根源。

且听我一条河一条河慢慢道来。

伊犁河在我国新疆伊宁市和察布查尔锡伯族自治县境内，水量已经很大了。伊犁河沿岸是一个民族杂居的地方，哈萨

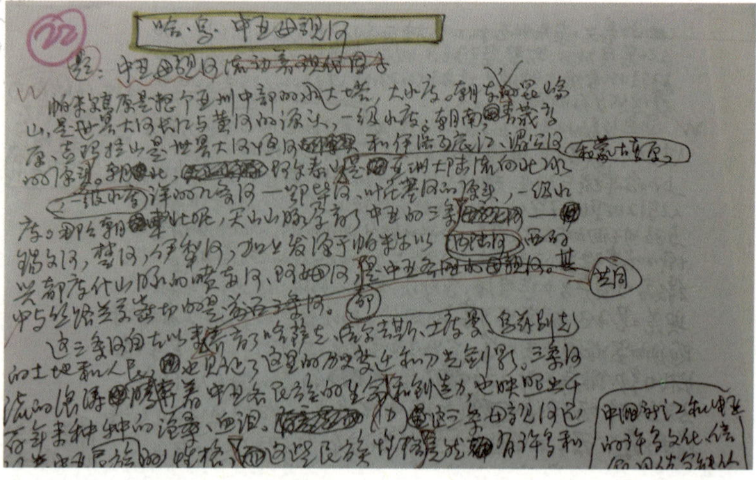

白天赶路，晚上赶稿。——作者手稿

克、维吾尔、俄罗斯、吉尔吉斯、乌兹别克和汉人都有。他们不是没有摩擦，但更多的是磨合，在磨合中和谐共居，融汇进步。我在《中国西部文学论》中专门谈了西部的10点文化优势，其中一点即西部人多民族杂居状态和现代人跨社区生活状态相呼应，西部人因杂居带来的心态杂音和现代人文化心理的杂色相呼应。在论述中专门举了王蒙在新疆下放时写的纪实文学《在伊犁》，书中写到伊宁市一个大杂院，住了七八个民族，互相关爱和谐共处的故事和生活场景，并做了以下分析：居住杂化和心态杂色，也是一种多维文化交汇。人是文化的带电体，杂居就是不同带电体，不同心理场、文化场的交叠融汇。杂居虽然主要表现为无意识和潜意识文化的交汇，又总是现有民间社会文化，甚至意识形态文化交汇的现实基础和心理基础。

我还分析了这种杂居状态和杂化心态在现代生活中的意义：杂居状态和心态使丝绸之路沿线人的文化感受能力、智慧杂交能力、视角转换能力都较强，他们能较快掌握多种语言，适应新的环境，建立新的人际关系。这都是适应现代生存的潜在能力。

锡尔河是中亚最长的河流，它流经乌兹别克斯坦、塔吉克斯坦、哈萨克斯坦三个国家，长达3000多公里，包容过西逃的北匈奴，养育过突厥、葛罗禄、粟特等许多民族，承载过这块土地上的荣耀与耻辱、辉煌及没落。这里的粟特人以善于经商

居住杂化和心态杂色，也是一种多维文化交汇。人是文化的带电体，杂居就是不同带电体、不同心理场、文化场的交叠融汇。杂居虽然主要表现为无意识和潜意识文化的交汇，又总是现有民间社会文化，甚至意识形态文化交汇的现实基础和心理基础。

闻名世界。从东汉直至宋代，他们活跃在丝绸之路上，几乎操纵着中国与欧洲之间的转口贸易，向欧洲销售中国丝绸，又向中国销售西域的名贵珠宝。这种“重商”风格与我国明代的徽商好有一比。徽商以资产多少，选祭酒、定座次，粟特人则是“亲兄弟明算账”的典范。甚至还有“亮宝斗富”的风俗。每次聚会入座前，大家都将随身的宝物亮出来比富。宝物多而贵重者，戴帽居上座，其余按财物多少排序入席。这种善商贸、重利益的文化风气，与现代市场经济对文化心理的要求是很适应的，它远远超出了“重农抑商”“君子不言利”的传统社会。

楚河有着一个与中国《山海经》相关联的名字：碎叶水，以它宽阔的河谷，在干旱的中亚地图上创造了一片“山地绿洲”。它依靠天山山脉曲折起落的前行，从帕米尔高原上俯冲下来，以极大的水势冲刷出这片河谷绿地，创造了巨量的水电资源。河谷绿洲长达200公里，最宽达80公里，沿途风景和中国境内丝绸之路经过的河西走廊很相似，地理学又称它为“东河西走廊”。这里适合发展现代农业，尤其是大面积的棉田耕作。在苏联时期，中亚各国扮演着棉花供应商的角色。现代机

中亚河谷

中亚河谷

> 在苏联时期，中亚各国扮演着棉花供应商的角色。现代机械化农业得到急速的发展，但过度的开发，也产生了生态悖论。大量的河水被引入棉田和发电站。河流过度的奉献导致自身严重缩水，咸海竟向湖心退缩一百多公里，含盐量大幅度上升，周边生态遭到严重破坏。以致联合国秘书长潘基文在一次实地考察后，忧虑地说，咸海是“20世纪人类最大的生态错误之一。”

械化农业得到急速的发展，但过度的开发，也产生了生态悖论。大量的河水被引入棉田和发电站。河流过度的奉献导致自身严重缩水，咸海竟向湖心退缩一百多公里，含盐量大幅度上升，周边生态遭到严重破坏。以致联合国秘书长潘基文在一次实地考察后，忧虑地说，咸海是“20世纪人类最大的生态错误之一”。

要现代化，更要生态化！——这就是中亚三条母亲河对我们的告诫。

2013年8月8日，乌兹别克斯坦 塔什干

28

撒马尔罕古城

在丝绸之路中亚段对我最亲切的城市名称就是撒马尔罕。不知是什么原因，也许是我在童年时代接触了这座古城的故事？也许是它不像别的中亚古都，几度改名，像怛逻斯改为塔拉兹，一度又叫江布尔。它几千年坐不改名，信息深深沉淀于人们的记忆中。

前不久，习近平主席在乌兹别克斯坦访问时，专程造访了撒马尔罕。如果说长安是丝绸之路的起点，那么这座城就是丝绸之路经贸的加油站和文化的转播台。

最重要的原因，恐怕还是因为这座古城有2500年悠久的历史，是中亚最古老的城市，曾是帖木儿帝国的古都，又是连接波斯帝国、古印度和古中国三大帝国、三大文化的枢纽。前不久，习近平主席在乌兹别克斯坦访问时，专程造访了撒马尔罕。如果说长安是丝绸之路的起点，那么这座城就是丝绸之路经贸的加油站和文化的转播台。

我到达撒马尔罕后即发了一组图片到微信的朋友圈，马上收到青海著名诗人撒拉族的阿尔丁夫·翼人的回信，云：肖老师，你到了撒马尔罕吗？那是撒拉族永远的血脉、生命的根——撒马尔罕，请带去撒拉尔12万父老乡亲诚挚的祝愿和问候！翼人是我交往20年的朋友，以前上过西北大学作家班，听过我的课，也给我讲过撒拉族悲壮的迁徙史。他们原来就生活在这座古城附近，大约在宋末元初，成吉思汗踏平中亚，他们

撒马尔罕的帖木儿王陵

> 丝绸之路，除了是商贸、文化、宗教交流之路，也是民族迁徙交流、团结共进之路。东干族由中国迁往中亚楚河流域，撒拉族由中亚迁往中国黄河流域，就是极有价值的例证。

被迫东迁，由锡尔河、楚河流域到了黄河、湟水流域。最后只剩下18个人和一匹白骆驼，驮着一部《古兰经》手抄本，一抔土，一袋水，那是信仰、家乡和生命。有天晚上白骆驼突然不见了，大家打着火把找了一夜，天亮时发现白骆驼变成了玉石象，嘴里吐出一股清泉，正是他们带来的家乡水，而此地的土质也与家乡的土质一样。他们知道是真主要他们在这个叫循化的地方落户了。为了剪不断的怀念，称撒拉族，自称撒拉尔人。如今已有12万人，是我国56个民族大家庭中的一员，成立了循化撒拉族自治县，生活得安定、和睦、幸福。

丝绸之路，除了是商贸、文化、宗教交流之路，也是民族迁徙交流、团结共进之路。东干族由中国迁往中亚楚河流域，撒拉族由中亚迁往中国黄河流域，就是极有价值的例证。

撒马尔罕古城在2000年被联合国教科文组织整体评定为世界文化遗产，它给我最深印象的就是“新古分置”。整个城市根据建成年代不同，明显地划分为城北的“阿夫拉西阿卜遗址区”“帖木儿时期建成区”“沙俄苏联时期建成区”等不同区域。城北的遗址区是帖木儿帝国以前的古城遗址，帖木儿时期建成区是14世纪在古城遗址的西南建造的，算是首都的内城。六个城门，六条主街，城市中心是一个宗教建筑组成的广场，周围是低矮的街坊。北门附近有巨大的集市。这一格局基本保留到今天。

这一切，不能不让我想起万里之遥的家乡长安。长安虽是汉唐之都，留存下来的街巷建筑群和单体建筑已经不多，只有经过改建的大小雁塔寥寥几处。城墙内芯虽是唐代的，整体上要算明城墙，城内建筑也多是明清建筑。让人驻足而叹、后悔不迭的是，在现代城市的高速发展中，由于没有坚守“新古分置”的原则，在拆迁和挤兑明清建筑的基础上，西安城内竟然高楼林立。新古不分置，新古都受伤害，既没有古迹的有效保存，也没有新城的长足发展和大胆创新。有的街区显得不古不今，不伦不类。

建筑大师张锦秋院士秉承恩师梁思成的思想，很早就提出了西安要“新古分置”的理念。2002年，我与她一道去南京参加世界古都论坛，她作了《中国古典建筑美学》的学术报告，我则作了《古调独弹——从传统西安到现代西安》的大会发言，展开论述了西安新古分置的问题。我提出了一个“新古分置——新质古貌 ——新城古风”的古都城建系统理念。新古分置——古城要和新区分置、分治，尤其是老城圈里的明清建筑要普查编号逐栋保护。新质古貌——不能因保护古建筑而降低城内居民的生活质量，新的城市建筑既要保护“古貌”，又要增添“新质”，在质地上做到现代宜居。这样的保护才可能良性循环。新城古风——毋庸置疑，古城应该在现代化进程中逐步成为一座现代化新城，但西安的城市风气，则应较别的城市更古朴更典雅，古风应成为西安城的内在特色。在这个发言的最后，我借鲁迅给西安易俗社的题词——“古调独弹”，为新西安的建设定调：既坚持古韵古风，又要独创性地弹奏出自己的新曲新调。

古城应该在现代化进程中逐步成为一座现代化新城，但西安的城市风气，则应较别的城市更古朴更典雅，古风应成为西安城的内在特色。在这个发言的最后，我借鲁迅给西安易俗社的题词——“古调独弹”，为新西安的建设定调：既坚持古韵古风，又要独创性地弹奏出自己的新曲新调。

从这个角度，撒马尔罕值得我们认真学习。由于他们很早就新古分置，分区保护，14世纪到17世纪的标志性建筑都得到了较好保存，成为这座古城的历史文化的骄傲和现代旅游资

布哈拉古城一角

源。像列吉斯坦的三座神学院建于600年前到400年前，不但是当时最好的穆斯林学府，也是中亚建筑艺术的杰作，现在仍然气势恢宏，金碧辉煌。

人类的物质财富是消耗性的，而文化精神财富则是积淀性的，随着光荫的逝去，精神文化会不断增值。有这样积淀性的文化眼光，才有保护的自觉性。

沙赫静达陵墓和古尔－艾米尔陵墓，分别安葬着帖木儿和他的家族。五六百年了，彩陶贴面依然完整。帖木儿的孙子、著名的天文学家兀鲁伯，为祖父建造了墨绿玉的石棺，上面刻着：谁掘我的墓，谁就遭殃。1941年6月8日，苏联组织人挖掘了这座墓，两周后希特勒就进攻苏联。不过那次发掘倒证实了帖木儿面部特征的相关历史记载，证实了兀鲁伯死于暴力杀害的传说，也验证了墓中其他家族成员身份的真实性。

人类的物质财富是消耗性的，而文化精神财富则是积淀性的，随着光阴的逝去，精神文化会不断增值。有这样积淀性的文化眼光，才有保护的自觉性。

2014年8月10日，乌兹别克斯坦　撒马尔罕

（作者现场按语：中亚各国网络信号不是很正常，传输文章很费周折。离开撒马尔汗之后，车队要进入近千公里的克孜勒库姆沙漠酷热区，路况极差，大家准备一搏。文章传输不出去，可能连载要消失几天，敬希读者谅解。不用为我们操心，我不会停下笔。虽然远离家人，我们这个亲如一家的车队，会克服一切困难到达目的地。）

29

“小虫子”怎样变成巨人？

一个孩子在草原上玩耍，初升的太阳将草茎上的露珠照得晶莹剔透。孩子蹲下来想捧上一颗露珠回去送给妈妈，却停住了小手。他看见一只小虫子正在那草叶上慢慢地朝露珠爬去，爬几步就掉下去，又从头开始，失败多次之后，小虫子终于爬到了草叶的上端，吮吸着甘美的晨露。这一幕让孩子终生不忘，在以后的岁月中，每遇大事，他就会想起小虫子的耐心、执着，在心中对自己说：“人之临事，当如是矣！”然后坚定地朝前路走去。

……小虫子终于爬到了草叶的上端，吮吸着甘美的晨露。这一幕让孩子终生不忘，在以后的岁月中，每遇大事，他就会想起小虫子的耐心、执着，在心中对自己说：“人之临事，当如是矣！”然后坚定地朝前路走去。

这个孩子诞生于撒马尔罕南部的碣石，他就是后来威震四海的帖木儿！我们今天去撒马尔罕的古尔－艾米尔陵墓参观，站在帖木儿墨玉石棺椁面前，那个孩子与小虫子的故事在我脑际挥之不去。

公元14世纪中叶到15世纪初世界史舞台上的主角，强大的帖木儿帝国开国君主，是个伟人，又是个智者。若论千秋功罪，不在毛泽东著名词作《沁园春·雪》中写的“秦皇汉武，唐宗宋祖，一代天骄成吉思汗”五位君王之下，七十多载的人生，辉煌到眼花缭乱。正如史书总结的：“蒙古三大汗国，帖木儿并其二，克印度，败土耳基（土耳其）。”

帖木儿雕像

他投靠突厥以抗蒙，获得了碣石的统治权；羽翼丰满后，又与原先赖以起家的察合台汗决裂，几次领军远征波斯、花剌子模，挥师讨伐蒙古帝国的另一汗国伊尔汗国和阿富汗。过了几年，又带兵80万大军远征印度，占领印度首富之城铁利。极盛时的帖木儿帝国疆土西达土耳其，东至阿富汗、巴基斯坦、克什米尔，南到波斯湾，北达俄罗斯的莫斯科。他是征战四十年而无败绩的统帅。

帖木儿的身世有很多待解之谜。譬如，他到底属于哪个民族？为什么至死也不称“汗”？我原来不知其详。这次到实地考察，才弄了个八九不离十。其实他本是突厥人，父亲还当过突厥一个部落的首领。自小信奉伊斯兰教，也接受了近邻波斯帝国诸多文化的影响。祖父是蒙古察合台帝国的大臣，也担任过碣石的一名封建城主。你看，帖木儿的文化背景中有了突厥、蒙古、波斯、伊斯兰教和蒙地藏传佛教如此斑驳多彩的元素，恐怕是以后成为跨国君主最重要的原因。

力不在武而在文，胜不在侵而在略，在经略、谋略也。外族人要在蒙古人地区察合台称王，没有蒙人血统和成吉思汗的庇荫，是很艰难的，他打出察合台蒙古王族这张牌，很快化解了障碍。他娶西察合台国王的蒙族公主为妻，使自己变为成吉思汗家族外围的一员，人称“驸马帖木儿”。他又像曹操一样，自己不称帝，接二连三挟持察合台王族的人为傀儡以令诸侯，在位后执掌实权。取得统治合法性之后，才开始施展自己的文韬武略。

他投靠突厥以抗蒙，获得了碣石的统治权；羽翼丰满后，又与原先赖以起家的察合台汗决裂，几次领军远征波斯、花剌子模，挥师讨伐蒙古帝国的另一汗国伊尔汗国和阿富汗。过了几年，又带兵80万大军远征印度，占领印度首富之城铁利。极盛时的帖木儿帝国疆土西达土耳其，东至阿富汗、巴基斯坦、克什米尔，南到波斯湾，北达俄罗斯的莫斯科。他是征战四十年而无败绩的统帅。

在战争中帖木儿因伤而跛，被称为“跛子帖木儿”，但这个跛子行遍天下，征服了世界。终于像那只草叶上的虫子，以不屈不挠的努力，饮上了甘甜的露水。

帖木儿帝国与中国大明帝国年代大致同步。两大帝国扩张的野心几度碰撞出火花，出现险情。所幸终于在历史的走廊中擦肩而过，最后没有酿成大战争、大杀戮。正如史书记载的：在吞并蒙古三大帝国，克印度，败土耳其之后，曾“卑辞厚币以诳中国，始则诇伺，终乃大举。傥不死，明人其旰食乎！”朱元璋仅大帖木儿8岁。帖木儿26岁时起兵反抗蒙古，6年后，40岁的朱元璋推翻元朝建立大明王朝。又20年，帖木儿几度遣使者希望与明朝建立反抗蒙古的同盟，但几年后又羞辱明使。中亚和东亚两大王朝虎视眈眈，已成剑拔弩张之势，不料帖木儿仙逝，才避免了这场世界性的大战。

回顾历史的冷酷凄凉，更感觉到今天阳光的灿烂和友谊的温热。

2014年8月11日，乌兹别克斯坦　布哈拉

帖木儿帝国与中国大明帝国年代大致同步。两大帝国扩张的野心几度碰撞出火花，出现险情。所幸终于在历史的走廊中擦肩而过，最后没有酿成大战争、大杀戮。

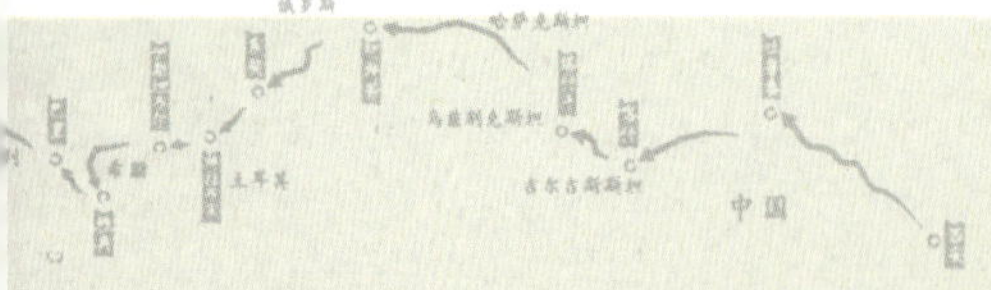

30

皇位上的学者

兀鲁伯的伟大不在于他是贵族，而在于他是天文学家和诗人，在于他致力于用科学去发现这个世界，用美学去感悟这个世界。

上一篇关于撒马尔罕的文章中，只是在写帖木儿家族陵墓时，提了一句兀鲁伯，他是帖木儿大帝的第二个孙子。为什么只提这么一笔呢？因为他是个要单独成篇的重量级人物，留到今天专门来写。

兀鲁伯在乌兹别克语中意为“伟大的贵族”。其实他的伟大不在于贵族，而在于他是天文学家和诗人，在于他致力于用科学去发现这个世界，用美学去感悟这个世界。他从小受到良好的宗教和文化教育，通晓乌兹别克、阿拉伯和波斯多国文字，熟知伊斯兰逊尼派的经典和教义。他被父王任命为突厥斯坦总督，治理撒马尔罕多年，使这座古城经济繁荣、商贾云集、国家兴盛，进入了黄金时代，可以说是一位“测天治地”“惊天动地”的人才。但这并不是他的最高追求，天文历算才是他最具成就感的目标。

1430年，兀鲁伯投巨资在撒马尔罕主持创建了兀鲁伯天文台。今天我们来这里参观，只能看见一座巨大的由大理石制成的六分仪。六分仪安置在离地面11米深、2米宽的倾斜坑道里，只有部分伸出地面，确有点貌不惊人。只有从坑道上面的博物馆陈列中，才能知道这个天文台曾经有过的辉煌。兀鲁伯

兀鲁伯雕像，他是集国王、天文学家、哲学家、诗人于一身的

在这里主持编纂了恒星表和行星远行表，使用这台六分仪编制了《新天文表》，不但概述了当时天文学的基础理论，还测定了1018颗恒星的方位。这是继古希腊天文学家西巴尔赫之后，测定恒星位置最准确的记录。兀鲁伯后来被阴谋杀害，天文台也被破坏殆尽，直到近500年后的1903年，俄罗斯考古学家维亚特金在一份16世纪的文献中发现了关于这座天文台的记载，才又找到了它的遗址。

站在这个遗址博物馆中，不能不惊叹兀鲁伯测天动地的追求，惊叹人类惊天动地的成就！我想起比他早了1000多年的发明浑天仪、地动仪的中国科学家张衡，我也想起了给世界报时的英国格林尼治天文台和给中国报时的陕西天文台。

站在这个遗址博物馆中，不能不惊叹兀鲁伯测天动地的追求，惊叹人类惊天动地的成就！我想起比他早了1000多年的发明浑天仪、地动仪的中国科学家张衡，我也想起了给世界报时的英国格林尼治天文台和给中国报时的陕西天文台。

恰好两个多月前，我与老伴去了一趟英国，在春天宜人的绿风中穿过伦敦海边的格林尼治小镇，去参观比兀鲁伯天文台晚了200多年的格林尼治天文台。这里的测时手段是当今世界上最先进的。在天文台的山坡上可以鸟瞰伦敦全景。我们对着

子午馆镶嵌在地面的一条铜线——0°经线，调对了手表的时间。这条经线是120多年前，定为全球时间和经度计量的标准参考线，也称为本初子午线。我和整个世界一道与它对表，感觉像是在按照世界上最标准的时间调整自己的人生，有了一丝神圣感和自信心。然后我们双脚跨在铜质的0°经线上摄影留念，举起双手，脚跨东经、西经，生命似乎巨大到可以在地球的东、西半球自由去来（为了不让一个大陆或国家分为两个半球，国际上一般以东经160°和西经20°的经线为东西半球的分界线）。

而我们陕西则给中国报时，是每天“北京时间”信号“滴滴滴，嘟——”“隐秘”的发出地。1999年，我作为陕西电视台迎接新世纪文艺晚会的总策划，因为要在新世纪第一年即2000年到来的那一刻，设计最好最新最不为人知的镜头，访问了“北京时间”的原生地。

“北京时间”的诞生其实分为两部分，一是在临潼守时，二是在蒲城授时。绿树掩隐、温泉环抱的中科院国家授时中心，地面建筑毫不起眼，但主楼内，在严格的温度、湿度和电磁环境中，保护着养在闺中人未识的娇贵的铯原子钟

“北京时间”的诞生其实分为两部分，一是在临潼守时，二是在蒲城授时。绿树掩隐、温泉环抱的中科院国家授时中心。地面建筑毫不起眼，但主楼内，在严格的温度、湿度和电磁环境中，保护着养在闺中人未识的娇贵的铯原子钟和氢原子钟，要通过五重门才能进入这个地下钟房。经过铯原子钟和氢原子钟的同步对比，才能确定最精准的北京时间。这个时间精确到3000万年不差一秒！这叫“守时”。

行驶中的“丝绸之路万里行”车队

布哈拉早晨中的老人

布哈拉的清

和氢原子钟，要通过五重门才能进入这个地下钟房。经过铯原子钟和氢原子钟的同步对比，才能确定最精准的北京时间。这个时间精确到3000万年不差一秒！这叫“守时”。

授时工作是由地处蒲城的国家授时中心二部完成的。这里通过微波接收临潼“守住”的高精度的标准时间，用长波和短波向全国发布，提供给各方面的用户，如面向社会的电视台和手机网，航空航海航天以及其他科研部门。你如果有时频接收器，也可以收到。蒲城授时二部外面的旷野上，能看到乔木树林似的发射塔群。

从张衡到兀鲁伯，从格林尼治天文台到陕西“北京授时中心”的科学家们，都是立志逮住时间、驾驭时间的人，他们不愧为太空的守时人和“牧”时人，因了他们的努力，现代社会才可能在精确时间的协调下，有序行进。

兀鲁伯，我们这些来自“北京时间”家乡的人，感谢你！

从张衡到兀鲁伯，从格林尼治天文台到陕西“北京授时中心”的科学家们，都是立志逮住时间、驾驭时间的人，他们不愧为太空的守时人和“牧”时人，因了他们的努力，现代社会才可能在精确时间的协调下，有序行进。

2014年8月11日，乌兹别克斯坦　布哈拉

31

丝路胡旋

我在乌兹别克斯坦、塔吉克斯坦、哈萨克斯坦和俄罗斯民间舞蹈中，不约而同地看到了欢腾的、轻盈的、急速的、持续不断的旋转。在旋转的高潮，乐队停止了旋律，只以繁弦急鼓的打击乐伴奏。每每这个时候就会响起“暴风雨”般的掌声和口哨，观众也跳到台上旋转起来。哦嗬，这是不是胡旋舞的余脉？是不是我们听过很多却很少看到的西域舞蹈？

马尔罕男孩

来到撒马尔罕这座丝绸之路重镇，我有一种强烈的愿望，就是寻找胡旋舞的踪影与余音。这个愿望5年前就存在于心里，岁月的涵养，它已经由一颗种子变成了大树，遏制不住，而且刻不容缓了。

我动员媒体团的朋友一道去街头广场，去歌舞厅寻找。

记得十几年前在荷兰举办过一次国际民间艺术节，全国文联那次让陕西文联组团代表中国参加，我受命带领陕北黄土地艺术团前往阿姆斯特丹。艺术节除了剧场演出，有一天安排了“艺术超市”活动，38个国家的歌舞团在几个大广场上搭台子表演，观众自由观赏。我在乌兹别克斯坦、塔吉克斯坦、哈萨克斯坦和俄罗斯民间舞蹈中，不约而同地看到了欢腾的、轻盈的、急速的、持续不断的旋转。在旋转的高潮，乐队停止了旋律，只以繁弦急鼓的打击乐伴奏。每每这个时候就会响起“暴风雨”般的掌声和口哨，观众也跳到台上旋转起来。哦嗬，这是不是胡旋舞的余脉？是不是我们听过很多却很少看到的西域舞蹈？唐代风行一时的胡旋舞，那让杨玉环、安禄山大出其彩，令唐明皇不能自已而亲自击鼓的胡旋舞，是不是在它的原生地还活着呢？

镜头前的撒马尔罕女郎

在国际民间艺术节后几天，我便追踪着这几国的艺术家拍摄。回国后，我去大明宫、华清池踏勘，想在古老的残垣断壁和依然温热的泉水中，寻找到胡旋舞、胡腾舞的余音余韵，哪怕可以引发我们联想的蛛丝马迹。文化人对文化记忆的追寻本有怪癖，而对胡旋舞的追寻，却不完全是这样。我不是舞蹈家，我追寻的是一种西部的气质，一种丝路的血液，一种生命的钙质。

胡旋舞是魏晋南北朝的北周时代，从西域康居（今哈萨克斯坦、乌兹别克斯坦一带）沿丝绸之路随景教、胡服、胡饼、胡乐舞一道传入长安的。也许因为这种舞蹈在旋转中的狂放恣肆和自由奔放，很快在开放的大唐社会风气中成为时尚，几经唐人的改造融汇，50多年而不衰。这从西域龟兹壁画和唐壁画、唐三彩不少张臂旋转的形象中，都能找到证明。尤其是白居易的长诗《胡旋女》，对这种舞蹈更是作了生动而翔实的描绘。在弦鼓响起时，胡旋女举起双袖迅即起舞，“回雪飘摇转蓬舞。左旋右转不知疲，千匝万周无已时，”像雪花像蓬莱飘摇舞动，旋转千匝万周不停止。“人间物类无可比，奔车轮缓旋风迟”，连车轮旋风也比不上她。而在真的飞旋的舞者面前，观众也是“万过其谁辨始终，四座安能分背面”，早已头晕目眩、眼花缭乱了！

唐玄宗本是位音乐家，是中国梨园之祖。《霓裳羽衣》就是他吸收了汉西节度使进献的印度《婆罗门曲》，糅合本土道

当地旅游商店有中华龙—印度象—中亚骆驼的纪念品组合出售，三大文化交汇在这里已进入日常生活。

胡旋舞是魏晋南北朝的北周时代，从西域康居（今哈萨克斯坦、乌兹别克斯坦一带）沿丝绸之路随景教、胡服、胡饼、胡乐舞一道传入长安的。也许因为这种舞蹈在旋转中的狂放恣肆和自由奔放，很快在开放的大唐社会风气中成为时尚，几经唐人的改造融汇，50多年而不衰。

教音乐创作的，是他引为得意的作品，经常在宫廷里演出。杨玉环在华清池初次觐见时，玄宗便选的是这个曲子为导引，那真是：

天阙沉沉夜未央，碧云仙曲舞霓裳；

一声玉笛向空尽，月满骊山宫漏长。

此曲盛行于开元、天宝年间，天宝之乱后，一代名曲渐渐“寂然不传”，其命运和作曲者的命运一样，有几分凄凉。五代时李后主李煜也是一位风情皇帝，曾得此曲残谱，与乐师按谱寻声，补缀成曲，排演出来已非原味了。南宋词人姜白石在长沙偶然得到18段霓裳曲，他专为其写了一段新词，连同乐谱一起保留下来，也成了一段佳话。

《胡旋舞》与《霓裳羽衣》的创作和兴衰，告诉我们什么呢？起码有这两点：一是，《胡旋舞》是西域文化与大唐文化通过北方丝绸之路融汇再生的成果，《霓裳羽衣》是印度文化与大唐文化通过南方丝绸之路，即唐蕃古道融汇再生的成果。文化在交融中激发创造力、传播力而发挥自己的功能，文化应该，也只有在共创共建中共享。二是，文艺创作和文化交流常常有赖于一些出色人物的促进和推动，但归根到底取决于那个时代的社会环境和文化氛围，更取决于原创者在这种氛围陶冶下，个人的性格和创造活力。我想，盛唐之后《胡旋舞》不再流传，原因怕正在这里，正在于社会文化的内质中少了血性。而以李后主那种奢靡哀伤的气质，复排《霓裳羽衣》而终于未成气候，难道不是道理之中的事吗？

2014年8月12日，乌兹别克斯坦　撒马尔罕

32 遥远的美丽飘到眼前

在中亚广袤的原野上奔驰，看着那辽阔的山川、草原和蓝天白云，怎么也克制不住几次三番、几次三番地思念一位美人。我懂得了，她为什么属于这片土地。

早就听说过她，一个多月前才见过她，而现在又正在靠近她，茫然四顾却又找不见她。

杜甫的诗句写尽了她诱人的风姿：

胡马大宛名，锋棱骨瘦成。
竹批双耳峻，风入四蹄轻。
所向无空阔，真堪托死生。
骁腾有如此，万里可横行。

那美妙无比的曲线勾勒出来的修长的身材，缎子般细致光滑的皮毛像贵妇人的裘皮大衣，高挑的四肢在大地的召唤下不停刨动，唯有高仰的脖颈上缺了一条钻石项链，再加上那顾盼尽自如：回眸百媚生的目光，当下就让所有在场的人失声而叹，被她高贵美丽的气场勾魂摄魄……

以我这支拙笔，简直无法描绘她，这么说吧：汗血马和丝绸之路是天作之合 、天之绝配！只有这样的路，才能配得上这样的马，只有这样的马，才能配在这样的路上奔驰……听我这

以我这支拙笔，简直无法描绘她，这么说吧：汗血马和丝绸之路是天作之合 、天之绝配！只有这样的路，才能配得上这样的马，只有这样的马，才能配在这样的路上奔驰……

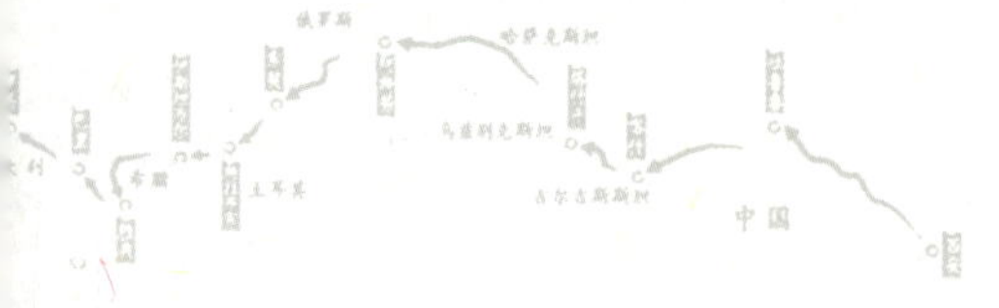

炫耀的口气，好像真见过似的。可不，还真见过，的确见过！几近于零的距离！

> 汗血马原产土库曼斯坦的阿哈尔绿洲，俄罗斯、哈萨克斯坦一带都有，古称“大宛马”。此马皮肤细腻，奔跑时颈部血管膨胀，汗水看似血色，故称。它的最快速度曾达到一分多钟一公里，也创造过84天跑完4300公里的纪录。在摄氏50度高温下，一天只需喝一次水。

去年初秋，习近平主席访问中亚几国，谈到丝绸之路给中亚结下的千年友谊，谈到他的家乡陕西，就在丝绸之路的起点上。今年5月，世界汗血马协会特别大会在北京召开，土库曼斯坦总统别尔德穆哈梅专程赴会，给习近平主席赠送了一匹汗血宝马。这是继2000年之后第三次向我国领导人赠送宝马。习主席在赠马仪式上说了一番意味深长的话：马是奋斗自强、吃苦耐劳、勇往直前的象征。今年是我国的马年，友好邻邦赠宝马，营造了民族复兴，万马奔腾的气势。

几乎与此同时，我国购买的42匹汗血宝马，历经长途奔波，从丝绸之路经俄罗斯、哈萨克斯坦，通过新疆霍尔果斯口岸抵达中国。这次从俄罗斯进口的几十匹马主要作为种用繁殖，是迄今引进最多的一次。其中有两匹是咱陕北的“羊老大”集团购买的，经过短暂的休整，于5月23日晚在古长安秦岭山下的楼观台亮相。正在紧锣密鼓筹备“丝绸之路万里行”全媒体活动的陕西卫视，全程报道了汗血宝马重返长安的场面，隆重不亚于欢迎皇后。

傍晚时分我应邀到现场，看见低空有奔马腾云造型的汽艇在巡行。入夜，各种灯光亮起，摇臂摄像机开始舞动，航拍飞行器头顶盘旋，在几千人企盼的目光下，一深一浅两匹汗血马被中亚美女牵着，迈着模特儿T型台上的舞步从容登场。第一匹马可能感觉到脚下不是家乡的草原，不停用蹄子刨水泥地面。它思念草原上的奔驰。第二匹则表情自若，很适应晚会的环境。

主持人一度请我上去，靠近汗血马站定，问我观赏此马的第一印象。我脱口而出：“无比的美丽，无比的力量，肯定有无比的速度。”我说，皮肤、毛色、修长的体形，生命的一切美丽的元素，一切活力的元素，都集中在汗血宝马身上，我为

在西安楼观台展示的汗血马

她神魂颠倒！

汗血马原产土库曼斯坦的阿哈尔绿洲，俄罗斯、哈萨克斯坦一带都有，古称“大宛马”。此马皮肤细腻，奔跑时颈部血管膨胀，汗水看似血色，由此得名。它的最快速度曾达到一分多钟一公里，也创造过84天跑完4300公里的纪录。在摄氏50℃高温下，一天只需喝一次水。有3000多年驯马史，3000年没有中断血流，为世界之最。汗血马现存3000多匹，土库曼斯坦就有2000多匹，是他们的国宝，印在国徽与货币上，成为民族的符号与图腾，欧洲和阿拉伯一些良种马也有汗血马的血统。

为了争夺汗血宝马，西汉与大宛发生过两次血腥战争，第一次失利；第二次因大宛国内部发生政变，双方议和，允许汉军选良马数十匹，普通马3000匹，但长途跋涉到玉门关时只剩下1000多匹。汉军骑兵因此产生质变，兵力强大，成为战胜匈奴的劲旅。前些年，日本马研究专家清水隼，在一个学术会议上宣布，中国天山地区也发现了汗血马，并出示了照片，引发了学术界的轰动。也有传说我国武威《马踏飞燕》的铜雕，就是以汗血马为原型创作的，而唐太宗的昭陵六骏的特勒骠传闻就是突厥赠送的汗血宝马。可见中国自古以来就不断引进，因没有完整的马种谱系管理制度，引进后不断杂交，久而久之掉进了“引种—杂交—改良—回交—消失”的退化模式，最后消失了。

为了争夺汗血宝马，西汉与大宛发生过两次血腥战争，第一次失利；第二次因大宛国内部发生政变，双方议和，允许汉军选良马数十匹，普通马3000匹，但长途跋涉到玉门关时只剩下1000多匹。汉军骑兵因此产生质变，兵力强大，成为战胜匈奴的劲旅。

汽车在疾驰，在中亚无际的原野上、湛蓝的天穹下，我还在寻找，还在期望。

2014年8月12日，乌兹别克斯坦　希瓦

33

亚洲十字口，西域“长安”城

走出国境之后，车队开始爬山，盘旋，漫长而无尽。头顶上，两山像开了一道天窗，看得到纤尘不染的丽日蓝天，两边的车窗则掠过由塔松、草地、羊群、帐房组合而成的一幅又一幅风景画，那种凝重、沉厚，应是油画无疑。

我们正在朝吉尔吉斯斯坦的托克马克市西行，碎叶城，李白的出生地，正在靠近，我们可能去不了那里，我们神往那里。

天山古道、楚河谷地的碎叶城，被称为亚洲的十字路口。古往今来，无数的使节、商人、僧侣，当然更多的是军队，踏上这条险峻的路，“难以生存的路”。当他们来到楚河谷地，就像是重又看到了生命，看到了希望。南丝绸之路和北丝绸之路将会在楚河河谷分道扬镳，走向西域各国、世界各地。沿着锡尔河北岸往西北走是草原之路，一直可以通向哈萨克和南俄草原；向南折转，则是“绿洲”之路，通过大片绿洲，翻越兴都库什山，绕过咸海、里海，西去波斯、阿拉伯、地中海、罗马，或者径直朝南经阿富汗达印度。世界四大古国文明，中华文明、地中海文明、波斯文明、印度文明，在这里分手又在这里牵手，在这是揖别又在这里聚首。李白，伟大的诗人李白；玄奘，伟大的僧人玄奘；

天山古道、楚河谷地的碎叶城，被称为亚洲的十字路口。古往今来，无数的使节、商人、僧侣，当然更多的是军队，踏上这条险峻的路，“难以生存的路”。当他们来到楚河谷地，就像是重又看到了生命，看到了希望。南丝绸之路和北丝绸之路将会在楚河河谷分道扬镳，走向西域各国、世界各地。

布哈拉以丝绸之路命名的咖啡店

都在这样一个宏大而又宏大的坐标上书写过他们的人生。李白与碎叶城，暂且按下不表，先说唐僧。

《大唐西域记》记载，当玄奘翻越天山时，在西行古道上经历了取经以来最大的一场劫难，他的团队徒步跋涉了七天七夜，随行人员在暴风雪的袭击中伤亡惨重。后来他从当地人那里知道自己翻越的山叫凌山，也就是天山山脉的主峰群。之后玄奘进入了绿色的河谷地带，这里的人生活得素朴而快乐。一位碧眼鹰鼻的胡商告诉玄奘，这就是楚河河谷，这里的富饶是来自天界的楚河恩赐的。公元630年暮春，玄奘进入碎叶城。比肩摩踵的行人中，不见了黑眸杏眼的汉人，全是浓眉虬髯、碧眼鹰鼻的彪悍胡人。他拜会了来此地寻猎的西突厥统帅叶护可汗，得到了取经西天的丰厚资助和通关文牒。可汗还派了一名懂得汉语的西域少年，护送唐僧西去。

也许是玄奘西行的文化开道，更重要的当然是唐代开疆拓土、稳定西部边陲的国家需要，在玄奘离开50年后，碎叶城成为唐王朝在西部设防的最远的一座边陲要塞之城，与龟兹国、疏勒 、于阗并称为“安西四镇”。大唐帝国开始在这里大兴土木，仿照长安城，修建了高大的长达26公里的城墙，城内也按九宫格形制，建造街坊。除了屯驻军队，也形成了天山西北麓最大的丝绸集散中心，商铺贸市鳞次栉比。当年丝绸之路的

布哈拉旅游区

直至今天，据说，登上荒草萋萋的古城遗址，仍然可以看见当年唐朝军队修建的城墙的残垣断壁。考古学家也在废墟中挖掘到四枚唐代钱币。连严谨的历史学家也给当时的碎叶城赠送了“西域长安”的称号。

盛况可以想见了。直至今天，据说，登上荒草萋萋的古城遗址，仍然可以看见当年唐朝军队修建的城墙的残垣断壁。考古学家也在废墟中挖掘到四枚唐代钱币。连严谨的历史学家也给当时的碎叶城赠送了“西域长安”的称号。我想这不仅是指此处有汉人，有方城，恐怕还指这里有与长安城类似的西域小西市。由于大量唐军汉人的驻扎，中国的钱币在这里可以流通使用，就连当时城内粟特人使用的钱币，除了王名及粟特字母不同，大小与质地也与大唐外圆内方的开元通宝一个样。看来当时与西域各国的贸易恐怕主要是以中国钱币结算的吧。

也许就是在设安西四镇的时候，李白的父亲李客（客居边陲，一个多么贴切而又悲凉的名字）随军来到碎叶，二三十年后，即玄奘离开碎叶80年后，李白在这座西域边城呱呱坠地。一位唐代诗歌的标志性诗人，一位唐代佛教传播改造的标志性高僧，在这里失之交臂，又在这里遥相感应，共同铸造了盛唐精神伟岸的纪念碑。

思及千年前的种种，心中一阵闷热，有点儿喘不过气来。辉煌的过去，变成了沉重的历史。我摇开车窗，一阵小风儿刮进车内，于是有了一丝凉爽，依然还那么干燥。

2014年8月13日，乌兹别克斯坦　努库斯

34

痛并温暖着

丝绸之路媒体团在乌兹别克斯坦境内希瓦到努库斯段，遇到一点险情：油荒。预定的加油站有气无油或干脆关闭，被困途中整整五小时。直至下午七时，眼看夕阳西下，不能冒在野外过夜的危险，只好再租一辆大巴，将在下一站负有采访报道任务的同志和老人、女士，先行拉到希瓦城。每车只留下一位主驾，等候专门调拨的油车送油。

丝绸之路媒体团在乌兹别克斯坦境内希瓦到努库斯段，遇到一点险情：油荒。预定的加油站有气无油或干脆关闭，被困途中整整五小时。

临分别时，两批同志珍重道别——自离开起点西安，我们的团队还是第一次一分为二。

我第一批走，到达希瓦宾馆是晚上9点，而第二批团员带着车队到达，已是半夜一点。为了不再为油所困，我们这些惊弓之鸟连夜又买了一次油，是“黑油”，所幸还堪使用，第二天，睡眠严重不足的记者兼司机又拉上我们跑了300公里。中间经过一段沙漠公路，几辆二轮驱动的车陷进沙中，好不容易连推带拉弄了出来。

向晚时分，来到努库斯市。当即又买了一些“黑油”，用塑料瓶子逐车灌进油箱，折腾到半夜12点。孰料车辆在启动后发出不正常的油爆声，随行三菱技师任高峰说，油质太差，强行行驶可能损坏发动机，后果不堪设想。团里与国旅决定重新

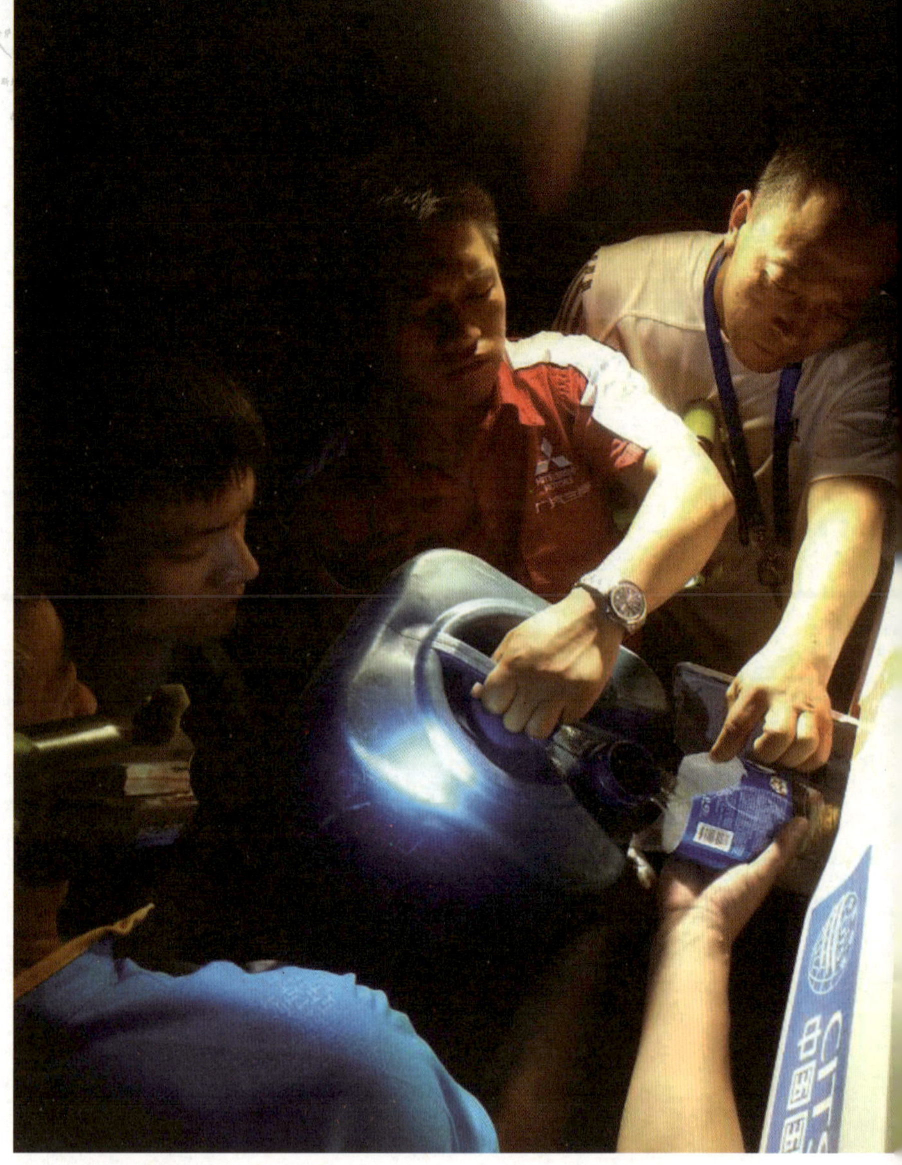

油终于到了，连夜加上！

换油。联系到半夜三点，大家失望了，乌兹别克斯坦全国只有10辆国有加油车，3辆已弃用，其余的要应付国事需要，无法调过来，而“黑油”标号又远不够格，鱼龙混杂。但是，由乌兹别克斯坦再度进入哈萨克斯坦的出入境手续必须在一天之后办理，中间还有500公里沙漠公路，怎么办？

商量到又一个凌晨，团里决定发出中文与俄文的求援信息，希望大家转发，寻找油源。我7时半转发的求援信，3个钟头内收到朋友圈500多位朋友的声援、慰问，有20多位朋友热心提供了各种关系、线索。有的提供中国驻乌兹别克斯坦大使馆各部门电话，有的提供了乌兹别克斯坦驻华使馆商务参赞的联系方式，有的提供了有能源资源的企业家和各界人士。中石油和经济日报驻乌兹别克斯坦记者站也主动联系我们，不少乌兹别克斯坦留华学生也申请担当志愿者。这些朋友之中有刘红梅、赵全章、张培合、李珍、田冲、王鹏、阿列克塞等一长串名字。北京有位叫小石头的小学生，天真地建议我们调直升机送油。最温馨莫过于我两个小孙女，发来了给爷爷的语音问候，我将那稚嫩的声音听了一遍又一遍……关爱和牵挂，沿着全媒体的绿色通道流向远在域外的我们。

当然有人调侃，有人嘲讽，有的还十分尖锐，说你们在国外游山玩水浪够了，受点儿惩罚是应该的。出国以来，每天超负荷工作，常常只睡三四小时的一些青年骨干，很感委屈，我讲了一个传播错位的观点来劝慰他们——此行是中宣部丝路影视桥工程项目，我们负有通过全媒体展示丝绸之路风物、促进丝绸之路经济带和丝绸之路文化圈发展的责任，当然要用参与、体验的方式来展示丝绸之路沿线的吃、住、行、娱、购、游，这也就很难阻止受众将我们的职务活动与个人游玩混淆，以致发生传者角色与游者角色的错位。又因为我们传播出去的都是美好的山川风物与城市风情，却不大传播自己幕后的辛苦，所以你也不能阻止不知情的受者将传播结果与传播过程混淆。误解是不可避免的，对不可避免的东西我们只有坦然接受。我其实不想说服哪一方，只是书生意气而已。

最温馨莫过于我两个小孙女，发来了给爷爷的语音问候，我将那稚嫩的声音听了一遍又一遍……关爱和牵挂，沿着全媒体的绿色通道流向远在域外的我们。

午后一时，第一批同志先行出发，要住到离国境线较近的一个旅社去。两批同志这次道别更为隆重，有人拥抱，显出淡淡的伤感。

途中，收到留守同志们发来的微信。“最新消息：下午14点，车队开始清空油箱。由于缺乏专业抽油设备，驾驶员马桑努硬是靠嘴吸，通过一根橡皮管进行排油。这位东干族陕西

车陷沙漠

痛并温暖着。关爱是温暖，调侃与嘲弄也是温暖，只是温度高，有些灼热。善于全天候吸取阳光并将其转化为自己生命热能的人，是我所敬佩的人。

乡党从哈萨克斯坦一路驾车护航，向他致敬！目前15辆车基本完成抽油工作，每个油箱剩三分之一无法排尽，只能靠高标号汽油掺兑，尽量稀释劣质油对发动机的伤害。救援汽油即将到来。”

这条微信让大巴内响起了“暴风雨般”的掌声。名嘴王志抢过话筒宣布：车队广播台娱乐版块开始播出。这些日子他只能在车台上当广播员，今天终于可以过一把“面对面”的瘾了。第一个节目是新华社记者王艳的独唱。

以上是我作为目击者，对缺油事件的白描与写真。我尽量最朴素地展示事件的原貌，以满足关心者的期待。

两小时后，第一批同志到达茫茫旷野上一座孤零零的九间房旅社，三人或四人一间房。我后窗外是一个骆驼圈，可以闻见熟悉的牧场气息。40年前下放农村的日子仿佛又回来了。只是比那时住的民房与工棚还是华贵了许多。

痛并温暖着。关爱是温暖，调侃与嘲弄也是温暖，只是温度高了点，有些灼热。善于全天候吸取阳光并将其转化为自己生命热能的人，是我所敬佩的人。

2014年8月13日，乌兹别克斯坦西部　扎斯雷克镇

35

遥望碎叶念李白

从我们目前的具体位置，从撒马尔罕往东北，坐中亚国际列车不到4小时，便到了吉尔吉斯斯坦首都比什凯克，再东行百里，在托克马克市附近有个碎叶古城遗址，被认为是中国大诗人李白的出生地。与托克马克市仅隔着一条楚河的哈萨克斯坦东干人聚居地，还有李白的衣冠冢。近年来，中国与中亚各国文化交流不断深入，“李白热”也在楚河两岸悄然升温。我对那个地方极有兴趣，便多方打听。

李白祖籍在陇西成纪（今甘肃秦安东）。关于他的出生地，史学界讨论很多。一般认为他于武则天长安元年生在中亚碎叶城的一个富商之家，一直在这里长到5岁。也有学者认为他出生于河南洛阳，四川绵阳、江油县等地。

极目东部群山，均是天山支脉。河水像一条哈达从山头款款飘落。身后是蓝天般的牧场，前面是牧场般的蓝天。一只黑色的鹰，钉在天上，一动不动。我的思绪越过4000多米的别什塔尔峰，来到了李白的出生地碎叶城。

李白祖籍在陇西成纪（今甘肃秦安东）。关于他的出生地，史学界讨论很多。一般认为他于武则天长安元年生在中亚碎叶城的一个富商之家，一直在这里长到5岁。也有学者认为他出生于河南洛阳，四川绵阳、江油县等地。那时的碎叶城是丝绸古道上的一个要地，属于唐朝安西都护府最西边的城镇，是当时“安西四镇”之一。

李白一家迁至碎叶城的原因，有学者认为是其祖先在隋代

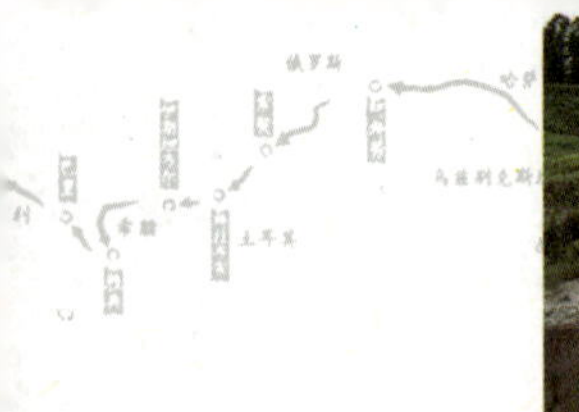

碎叶城遗址

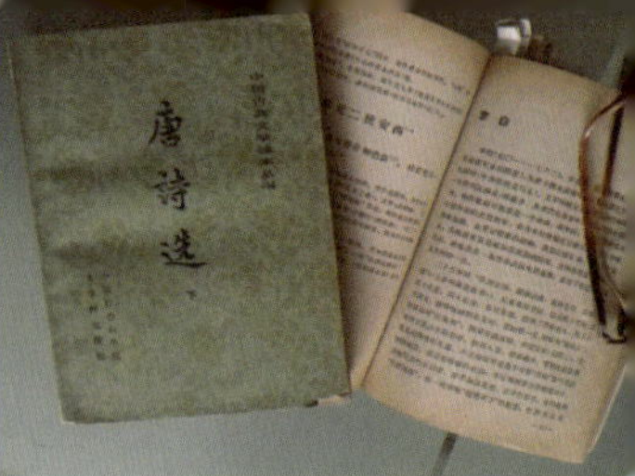

时因犯罪被流放，还有的说是家族经商迁居于此。不论何种原因，李白的父亲有了一个李客的名字，便传达了客居异乡的漂泊感。国学大师陈寅恪甚至曾断言他根本就是西域胡人，但历史很难细究其真实。

如今的碎叶城早已不是古道重镇了。遗址只比楚河平原略高一点，遗址上杂草丛生，此外没有任何标记。许多拜谒过碎叶城遗址的人，希望能接受一点诗人的信息，寻找点滴盛唐的遗迹，都失望而归。可是，当岁月一点一点剥蚀它，光阴将苔藓和水迹一层一层覆盖在残垣断壁之上，然后连残垣断壁也沉入了地下。一切早已融入了大地，唯有一江清水向西流，将远方的大海当作自己波涛的乡土。

如今的碎叶城早已不是古道重镇了。遗址只比楚河平原略高一点，遗址上杂草丛生，此外没有任何标记。许多拜谒过碎叶城遗址的人，希望能接受一点诗人的信息，寻找点滴盛唐的遗迹，都失望而归。可是，当岁月一点一点剥蚀它，光阴将苔藓和水迹一层一层覆盖在残垣断壁之上，然后连残垣断壁也沉入了地下。一切早已融入了大地，唯有一江清水向西流，将远方的大海当作自己波涛的乡土。岁月和光阴如此蹒跚而又如此强劲的步履，难道不正是诗吗？

从托克马克市向北，穿过楚河，就到了哈萨克斯坦东干人聚居地。清朝末年，我国西部部分回民翻越天山来到了这里，一百多年来繁衍生息，蔓生出一个民族，东干族。东干人协会主席安胡塞两次来西安，详细告诉过我碎叶城的情况。安胡塞说，据史书记载的位置，当地人曾修建了一个李白的衣冠冢，就在碎叶城西北18公里处。东干人专门用铁栅栏将这个坟墓保护起来，并邀请中国有关专家来这里考察。如果属实，将在墓前建一座墓碑，让这里的人们了解李白，了解中国。

东干人中流行这样一句顺口溜：“卧龙口，金盆碗，骑白马，佩金鞍”，表示这是块风水宝地，定居于此一定能发达。这与李白在《将进酒》里的诗句：“五花马，千金裘”“千金散尽还复来”“钟鼓馔玉不足贵”何其相通！诗人李白，成为东干人告诫后人不要忘记中国根的历史佐证。

据报道，在中国驻吉尔吉斯斯坦大使馆的大力支持下，《李白诗集》中、俄、吉三种文字对照版本已出了第二部，这本诗集收录了100余首李白最经典的诗篇，出版仪式在比什凯克人文大学举行。早在2001年，李白诞辰1300周年时，《李白诗集》吉尔吉斯文版本首次在比什凯克问世。胡安塞去西安时曾赠我一本。虽然看不懂，但封面上李白那熟悉的肖像使人如遇故知。

如今，吉尔吉斯斯坦学习汉语的大学生越来越多，很多大学都开设了汉语课。在南部的奥什市还有专门教授汉语的学校。5000册新版《李白诗集》都无偿地送给了这些大学的汉语中心或中文系，诗集正准备再版，以满足更多学习者的要求。由于李白出生地在这里，吉尔吉斯斯坦学汉语的大学生对李白非常感兴趣，总爱背诵诸如“日照香炉生紫烟，遥看瀑布挂前川”“故人西辞黄鹤楼，烟花三月下扬州”之类的诗句。他们希望通过诗句加强对中国的了解。能背诵李白的诗，是很得意的事情。

新出版的《李白诗集》还收录了吉尔吉斯斯坦前总统阿尔耶夫在纪念李白诞辰1300周年活动上的一段讲话。他说：“古老的丝绸之路将吉中两国和两国人民紧密联系在一起，唐代大诗人李白出生在碎叶城，这给两国传统联系和友谊赋予了新的内涵。碎叶城就在现在的吉尔吉斯斯坦，李白就在我们中间。”

李白在一首送友人的诗中有这样的句子：青山横北廓，白水绕东城。此地一为别，孤蓬万里征。浮云游子意，落日故人情。挥手自兹去，萧萧班马鸣。这里的班马是离群之马。虽不是写的碎叶故地，我们不是从万里孤蓬、浮云游子、班马萧萧之中，听出了诗人离开中亚碎叶之后的漂泊生涯中，那种思念故乡、悲凉人生的心境吗？

新出版的《李白诗集》还收录了吉尔吉斯斯坦前总统阿尔耶夫在纪念李白诞辰1300周年活动上的一段讲话。他说：“古老的丝绸之路将吉中两国和两国人民紧密联系在一起，唐代大诗人李白出生在碎叶城，这给两国传统联系和友谊赋予了新的内涵。碎叶城就在现在的吉尔吉斯斯坦，李白就在我们中间。”

2014年8月14日夜，乌兹别克斯坦　扎斯雷克

36

硬汉子·大山人·大性格

按不同的坐标，可以对文学和文化做各种分类，如当代世界文学可以分为现实主义、现代主义和民族主义三大潮流。从西部文学、丝路文化的坐标，我们不妨对世界文学和中国文学做另一种分类，姑且称之为一种“纵向三分法”。

按这种分法，世界文学，一种是欧洲文化的产物，一种是东方文化的产物（主要在亚洲），这两类都有悠久的历史传统。还有一种则是文化交汇的产物，这主要指美、澳两大洲的文化。因为这两大洲的文化主体，是杂居移民从世界各地引入交汇而成的。这一类文化，历史只有几百年，却有很强的活力。这三种文化在当今世界上已经三分天下。

按这种分法，世界文学，一种是欧洲文化的产物，一种是东方文化的产物（主要在亚洲），这两类都有悠久的历史传统。还有一种则是文化交汇的产物。这主要指美、澳两大洲的文化。因为这两大洲的文化主体，是杂居移民从世界各地引入交汇而成的。这一类文化，历史只有几百年，却有很强的活力。这三种文化在当今世界上已经三分天下。

中国文化也可以做这样的纵向三分：一类是中原文化，中华民族的主体文化。另两类，东边是沿海文化，是中华主体文化和“海上丝绸之路”文化信息交汇的结晶，泛指历代华人文化。西边就是中华主体文化和“陆上丝绸之路”文化信息交汇的结晶。这三种文化，在中国文化格局中也成了鼎足之势。

“类西部”现象，是指在气质和形态上和中国西部文化、中国西部文学存在着某方面的类似，地理位置却又不在西部的

“丝绸之路万里行”采访团部分成员

那些文化现象。在纵贯南北美洲的洛基山脉两侧的大原野和大丛林，在加拿大育空河畔的雪原冰山，在澳大利亚广袤的大草原，在非洲撒哈拉大沙漠和中部大峡谷，在俄罗斯中亚细亚和西伯利亚，以及在中近东，我们都可以感受到那种雄奇豪阔的西部气质。在艾特玛托夫、马尔克斯、斯坦贝克和库柏、惠特曼、马克·吐温等的作品中，我们可以感受到某种属于西部的美质。

国内，从内蒙古草原、大兴安岭的原始森林、北大荒的屯垦戍边一直到云南、海南岛的热带丛林，也同样能感受到这种“类西部”气质。他们和西部文学遥相呼应，成为新时期文坛上极有实力的一群。可以说，在遥远的国境线上，在神奇的小村镇和小毡房里，在民族与民族交汇的地方，在现代文明和淳朴的农牧村社生活交汇的地方，在待开发的土壤上，在不息奔波的旅途中，在人独处于大自然的时候，在人沉浸于浓重的宗教感的时候，在人的原始生命力得到张扬而现代社会给予他的压抑得到某种解脱的时候，或相反，在原始生命里一直处于舒张却乍然进入各种现代社会的文化规范中的时候，等等，都容易产生“类西部”生活和“类西部”文化、文学现象。

在遥远的国境线上，在神奇的小村镇和小毡房里，在民族与民族交汇的地方，在现代文明和淳朴的农牧村社生活交汇的地方，在待开发的土壤上，在不息奔波的旅途中，在人独处于大自然的时候，在人沉浸于浓重的宗教感的时候，在人的原始生命力得到张扬而现代社会给予他的压抑得到某种解脱的时候，或相反，在原始生命里一直处于舒张却乍然进入各种现代社会的文化规范中的时候，等等，都容易产生“类西部”生活和“类西部”文化、文学现象。

美国西部文学是随着新大陆移民的西迁运动发展起来的。滚滚如潮的西进运动为西部带来了勤于拓荒、工于采矿、乐于狩猎、善于放牧的人流，以及唯利是图的投机商人，浑水摸鱼

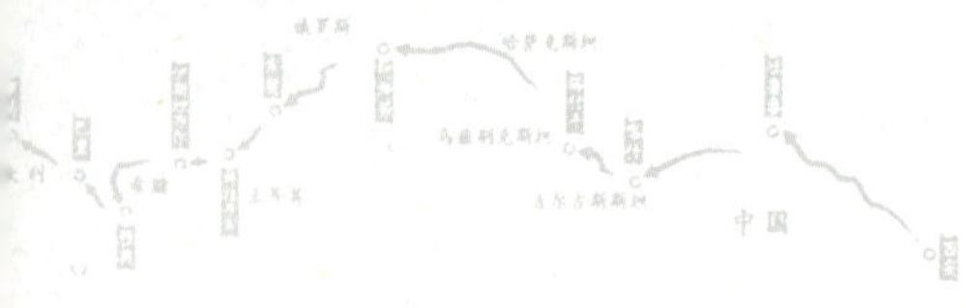

美国传统的西部文学，大致可分为三类：浪漫的印第安人形象系列，独来独往的大山人形象系列和叱咤风云的牛仔形象系列。大山人指那些对美国西部做了第一批开拓性远征的人群。

的冒险家。这一切构成了最初的创作源泉，使美国西部文学应运而生。主要作品被后来产生的“西部电影”搬上了银幕。中国早期的西部片受到它的直接影响。

从人物形象系列看，美国传统的西部文学，大致可分为三类：浪漫的印第安人形象系列，独来独往的大山人形象系列和叱咤风云的牛仔形象系列。大山人指那些对美国西部做了第一批开拓性远征的人群。他们横穿沙漠，为大山命名，在印第安人中间混居、打猎、做生意，自称白皮肤印第安人。他们传奇式的遭遇，独来独往、无拘无束的生活方式，以及个人英雄主义精神和强者的体魄和品格，即欧文说的大山人的“罗宾汉风度”，通过西部作家的笔一时成为美国社会的红人。库柏的著名美国西部系列小说《皮袜子故事集》（五部曲），集中反映了西部大山人的生活，为作者赢得了世界声誉。《德克萨斯的牛仔》《弗吉尼亚人》所塑造的浪漫牛仔形象，成为了牛仔故事的范本，为许多人崇拜、倾倒。

俄罗斯和苏联时的中亚各国大都和我国西部接壤，正是我们“丝绸之路万里行”经过的地方。这里的自然面貌、人文习俗十分相似。有些民族，像哈萨克斯坦、俄罗斯、乌兹别克斯坦、塔吉克斯坦同时分布在国境线两侧，同文同种，历史上互

有迁徙，民间更是来去自由。1928年，西伯利亚作家代表大会召开，正式提出了西伯利亚文学这一概念。高尔基当时曾热情地鼓励："既然西伯利亚在科学界出现了门捷列夫，在艺术界出现了苏里柯夫，那么文学界为什么就不能出现这样的大师呢？我以为，我们未来的大小说家将在西伯利亚人之中诞生。"这一预言不到半世纪就实现了。一支包括法捷耶夫、马尔科夫、艾特玛托夫、伊凡诺夫、帕夫洛维奇等著名作家在内的各民族作家队伍出现了。西伯利亚文学着力塑造了崭新的西伯利亚性格，苏联人称为"大性格"——强调这类形象的严峻豪迈、刚毅强健。这些都和我国西部文学创作有许多类似的地方。

艾特玛托夫的作品《查密莉雅》和《白轮船》在我国早已脍炙人口。其中表现出来的强烈的民族色彩和地域文化感，把民间传说、神话故事与现实生活相结合的追求，对我国新时期作家，特别是西部文学作家具有深刻的影响。在张贤亮的《绿化树》、张承志的《黑骏马》中，都可以看到这种影响的痕迹。

硬汉子，大山人，大性格，从文学的角度印证了丝路文化的世界性。

2014年8月16日，二进哈萨克斯坦　阿特劳

西伯利亚文学着力塑造了崭新的西伯利亚性格，苏联人称为"大性格"——强调这类形象的严峻豪迈、刚毅强健。这些都和我国西部文学创作有许多类似的地方。

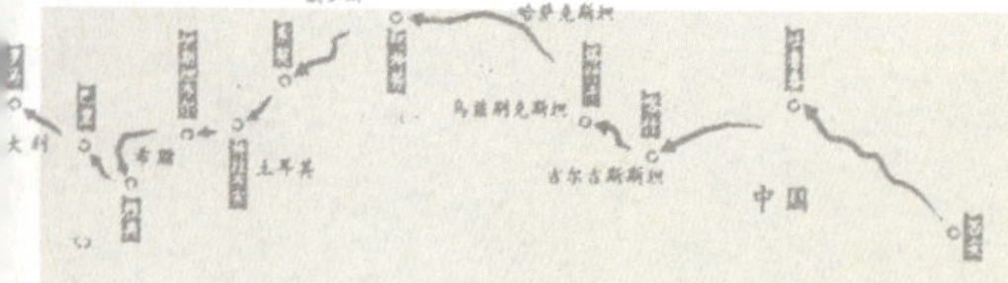

37

和美丽联姻的城市

在伏尔加河湿地和路边湖泊中的成片荷花，七八月正值盛开季节。这是地球上纬度最北的荷花，它与列宾油画《查波罗什人复信土耳其苏丹》中描绘的鞑靼人的豪爽、强悍相反，那么娇羞、艳丽，亭亭玉立，恰似俄罗斯妇女穿着大裙子轻移莲步的舞蹈。

当车队驰近阿斯特拉罕时，伏尔加河出现在左侧的大地上。我们陌生于阿斯特拉罕。这个“罕”字传达了许多中亚的信息：突厥，鞑靼，成吉思汗……但这座城给我的直观印象则是美丽，在伏尔加河湿地和路边湖泊中的成片荷花，七八月正值盛开季节。这是地球上纬度最北的荷花，它与列宾油画《查波罗什人复信土耳其苏丹》中描绘的鞑靼人的豪爽、强悍相反，那么娇羞、艳丽，亭亭玉立，恰似俄罗斯妇女穿着大裙子轻移莲步的舞蹈。路边的垂钓者，河上的捕鱼人，也与伏尔加河的波光云影融成一幅松弛而现实的画面。我知道这里有俄罗斯许多文学作品中都津津乐道的熏鱼和鲤鱼——还有那令人神往的鱼子酱。

到达宾馆后，就端上来西瓜。一路干渴，我们抓起这里号称世界上最大最甜的西瓜就下口，汁液满嘴漫流。的确名不虚传，与咱陕西的同州西瓜好有一比。这里每年举行西瓜节。也许是旅途的劳累和中亚干燥的天气使然，当阿斯特拉罕用凉爽、美丽和闲适迎接中国人时，我们内心充满感谢，感谢这座遥远而陌生的城市对我们深深的理解。

在这座50万人口的城市中，竟然有克里姆林宫，不错，就

当地艺术家热情欢迎“丝绸之路万里行”采访团

是和莫斯科那座举世闻名的宫廷用的同一个名字。这里在古代是波斯、印度通往俄罗斯和欧洲的一个很大的商贸中转站。俄罗斯伊万四世在十四世纪中占领了这座城市，将他并入莫斯科公国版图。这里的克里姆林宫，就是俄罗斯化的一个标志。这座克里姆林宫与莫斯科的如出一辙，小了一号，那熟悉的身影我想是不用描绘的。不仅建筑，这里的宗教也开始俄罗斯化，伊斯兰教依然存在，但东正教已经成为主要宗教。构成市内主要景点的几座教堂都是东正教教堂。从这些美丽的建筑中，我们能够隐隐感觉到深藏于历史深处的腥风血雨。其实，每个地域的历史都有这样的风云变幻，有时是文化的、和风细雨的浸润，也有时是铁血的、暴风骤雨的冲刷。

我们还是不去回首历史的沧桑吧。其实阿斯特拉罕关于自己城市的名称来源，流传着一个美丽的传说。阿斯特拉罕，直译突厥语的意思是“位于下游”，以伏尔加河的方位为名。但人们更愿意相信另一种传说，说自己这座城市的名字原来是一位草原美女的名字叫阿斯特拉。一位好战的可汗与邻国多年争战，烧杀掳掠无所不为。有次在被俘的人群里发现了一位美丽

这里在古代是波斯、印度通往俄罗斯和欧洲的一个很大的商贸中转站。俄罗斯伊万四世在十四世纪中占领了这座城市，将他并入莫斯科公国版图。这里的克里姆林宫，就是俄罗斯化的一个标志。

小克里姆林宫

无比的姑娘，像草原上艳丽的花朵光鲜夺目。可汗的儿子一见钟情，从此神魂颠倒。他给美女取名阿斯特拉，多次约会均遭到拒绝。每次少年悲伤欲绝地离开，嘴里念叨这姑娘的名字，阿斯特拉罕、阿斯特拉罕……结果传开来，人们就把自己的城市叫“阿斯特拉罕”，象征着家乡无可比拟的美丽和对家乡永不褪色的爱恋。

这个故事像许多民间传说一样，反映了民间故事在历史进程中的不可移异的力量。众口铄金，民众用自己对和平、爱情、幸福的向往遮蔽了岁月烽烟，抹去了历史的血迹。人民的愿望，我们能不尊重吗？你不尊重又能挡得住这浩如烟海的文化力量吗？我的心，深虑起来……

2014年8月18日，俄罗斯　阿斯特拉罕

38

伏尔加船夫曲

快到阿斯特拉罕，我们一直傍着伏尔加河行驶，并且几度穿行于伏尔加河桥上。这里是她流入里海的三角洲水网区，水草丰美，金黄的待收割的庄稼和墨绿的树丛草原都厚厚的，每一笔都像是俄罗斯风景画大师列维坦用油画刀刮上去的。终于看到了魂牵梦绕的伏尔加河，我青春时代心中的河。脑海像一片草地展开，心情如河水绸缎般地亮过去。

《伏尔加船夫曲》从遥远的地方沉缓而结实地响起来，伴着伏尔加河的光波，从我心上流过。以纤夫沉重的步伐为节奏，像劳动号子，由远而近，震撼着你，又由近而远，带你走向远方。

哎哟嗬，哎哟嗬，哎哟嗬……齐心合力把纤拉，拉完一把又一把，穿过茂密的白桦林，踏着世界的不平路，我们对着伏尔加河，对着太阳唱起歌。哎哒哎哒，哎哒哎哒，对着太阳唱起歌。哎哟嗬，哎哟荷……

《伏尔加船夫曲》从遥远的地方沉缓而结实地响起来，伴着伏尔加河的光波，从我心上流过。以纤夫沉重的步伐为节奏，像劳动号子，由远而近，震撼着你，又由近而远，带你走向远方。那是只有俄罗斯才有的浑厚和辽阔，沉重忧郁中带着命运悲剧的呼号和人生沧桑的叹息。当那号子声最近最大的时刻，旋律和节奏铺天盖地浸漫到我的灵魂中。

永远也想不到会有今天这样的机遇，能够来到俄罗斯的阿斯特拉罕，在伏尔加河行将流入里海的这座城市，聆听和感觉

阿斯特拉罕州旅游局在海关欢迎“丝绸之路万里行”采访团一行入境

断臂教堂

伏尔加河船夫曲的旋律。我真幸运，真的，年迈的生命又一次有了重量，有了扑的一下被点燃的感觉。

俄罗斯的《伏尔加船夫曲》和美利坚的《老人河》，两首男低音名曲，是我少年时代的梦，青年时代的爱。中年以后，又对《黄河船夫曲》情有独钟。三首咏唱地球上大河的歌，无数遍地听，无数遍地唱。它们都不是小桥流水人家，无一例外都有大江东去的恢宏。我想其中有我的生命选择和气质感应。

这两首歌，年轻时听俄罗斯第一男低声夏里亚宾唱，听中国第一男低音温可铮唱，听美国黑人男低音罗伯逊唱，我们自己也唱，假模假式地压低了嗓门唱，将自己完全浸入那深深的河水中，久久不能自已……这首歌在半个多世纪以前，成为我青春的主调，成为我对一种伟力的渴望和苦难的向往。她给一个年轻人以承担，以责任，以宗教般的受难精神，以不屈前行的坚韧，也给了我些许小资情调。也许正是她们铸造了我的悲剧气质，在冥冥中引导我来到西部、研究西部，终生与一块悲怆而沉厚的土地为伴。歌中的这些精神要素，笼罩着我的青年时代，构成了我生命的底色。

半个多世纪过去，我经历了应该经历的，承受了应该承受的，也成熟了应该成熟的，超脱了应该超脱的，竟然在我的异国、她的家乡，又听到了这首歌。有了回到故土的感觉，有了与老亲戚在老屋里重逢的感觉。

齐心协力把纤拉，伏尔加，伏尔加，可爱的母亲河，河水滔滔深又阔，哎嗒嗒哎嗒，哎嗒嗒哎嗒，河水滔滔深又阔，伏尔加，伏尔加，我的母亲河……

在这歌声中，我想起了俄罗斯油画家列宾的名作《伏尔加河上的纤夫》，画面上衣衫褴褛负重躬身步步艰难步步前行的纤夫，就踏着这歌的节奏前行。一歌一画，成为俄罗斯艺术中永恒的姊妹篇。我想起了黄河纤夫、三峡纤夫，他们在“天下黄河几十几道湾”的拷问中，行进于悬崖峭壁之上，他们渴望歇息，却永不停步，永不卸载。也想起走丝路、走南洋、走西口、闯关东，那些在流动中奋起求生的人们，想起马背上的中国西部人和中亚人，想起永不回头的张骞、班超、玄奘、法显、王玄策、王昭君和文成公主……

音乐是灵魂的回响。旋律自生命的第一声啼哭就已开始。而人生对节奏最早的感知，则是腹胎中的自己和母体共同的心跳。音乐是生命的念想和时代的标记。音符顺着旋律、合着节奏在每个人心里点燃感同身受的共鸣，才可能在共同的事业中去完成一个大合唱和只属于自己的独唱。

音乐是灵魂的回响。旋律自生命的第一声啼哭就已开始。而人生对节奏最早的感知，则是腹胎中的自己和母体共同的心跳。音乐是生命的念想和时代的标记。音符顺着旋律、合着节奏在每个人心里点燃感同身受的共鸣，才可能在共同的事业中去完成一个大合唱和只属于自己的独唱。

伏尔加，伏尔加，俄罗斯人的母亲河，欧亚人的丝绸路。

2014年8月18日，俄罗斯 阿斯特拉罕——五山城

伏尔加河，俄罗斯的母亲河

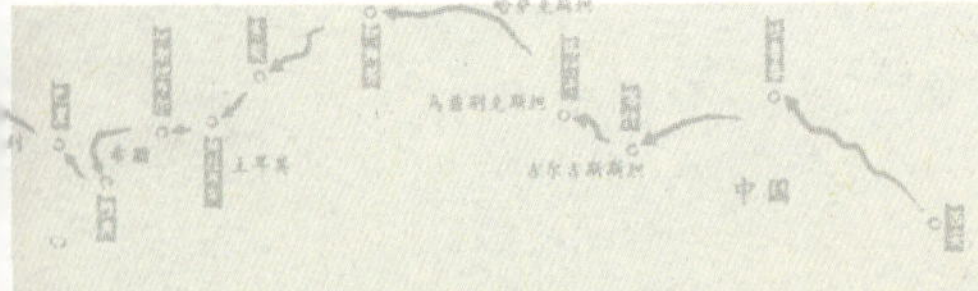

39

“帆在风暴中寻求安详”

在那大海上淡蓝色的云雾里，有一片孤帆儿在闪耀着白光！它寻求着什么，在遥远的异地？它抛下什么，在可爱的故乡？……它不是在寻求什么幸福，也不是逃避幸福而奔向他方！而它，不安的，在祈求风暴，仿佛是在风暴中才有着安详！

从西安出发前几天，看到最后定下来的日程，依然保留了五山城这个地方，我脱口而出：终于可以去那里了！我曾写到过俄罗斯高加索地区的这座城市，是因为一位诗人：莱蒙托夫！

在那大海上淡蓝色的云雾里，有一片孤帆儿在闪耀着白光！它寻求着什么，在遥远的异地？它抛下什么，在可爱的故乡？……它不是在寻求什么幸福，也不是逃避幸福而奔向他方！而它，不安的，在祈求风暴，仿佛是在风暴中才有着安详！

这是他流传甚广的诗，《帆》。他写帆，也是写自己，将自己的生命追求熔铸到追求暴风雨的孤帆中，“帆我两相知”，这首诗让我们懂得了诗人。

我的青少年时代是受俄苏文化熏陶的时代。而普希金和莱蒙托夫是最能点燃我青春的两位诗人。我曾在南方老家的后院中悄悄地、装模作样地诵读普希金的爱情诗，于是便有了青春的忧郁，少年维特之烦恼。在那个理想主义时期，莱蒙托夫给我的是更深刻的人生启示：生命的帆，要去风暴中寻求安详！记得那是偶然在中学阅览室看到《黑龙江音乐》征集歌曲的启

五山城的姑娘载歌载舞欢迎“丝绸之路万里行”采访团的到来

示，我竟然忍不住仿照莱蒙托夫写了一首抒情歌曲的词，就叫《白帆》，写完意犹未尽，还哼哼唧唧自己谱了曲子，寄去哈尔滨。当然石沉大海，因为其中有明显的模仿，而且将莱蒙托夫深刻的人生哲理诗变成了浅薄的浪漫青春梦幻曲。但这次创作投稿经历，依然是我青春序曲中的一个音符，长久地鸣响于心中。

到了大学，我曾顺着欧洲文学史的线索，读了一个又一个代表性作家。对莱蒙托夫有了更多的了解。他的孤傲不群，他永远向着远方的目光，他心灵与现实在抵抗中的苦闷，他在流俗平庸生活中放任不羁的人生态度，以及传奇般的高加索流放生活，无不令我那般神往并与我共鸣，影响着我的人生。

——其实，某种程度上，我是他独行侠式的人生与当时的革命理想主义的一个混血儿！

而对他因毫无意义的决斗而猝然死亡在这座城市的痛惜，当时就像几十年后中国诗人海子的自杀一样震撼着我。他们一个27岁，一个25岁，用最好的年华，闪电似的短促的生命向平庸的人生发出了警告：“我若像拜伦一样被世界放逐，都怀有俄罗斯的灵魂。”“我们刚离开摇篮，心中就装满祖先的谬误，和他们的迟钝生活，像无目标的长途、初入竞技场没有斗

他的孤傲不群，他永远向着远方的目光，他心灵与现实在抵抗中的苦闷，他在流俗平庸生活中放任不羁的人生态度，以及传奇般的高加索流放生活，无不令我那般神往并与我共鸣，影响着我的人生。

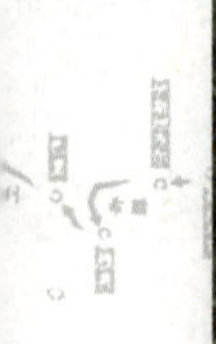

五山城莱蒙托夫纪念碑

争便败下阵来。”这些诗句让我们感受到，他与人口角而赌气决斗，虽然死得很偶然，但内里无疑有着必然性。一个天才，一个“超前者”，一个“当代英雄”，得不到社会和庸人的理解，才会有真正的痛不欲生。

莱蒙托夫与高加索终生有缘。小时候与外祖母在这里疗养，因以过激诗句悼念普希金的《诗人之死》，加之桀骜不驯的性格，两次流放高加索。高加索是他诗歌的一个主要天地，这里的山野风光和高加索性格，启发他反思俄罗斯糜烂的上层社会。而最后，他倒在高加索的土地上。他被对手马丁诺夫一枪击倒在雨中，数小时后人们才找见他，将他抬下山，他已经停止了呼吸，而诗魂永远留在了我窗外像笔架似的山峦之中。

一年又一年，人们踏着沙沙的落叶去山上寻找他、怀念他。我在莱蒙托夫博物馆参观时，了解到一个细节：决斗时，他获得了先开枪的机会，但枪口朝天，不想伤害对方，而对方却一弹直射心脏。至死，莱蒙托夫都以真诚无邪对待这个世界，而这个社会却以阴险的目光瞄准他。

2014年8月19日，俄罗斯　阿斯特拉罕——五山城

40

祖国信号

每到一座城市，一个宾馆，以及任何一个停留片刻的场合，大家第一个问题便是，这里有WiFi吗？第一件事也常常是连上WiFi。连上WiFi，就连上了祖国，连上了家乡和亲人，就可以开始工作。我们这些域外的行者就找到了“组织”，有了心灵的归属。

我在丝路群中微了一句：WiFi就是祖国！流量就是感情！响应者众，后来又改了一句：WiFi就是祖国，入梦即回故乡。

我在“丝路微信群”中微了一句：WiFi就是祖国！流量就是感情！响应者众，后来又改了一句：WiFi就是祖国，入梦即回故乡。

连上WiFi，马上进入状态，或埋头读屏，或拇指乱舞，或进入直播状态，有板有眼地念念有词，或大声呼叫远在家乡的同事、亲友，或躲到一边对着话筒窃窃私语……脸上的表情极其丰富：专注、慰藉、焦虑、甜蜜、诡怪、舒展，也有缜密的布置、周到的叮咛，也有十万火急、刻不容缓的催促，整个一个五彩斑斓。

丝绸之路万里行媒体团集体办公就此开始，40多人集体会客、集体工作、集体写家信的时间也就此来临。由于WiFi在住所一楼大厅或餐厅里信号最强，我们分了房子不回房子，吃完饭不离餐桌，就地开始传视频、传音频、传文字

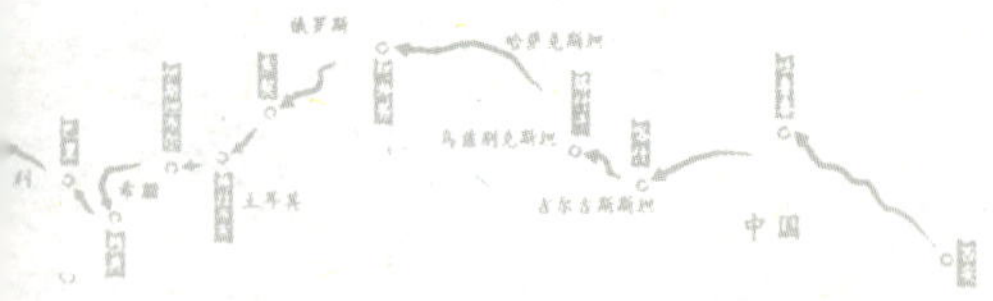

稿、发微信。瞬间将国外任何一个有信号的场所，变成中国人繁忙的办公室。

有两天，我与陕西卫视搞技术的同志住一起，他们将传输信号接通后，要轮流监测，一直等到所有的视频资料传完，并得到国内确切收到无误的回复，才能安心睡下。这个过程不到半夜两三点是完成不了的。有时房间里信号不大好，他们便躺在大堂沙发上夜战，大有与阵地共存亡的气势。

一些小城小店，WiFi上线数量有限，早开者可上网，若30多人蜂拥而上，立即堵塞中断。这时，早起迟睡，错峰上网便成为大家的选择。我年龄大，瞌睡少，早晨一睁眼便往大厅跑，好抢上WiFi的“头道汤”“头箸面”。但还有更早的，且举今天早上为例。

我到大厅时，看见陕西画报社干练的女记者胡晓瑞瘦削的背影，早已经冲到了喷泉广场上。这次活动，画报社负有编辑两本画册的任务，现在时间、路程已经过半，第一部画册发排在即，她正在作最后的圆满，不想放过任何一个美好的瞬间。一大早，便背着两三个相机冲出宾馆。我知道她昨晚借卫星传输打包发了一批作品，很晚才睡的。但她必须抢占离开前有WiFi的时机再发一批新作。

她可能是第一个早起者——我正这么想着，《光明日报》记者组的胡斌、周龙和范瑾三位，竟然从外面回来了！他们人少，却是全媒体一肩挑，文字、图片、视频，十八般武艺全上。他们显然已经出去拍了一圈照片，并且在阿特劳划分亚欧两大洲的长桥前，借着朝阳的光影效果，做了一期视频节目。

《光明日报》记者组的胡斌、周龙和范瑾三位，竟然从外面回来了！他们人少，却是全媒体一肩挑，文字、图片、视频，十八般武艺全上。他们显然已经出去拍了一圈照片，并且在阿特劳划分亚欧两大洲的长桥前，借着朝阳的光影效果，做了一期视频节目。

接着，王志将他那可拍可录的相机贴在眼睛上，悄然从走廊那头出现。名嘴此时无言，只顾且行且拍摄。这一路，他的镜头一直关注两个系列，一是每地的特色食品，一是人像。他

拍人像，专攻特写，边拍边走近，在征得同意后，经常会将镜头伸到对象的脸面前，寻找大特写最好的构图和光影效果。

清晨，一天里最安静最清醒的时刻，我将它献给心爱的写作。从西安出发时，我只能铺开电脑摊子，正襟危坐地在案头写。后来试着随时随地拿出E人E本写。再后来又学会了在手机上写。坐着站着倚着躺着，房内房外车上车下，都能写了。

当这篇文章临近尾声时，看见王志在一旁沙发上睡着了，微微的鼾声表明他这个回笼觉很香很香。实在太累了，为了工作和亲情，大家依然晚睡早起。

每天大厅最后出现的是我们的美女组合。再苦再累，她们总是不惜时间、一丝不苟地修饰自己，不到精彩一刻，绝不“面世”，对这一点有着从不动摇的坚定。我曾调侃，男士拍照是为了留下这个美丽的世界，女士拍照则是要留下这美丽世界中美丽的自己。不过丝绸之路媒体团的美女组合有所不同，只要在大厅里一出现，便纷纷拿出手机上WiFi，有空即给异域他乡平添一道风景。

于是我的文章便有了一个题目：祖国信号。

清晨，一天里最安静最清醒的时刻，我将它献给心爱的写作。从西安出发时，我只能铺开电脑摊子，正襟危坐地在案头写。后来试着随时随地拿出E人E本写。再后来又学会了在手机上写。坐着站着倚着躺着，房内房外车上车下，都能写了。

2014年8月19日，俄罗斯　五山城宾馆

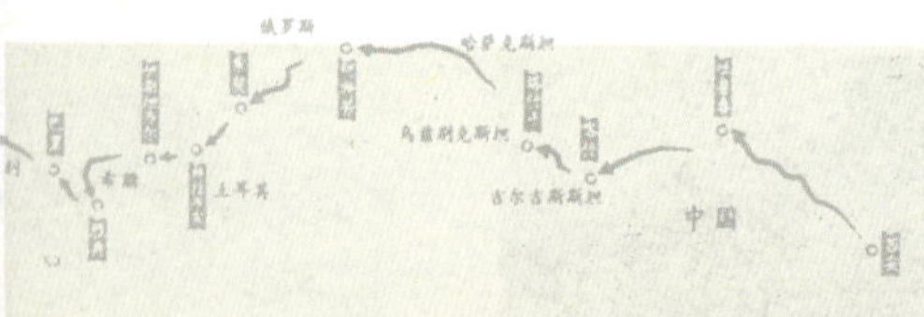

当地中学生乐队欢迎“丝绸之路万里行”采访团到

41

国之美 国之尊

> 高加索山峦以它的曲线拖出的天际线上下，白云和羊群构成优美的对称。牧羊人与胯下的马铸成一体，静静地站在云雾之中，牧羊犬则出入于羊群，热心地奔忙。夏日的草场，茵茵的嫩叶织成厚厚的绿毯，一直铺到远方，将大地裹了个严实。墨绿的塔松，队列般整齐的排过去，勾勒出低缓柔和的山势，而白云和羊群像是不经意散落在原野上的音符，奏出一组组恬静舒缓的和弦。

车队离开俄罗斯，通过俄塔拉尔斯山口进入格鲁吉亚，老天爷用一场清凉的雨欢迎我们这些在酷热与干燥中长途跋涉的人。该国旅游部部长和中国驻格鲁吉亚使馆郑浩代办亲自到口岸迎接。正在这里度假的代办夫人也来了，她是陕西礼泉人，专门来看乡党的。随后车队沿着高加索山地向第比利斯疾驰，到达已经是半夜12时。又一次夜行军！

在向目的地长途跋涉中，有人打盹了，像风箱一样拉起了鼾声。主驾们也累了，在车台里不停地找话说，打岔、调侃、自嘲，再加一点带颜色的故事，全力以赴要把自己从困乏中拽出来。我干脆在后排躺下，脑子里云翻雾腾。蓦地谁喊了一声：“云！山！草场！羊！”一个激灵向窗外看去，一片丰茂的草场在眼前展开，高加索山峦以它的曲线拖出的天际线上下，白云和羊群构成优美的对称。牧羊人与胯下的马铸成一体，静静地站在云雾之中，牧羊犬则出入于羊群，热心地奔忙。夏日的草场，茵茵的嫩叶织成厚厚的绿毯，一直铺到远方，将大地裹了个严实。墨绿的塔松，队列般整齐地排过去，勾勒出低缓柔和的山势，而白云和羊群像是不经意散落在原野上的音符，奏出一组组恬静舒缓的和弦。

高加索山真是妙不可言，它不像现在城市景观，用高密度、高频率的审美信息搞得游人目不暇接。它不轻易满足你，而是要你在一个天地中、一种情调中长久地留驻，深深进入你的内心。他玩弄着人的味口，不经过长久的渴求、等待，不让你轻易进入新的景观。好一个格鲁吉亚，懂得悬念，懂得蓄势，在不动声色中机智地掌握了审美主动权，太沉得住气啦！

格鲁吉亚素有“上帝的后花园”和“小瑞士”之美誉。旅游和葡萄酒酿造是支柱性产业。——就是这样一个美丽的小国，却产生了斯大林这样的大人物，曾长期领导着包括俄罗斯在内的16个加盟共和国的苏联，一度还是和美国为首的资本主义阵营抗衡的社会主义阵营的最高领袖。

真叫天有不测风云，第二天一早，微信就传来消息，昨天热情欢迎我们的俄格拉尔斯口岸公路，竟然被头天的雨冲毁了，照片上可以看见公路整个一边塌陷下去，真是后怕。

格鲁吉亚是个小国，只有450万人口，不足7万平方公里面积，相当于1/3个陕西。首都第比利斯是座山城，百万人口散落在缓坡之间。少有高楼，纪念性建筑却一个比一个有特色。素有“上帝的后花园”和“小瑞士”之美誉。旅游和葡萄酒酿造是支柱性产业。——就是这样一个美丽的小国，却产生了斯大林这样的大人物，曾长期领导着包括俄罗斯在内的16个加盟共和国的苏联，一度还是和美国为首的资本主义阵营抗衡的社会主义阵营的最高领袖。

处在欧亚两洲交界处的这个小国，公元前6世纪就开始了自己的建国史，几千年来，一直在各大帝国和政治、宗教势力的挤压中艰难生存。罗马帝国、波斯帝国、拜占庭帝国、阿拉伯帝国、伊朗，还有蒙古鞑靼人和帖木儿帝国以及后来的俄罗斯帝国都入侵过它、统治过它。文化也处在东正教、伊斯兰教以及波斯文化的旋涡中。处在欧亚大国角力中的这个国家，其实最为渴望的是自由而恬适的生存。据说“格鲁吉亚”在希腊语中，意思就是“田”，而它的国徽上用本民族语言写着“团

格鲁吉亚总统、总理接受中国媒体团采访

> 我于是敬佩了格鲁吉亚、爱沙尼亚这样的国家和民族。国虽小，凝聚力却大，文化定力却大，发展潜力更大。他们教会了我们在当今弱肉强食的地缘政治和经济文化中，如何自处，如何生存、发展。

结就是力量”。它不仅保持自己政治上的独立，而且抵御了拜占庭文化强加于自己的影响。现在格鲁吉亚以百分之百的识字率，位居世界第一，可见其对文化的重视。

我去年6月份，曾经去波罗的海沿岸的北欧六国访问。我联想起在爱沙尼亚首都塔林的一个场面。当本地导游带我们到拉科维广场时，她指着市政府的八角塔楼说，我们是个小国，过去丹麦、法国、俄国都统治过这里，不让我们用自己的语言文字，不让我们唱自己的国歌。苏联解体，我们独立了，又采用了这有三头蓝色雄狮的国徽，我们世世代代会像雄狮一样捍卫自己的独立和自由。说着就唱起了国歌《我的土地，我的欢愉》，整个广场上爱沙尼亚人都跟着唱起来。女导游眼里噙着泪花，同样有过被侵略历史的中国游客当时都唏嘘不已。

我于是敬佩了格鲁吉亚、爱沙尼亚这样的国家和民族。国虽小，凝聚力却大，文化定力却大，发展潜力更大。他们教会了我们在当今弱肉强食的地缘政治和经济文化中，如何自处，如何生存、发展。

今天大家心情特好。除了格鲁吉亚的魅力，这里可爱的孩子和美丽的少女，以及华凌集团给我们特供的一整天由国内厨师做的中餐，也是大家情绪高涨的重要原因。我饱餐了一顿川味中餐，感冒竟然奇迹般地好了。队医程大夫笑我，肖老师哪里是感冒，是思乡病吧！

2014年8月20日，格鲁吉亚　第比利斯中国华凌宾馆

42

漫长的历史胶卷压缩为眼前的蒙太奇

我们是从古代开放的丝绸之路的商贸，大步走进中世纪格鲁吉亚文化的堂奥；然后又由传统社会主义的集权的计划经济，走进了中国特色社会主义（指华凌集团）的开放的市场经济。由开放到封闭又到开放，历史的漫长的胶卷就这样剪辑为短短一天的路程，在我眼前蒙太奇般地拉过。

昨天在第比利斯参观金顶教堂、格鲁吉亚母亲大雕像和古城堡，然后来到以4亿美金投资当地的著名华人企业华凌集团。格鲁吉亚总统光临了华凌集团为我们举办的活动，讲话并接受采访。一天时间安排非常紧张。

今天路过斯大林的故乡哥里，看到了路边的斯大林纪念馆。然后去附近丝绸之路的重要节点城市、世界文化遗产石头城，参观后前往格鲁吉亚直辖市库塔依西，住在华凌集团千亩工业园区中。抽空参观了山巅上另一处世界文化遗址巴格拉特大教堂和修道院。

走马观花的掠影式参观，不及细谈每一处的情景。但将这两天几个类型的参观点拉在一起，便出现一个有趣的逻辑：我们是从古代开放的丝绸之路的商贸，大步走进中世纪格鲁吉亚文化的殿堂；然后又由传统社会主义的集权的计划经济，走进了中国特色社会主义（指华凌集团）的开放的市场经济。由开放到封闭又到开放，历史的漫长的胶卷就这样剪辑为短短一天的路程，在我眼前蒙太奇般地拉过。

斯大林，我少年时代崇敬的伟人和英雄。记得1953年年初他患脑出血倒下，中央广播电台（那时还没有电视）播送他逝

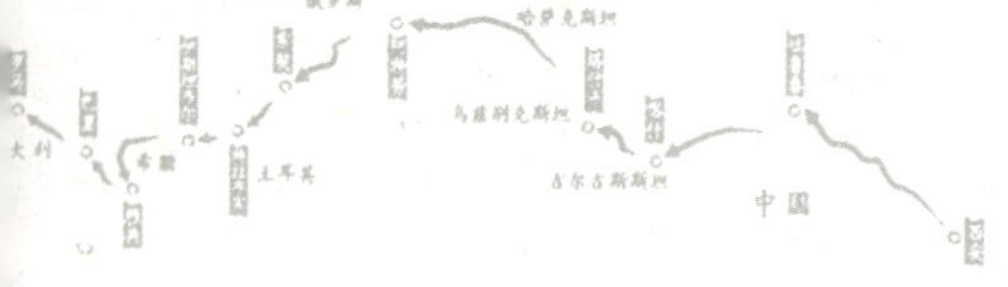

> 格鲁吉亚美丽的女翻译娜塔在参观古城堡时告诉我：我们为格鲁吉亚出了斯大林自豪，但我们不喜欢他的独裁！

世的讣告，那时才上初二的我和我的少年同学们都聚在南昌一中的校园里，心情分外沉重。当播音员沉重地宣告："约瑟夫·维萨里奥诺维奇·斯大林同志于×月×日×时×分不幸逝世……"我和同学们都忍不住大哭，那的确是由衷的悲恸，真有一种如丧考妣的无助感。好像那时候的中国人都长不大，有鲁迅指出的儿童化倾向，精神上要依赖一种外在的力量才有安全感。而斯大林的逝世，我心里的感觉是屋子的梁垮了！

年长后，或者说，对斯大林个人迷信的历史隐情被逐步揭示出来之后，我才知道，斯大林半是英雄、半是暴君。他辅助列宁取得十月革命的胜利，推翻沙皇农奴制，他领导苏联人民战胜德国法西斯，并在最后战胜日本法西斯的战争中起到了重要作用。战后，他领导苏联奠定了在世界上的政治、经济、文化地位，都叫人感受到一种英雄气概。但是他为了巩固自己的权力，在政界和文化界展开大清洗，剥夺农民利益，不顾老百姓生活，强制发展重工业，排斥市场经济，大搞个人崇拜的集权制。格鲁吉亚美丽的女翻译娜塔在参观古城堡时告诉我：我们为格鲁吉亚出了斯大林自豪，但我们不喜欢他的许多做法！

在大清洗中，除了政敌，大量优秀的知识分子和艺术家被流放、监禁甚至处决。斯大林时代甚至发明了一个"敌对思想走私犯"的帽子，专门迫害知识分子。知名音乐家萧斯科塔维奇多次受批判，一直生活在被迫害的恐惧之中，被称为"终生等候审判的音乐家"。这些在索尔仁尼琴的《古拉格群岛》一书中都做过细致描写。发生在斯大林时代的这些悲剧，其实也是苏联最后解体的一个原因，甚至是中国走改革开放道路、走自己特色社会主义的一种推力。我们不能重复自己的，也不能重复别人的错误。

有时我想，历史的轨迹当然是按照一种潜在的必然性延展的，但在一些关键时刻，又常常受到历史潮头上那些大人物个

格鲁吉亚的革命诗人马雅柯夫斯基雕像

人性格的影响。斯大林个性中阴暗的一面就严重影响了苏共的历史。而斯大林某些阴暗性格的形成，有政治社会原因，有群体文化原因，是不是和个人的某些心理缺陷也有关系呢？因为个人心理的缺陷而祸及国家社会，一般人不可能有如此大的能量，但作为党和国家的最高领导者是可能的。

斯大林身高只有1米62，左脚第二三个趾相联，小时得过天花，脸上留下很深的麻子。上学时又得过败血症，左臂严重感染，导致肌肉萎缩，病愈后终生左臂略短。他这只手总是戴一只厚手套，在办公室也如此。这些生理缺陷产生的自卑，可能反弹为过敏、偏执与虐待狂。他参加革命将自己的名字改为“钢铁的人”（斯大林），可以视为革命者的志向，其实也不是不可以视为一种自我心理补偿。想起这些，我只能一声叹息！

好了，好了，不去扯这些陈年老事了。我们来到中国华凌集团的活动现场，马上被另外一种气氛——喧闹欢腾和生龙活虎的气氛所感染。新疆华凌集团2007年来格鲁吉亚投资，建立了上千亩免税自由工业园区，购买了20年、每年8.8万方森林开采权，还收购了一个商业银行90%的股份。使馆郑代办告诉我，该国的古典小说《虎皮骑士》已经写有中国的情况，有的古代《圣经》封皮上也镶着中国玉。中国现在已是格鲁吉亚第三大贸易伙伴，最近又创建了孔子学院。在仪式上，中国工人舞起了长龙，挂起了宫灯，陕西籍工人还认出了主持人亢凯，争着和乡党照相。

中国现在已是格鲁吉亚第三大贸易伙伴，最近又创建了孔子学院。在仪式上，中国工人舞起了长龙，挂起了宫灯，陕西籍工人还认出了主持人亢凯，争着和乡党照相。

这像是走进了改革开放的中国的气氛和心情，也是独立后格鲁吉亚的气氛和心情。

2014年8月22日，格鲁吉亚　库塔依西

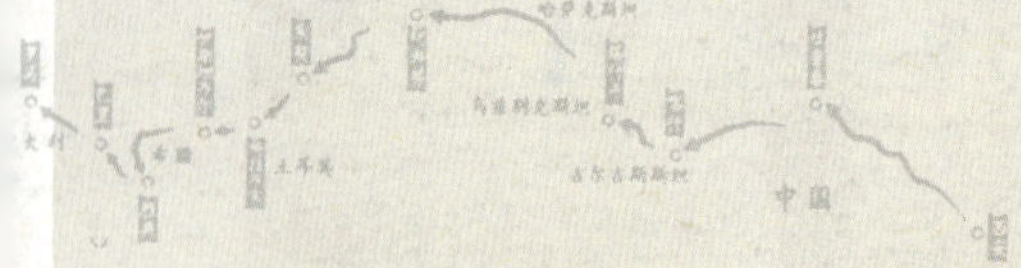

43

抱愧巴统

> “人生最宝贵的是生命，生命属于人只有一次。一个人的生命应当这样度过：当他回忆往事的时候，他不因虚度年华而悔恨，也不因碌碌无为而羞愧；在临死的时候，他能够说：我的整个生命和全部精力，都已献给世界上最壮丽的事业——为人类的解放而斗争。”
>
> ——奥斯特洛夫斯基《钢铁是怎样炼成的》主人公保尔·柯察金。

我真是抱愧巴统。来到这座美丽的海滨城市有点儿心不在焉，老想着隔着黑海相望的另一座城市——索契。两座城都是黑海明珠，巴统是我才结识的新朋，索契则是我深交几十年的旧友。对不起了，巴统，我得在此行离索契最近的点上，借你的地盘，先说说索契。

人生最宝贵的是生命，生命属于人只有一次。一个人的生命应当这样度过：当他回忆往事的时候，他不因虚度年华而悔恨，也不因碌碌无为而羞愧；在临死的时候，他能够说：我的整个生命和全部精力，都已献给世界上最壮丽的事业——为人类的解放而斗争。

——奥斯特洛夫斯基《钢铁是怎样炼成的》主人公保尔·柯察金。

这句话，在网络时代、微信时代，不是人人都知道，甚至大多数年轻人都不知道了，但是在我们那一代，以及我之前之后的两三代人，保尔·柯察金的这段话可以说家喻户晓，许多人都可以背诵出来。在五四篝火晚会上，在团支部的组织生活会上，在父母教育孩子的饭桌上，在青少年的促膝谈心和聊天中，时不时就会提到这段话。

巴统黑海海滨

这段话把多少人引上革命之路，把多少人青春的生命点燃。它成为那个时代价值观的标志性话语。它甚至成为当时年轻人择偶的一个重要的精神坐标。

真想不到，我此生能够进到这部名著的气场之中，和记忆中的作家、英雄相逢，我的青春刹那间被激活了，不息追求，艰苦奋斗的理想主义被激活了。几十年来，我有过惫懒，有过消沉，有过浮躁，有过自私，也有过小小的贪婪，但当这段黄钟大吕的人生格言再度在心中响起时，我发现自己心中的美丽和力量依然很是强大。

奥斯特洛夫斯基崇拜小说《牛虻》中的主人公亚瑟，决心做一个亚瑟那样的硬汉子、反抗者。年仅15岁的他为了救出自己的引路人，因赤手空拳打倒押运兵而被捕入狱，受尽了各种非人的折磨，获救后参加红军，编入布琼尼骑兵师，成为一名出色的战士。1920年16岁时，他被炮弹炸伤头部和腹部，整整昏迷了13天，抢救后生还，右眼失明，伤势没有康复便要求重返前线。组织照顾他，派他去铁路工地搞共青团工作。他带领青年工人冒着零下50度的严寒修建铁路，连袜子也没有，赤脚穿一双漏水皮靴在冰天雪地中苦干，最终染上了严重的伤寒和肺炎。同志们以为他必死无疑，他却又一次战胜死神，站了起来。

他在20岁时参加了共产党，先后受命担任团州委书记，依然不分昼夜地工作，导致全身瘫痪，身体彻底垮了。他与妻子被安排到莫斯科、索契疗养。在首都一条静静的胡同里，在索契这个疗养的小楼中，开始了长篇小说《钢铁是怎样炼成的》写作。浑身疼痛，几乎不能动弹，借助刻字版完成了开篇，而细节、场面以及遣词用句全靠记忆，为此往往彻夜不眠，反复咏诵脑海中的句子。三年后，上下两卷长篇付梓，引起了极大

几十年来，我有过惫懒，有过消沉，有过浮躁，有过自私，也有过小小的贪婪，但当这段黄钟大吕的人生格言再度在心中响起，我发现自己心中的美丽和力量依然很是强大。

岁月逝去，我们会遏制不住地苍老、衰弱，最后离开这个世界。生命还能留下什么呢？留给我们的不就是那么一点精神闪光，永存于后代的心中吗？

反响。20年间，仅在国内使用43种语言出版了150多次。他和他书中的主人公保尔·柯察金，化为一个整体，鼓舞着无数青年读者。

他只活了32岁，生命质量却是沉甸甸的，以短暂的生命凝聚一个时代的精神，远远超越了当时阶级斗争和意识形态的局限，成为真善美和生命力量的象征。对于具有精神追求和人生理想的人们，生命当然不是以财富和时间长度来计算的。

我上高中时，在南昌第一高中，听过“中国的保尔”吴运铎的报告。他为了给解放军试验炸药，毁坏了自己的身体，但坚强地拿起笔将自己的经历写出来，就是那本名为《把一切献给党》的作品。我们读着，内心升腾起要报效祖国、报效革命的强大精神力量。

更想不到的是，我上大学时竟然又成为中国另一位有保尔色彩的战士作者高玉宝的同学，他与妻子姜玉娥从人大附中进到新闻系。夫妻俩利用假期为学校修桌椅书架，饥饿时期挺身办食堂改善同学们的伙食。我虽比他高一级，但年龄小，一直视他为兄长，为人生楷模。

保尔、吴运铎、高玉宝、雷锋，使我们那一代有了和韩寒、郭敬明这一代完全不同的青春。我祝福郭敬明的青春，但也不为我们那艰难、苍凉而激情喷发的青春悔恨。

岁月逝去，我们会遏制不住地苍老、衰弱，最后离开这个世界。生命还能留下什么呢？留给我们的不就是那么一点精神闪光，永存于后代的心中吗？

2014年8月23日，格鲁吉亚　巴统市

44

无处不在的阿凡提

从中国新疆开始，我们一路走过了哈萨克斯坦、乌兹别克斯坦、俄罗斯、格鲁吉亚的20多个城市和景点，今天进入了土耳其的奥尔杜城。在一万多公里路上，纳斯尔丁·阿凡提——那个头戴小花帽，倒骑小毛驴，走到哪里把笑声带到哪里的幽默的小老头儿，似乎一直如影随形跟着我们。我预感在往后的路程中，他还要陪我们在土耳其旅行。

这些国家和地区人人都知道阿凡提，都会讲到他，并且能够津津有味地说几个他的故事。讲到他时都会笑声不断，都确定无疑地说，阿凡提是我们这儿的人，你看，我们这里不但有他的故事，而且有他的遗迹。

由于语言不一样，阿凡提在各地的名字也不一样，在中国，他叫阿凡提，在乌兹别克斯坦、哈萨克斯坦一带，他叫“纳斯尔丁·阿凡提”，在高加索、伊朗一带，他叫“毛拉·纳斯尔丁”，而到了土耳其，他又叫“纳斯尔丁·霍加”。“霍加”“阿凡提”都源于突厥语，是导师、先生、有学问的人。“毛拉”是阿拉伯语的音译，是“主人”“保护者”的意思。怪不得阿凡提被誉为“世界民间艺术形象的顶尖级人物”。

阿凡提在各地的名字也不一样，在中国，他叫阿凡提，在乌兹别克斯坦、哈萨克斯坦一带，他叫纳斯尔丁·阿凡提，在高加索、伊朗一带，他叫“毛拉·纳斯尔丁”，而到了土耳其，他又叫“纳斯尔丁·霍加”。“霍加”“阿凡提”都源于突厥语，是导师、先生、有学问的人。“毛拉”是阿拉伯语的音译，是“主人”“保护者”的意思。怪不得阿凡提被誉为“世界民间艺术形象的顶尖级人物”。

我很作难了，在哪一段丝绸之路上写这个不能不写的人物

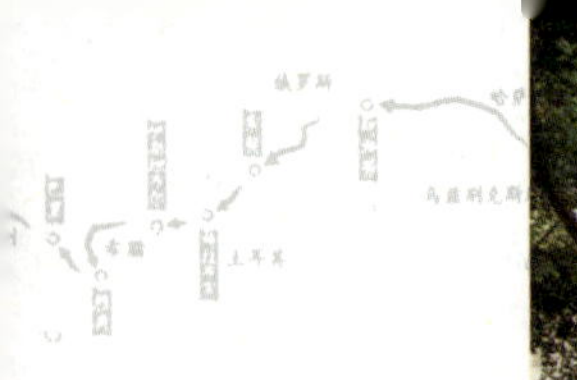

中亚阿凡提雕像

你们若去瞻仰，可以看见他墓碑上写着：“纳斯尔丁·霍加，土耳其人，生于1208年，死于1284年。伊斯兰学者，教师，清真寺领拜人。一个善于雄辩、善于讲故事、善于讲笑话的人。”早在16世纪末的清代初期，土耳其著名作家拉米依就把阿凡提的笑话整理成《趣闻》一书出版。

呢？颇费踌躇。在这里写，那里会有意见，反过来也一样。所以一直到上路一个多月一直没提到他，但阿凡提是丝绸之路上绕不过去的人物啊。现在再不能不写这个题目了，穿过土耳其到了欧洲，就难下笔了。

今天一到土耳其，当地人就力荐我们要去西南方向的阿克谢希尔城，因为那是阿凡提的出生地，他的陵墓现在还在那里。你们若去瞻仰，可以看见他墓碑上写着：“纳斯尔丁·霍加，土耳其人，生于1208年，死于1284年。伊斯兰学者，教师，清真寺领拜人。一个善于雄辩、善于讲故事、善于讲笑话的人。”早在16世纪末的清代初期，土耳其著名作家拉米依就把阿凡提的笑话整理成《趣闻》一书出版。欧洲的学者们比较认可这个说法。

但是中国人，尤其是新疆维吾尔人坚持认为，这位永远快乐的民族达人出生在吐鲁番葡萄沟的达甫盖村。那里也有阿凡提的故居，石碑上介绍他活了99岁。中国先后用汉、维、蒙、哈、藏五种文字出版了上千种版本的《阿凡提故事》。而在乌兹别克斯坦的布哈拉和阿塞拜疆的巴库、大不里士，也发现了阿凡提写的游记。可以说，阿凡提是在当年奥斯曼帝国所有的领地，从中亚到西亚，从北非西北到印度、孟加拉，以至高加索，还有中国西部地区流传的知名人物。数以千计的阿凡提故事在以突厥文、中文、维吾尔文、阿拉伯文、波斯文传播。每一地区、每一语种的传播，都加进了当地百姓的加工创造，当地人也将自己民族的智言和幽默归到了这个小老头名下。阿凡

中国阿凡提故居

提以强大的品牌效应，凝聚了人类的智慧，成为伊斯兰世界民间文学的大成。

按照中国维吾尔族的传说，阿凡提出生于一个贫苦农民家庭，读完小学后就学习《古兰经》，17岁就可以翻译阿拉伯文书籍。他以幽默讽刺的智慧武器，反抗巴依、富农，也包括以宗教为外衣的骗子，为老百姓伸张正义。他化愁眉苦脸为笑逐颜开，是民间智慧和欢乐的化身。

我感到阿凡提不竭的生命力，除了来自他自身，也表明了老百姓在改善自己生存状况的奋争中的一种心理需求。那是弱者制胜的需求，以民力制胜官力，以软力制胜硬力，以反讽制胜说教的社会心理需求。其实，每个人心里都有个阿凡提啊，不是吗？

阿凡提在土耳其的墓地，是根据他最后一个笑话设计的。坟墓不沾地、悬空，建在四根柱子上。柱子四周没有围墙，可以随便出入，却在大门上锁了一把锁。来这里的人都免不了发笑。笑过之后又会想：正义的思想和智慧如此凌空遨游、自由去来，你想锁住它，不是太可笑了吗？

我感到阿凡提不竭的生命力，除了来自他自身，也表明了老百姓在改善自己生存状况的奋争中的一种心理需求。那是弱者制胜的需求，以民力制胜官力，以软力制胜硬力，以反讽制胜说教的社会心理需求。其实，每个人心里都有个阿凡提啊，不是吗？

2014年8月24日，土耳其 奥尔杜

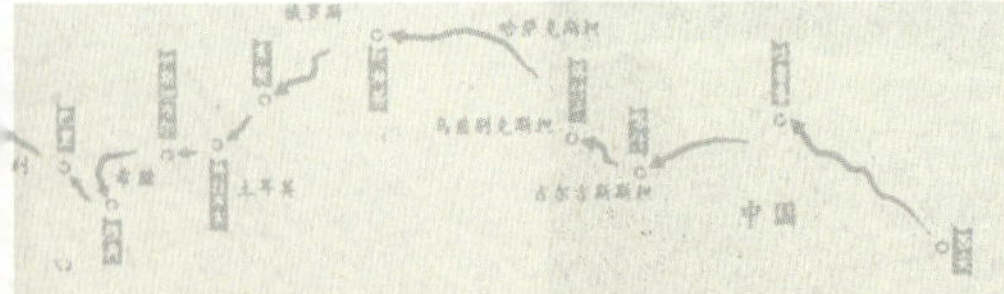

45

朝觐心灵圣地

信仰可以自由选择，但能否终生恪守自己的选择，则是对一个人精神向度、灵魂纯度、人格硬度的检验。古往今来丝绸之路上的许多人都有这种恪守信仰和恪守目标的精神。

我在七八年前来过土耳其，在伊斯坦布尔，当地女导游的中文实在不敢恭维，连我们这些中国人也很难听懂，后来还是一位来自新疆的留学生小伙子给我们来当义务导游，才圆满了那次旅游。当时，我们互留了电话。他学业完成后，就留在土耳其当导游了。前年他回了一趟国，带团到西安，给我来电话，恰巧我去了东南亚的吴哥窟，没见上，遗憾了好几天。昨天一到伊斯坦布尔，我就与他联系，他听说我到了土耳其，在电话那头跺足而叹，很遗憾地说：太没缘分了，我现在正在沙特阿拉伯，领人去麦加朝觐，又转了几个地方，还没回来。我赶忙说，朝觐是去见真主呀，相比之下，我们的见面太微不足道了。不过昨天还是几次想起他，总是将他与朝觐路上虔诚的信徒剪辑到一起，那种浩浩荡荡的神圣的画面。

从信念而论，这世界上最感动我的极致性人群有两个。一个是青藏高原上孤独的朝圣者，他们一旦给活佛许下了愿，便会以几个月、几年，甚至一辈子的时间，在严寒和缺氧中，风餐露宿，一步一个长头，用身体丈量着信念，向着心中的圣地虔诚地靠近。那是与环境的搏斗，更是与内心魔障——诸如怯弱、畏缩等等的搏斗。战胜了自己才能战胜外界的苦难，才能

伊斯坦布尔

达到或者仅仅接近自己心中的天国。

另一个人群便是穆斯林朝觐者。他们为了贴近世代照亮族群的那道灵光、那位真主，为了去那个特定的场合，进入一种特定的信仰场、心理场、感情场，也是不畏千山万水奔向麦加。有人为此花去积攒一生的财产，将几十年的打拼努力付给一个理想，却在这“空无”中获得了心灵的安妥和精神的最大财富。

这两个人群的人生目标永远在远方，永远锁定在遥远而又遥远的地平线上。人生其实有三个家园，那就是地界家园，这是现实的此岸的生存家园；天界家园，这是理想的彼岸的灵幻家园；心界家园，这是理性的思岸的精神家园。他们锁定的那地平线，既是这三座家园的分界线，又是这三座家园的熔接点。从他们身上，你会懂得信仰为什么是一种力量，为什么是启动心灵的不竭的源泉；你也会懂得彼岸，或者说理想境界，或者说梦，为什么是一种心灵召唤，为什么能够召唤你的坚毅、奋争、有为，召唤你生命深处的真善美。

人生其实有三个家园，那就是地界家园，这是现实的此岸的生存家园；天界家园，这是理想的彼岸的灵幻家园；心界家园，理性的思岸的精神家园。他们锁定的那地平线，既是这三座家园的分界线，又是这三座家园的熔接点。

麦加是伊斯兰的圣城、世界穆斯林的精神中心，伊斯兰教的创始人穆罕默德就诞生在这里。他在这里创立和传播伊斯兰教，一度被迫前往麦地那。在异地，他朝拜的方向依然朝向麦加，从此世界各地的穆斯林都朝着麦加礼拜，那是穆斯林最神

> 丝绸之路并不像丝绸那么绚丽光滑，它像人生之路一样，充满了坎坷和艰辛。心里有目标有神圣的人，才能在这条漫长的路上执着地走到目的地，也才能在这条超常艰苦的路上获得超常的收获。

圣的地方。伊斯兰教规定信徒的五功：念、礼、斋、诵、朝，朝觐是信徒必须遵守的基本制度。《古兰经》也载有信徒去朝觐的义务，按教义，每位虔诚的穆斯林一生中都应去麦加圣地朝觐。它是纪念“先知”、尊重传统的宗教仪式，也是各国穆斯林精神凝聚、交流友谊的年会。我曾经为民间社火撰写过一个八字对联，曰“聚友成社，燃信为火”，大体也就是这意思。

信仰可以自由选择，但能否终生恪守自己的选择，则是对一个人精神向度、灵魂纯度、人格硬度的检验。古往今来丝绸之路上的许多人都有这种恪守信仰和恪守目标的精神。张骞在西行道上被乌孙（大月氏）扣留十年，娶妻生子也羁留不住他凿空西域的脚步。传说玄奘曾誓言自己去西天取经不走一步回头路，有次在沙漠中因干渴而昏迷，半夜醒来后不辨方向朝东迈开了步子，当发现自己在走回头路，立即转身重又向西前行。我还想起了中国敦煌研究的开拓者常书鸿，当妻子受不了那里的艰苦，开上唯一的一辆车离他而去，他内心有一丝凄苦，也有一丝理解。但他选择了留下，一辈子地留下。

丝绸之路并不像丝绸那么绚丽光滑，它像人生之路一样，充满了坎坷和艰辛。心里有目标有神圣的人，才能在这条漫长的路上执着地走到目的地，也才能在这条超常艰苦的路上获得超常的收获。

2014年8月24日，土耳其　卡帕多西亚

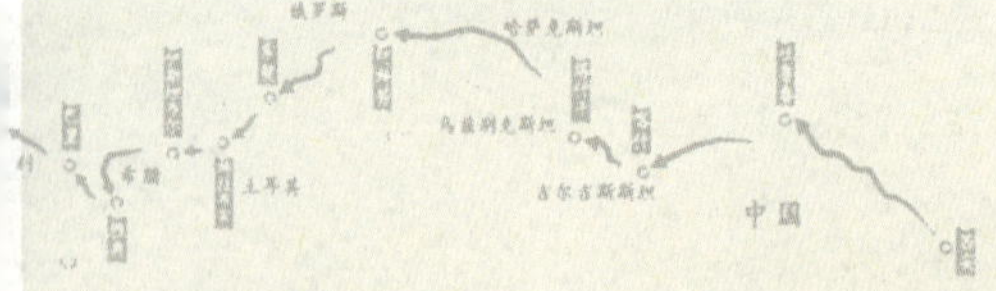

46

美得很　火得很　热得很

> 美丽是一种资源，是软实力，它可以加工营销，可转化为硬实力。而最美、最吸引我们的则是人生风景，历史美是逝去了的人生风景，文化美是提炼过的人生风景。自然美则是浸透了人生情怀的自然风景。美丽的陌生度与含金量成反比。人生风景越陌生，价值越高。丝绸之路沿线美丽经济、旅游经济有着巨大的开发前景。

我们已经跑了25000里，就要离开土耳其，进入希腊了。团队安排了一次给家乡寄明信片的活动，我只写了“长安你好，丝路问候！”八个字。太多的不能说，但有几点很强烈的感受，想赶快趁早说出来。用陕西家常话来说可能更来劲，那就是：美得很，火得很，热得很。我用作这篇文章的题目。

丝绸之路美得很，沿线各国的山川大地、民情风俗美得很，美不胜收。

山川或辽阔苍茫，或沉郁丰饶，或精致细腻；民风或豪爽奔放，或原生自然，或温馨体恤。美景美服，美女美童，轻歌妙舞，新风异俗，绵长亘远的历史纵深，生机勃动的现实生活，无不吸引着我们的目光，拨动着我们的心弦，让我们体味到人类“活法”的多样，智慧和创造的不可穷尽。丝绸之路在这个意义上，也是不同地域、民族风情展示自身美丽的一个多彩的长廊。

美丽是一种资源，是软实力，它可以加工营销，可转化为硬实力。而最美、最吸引我们的则是人生风景。历史美是逝去了的人生风景，文化美是提炼过的人生风景，自然美则是浸透

卡帕多西亚石笋地貌

了人生情怀的自然风景。美丽的陌生度与含金量成反比。人生风景越陌生，价值越高。丝绸之路沿线美丽经济、旅游经济有着巨大的开发前景。

丝绸之路火得很。在途经的国内各省和境外各国火得很，知名度大得远远超出了我的预期。

我们经过的许多国家、许多城市，甚至像布哈拉、希瓦（乌）、扎斯雷克（哈）、五山城（俄）和奥尔杜（土）这样的中小城市，在一些文物景点和宾馆中，都有丝绸之路全图，起点都标明西安。大都是木质和丝绒制作，有些时日了，显然不是专为我们的到来临时赶制的。撒马尔罕宾馆门口还挂着“丝绸之路指定宾馆”标牌。出国之后，张骞67代传人张利军知名度超过了名嘴王志，因为张骞早是国际知名人物，张利军与国际友人合影总是有优先权。

几乎每一段都有警车带路，十字路口有交警疏道。每进一国海关、口岸大都优惠我们集体办手续，乘车通过。我们所到的城市大都专门组织了欢迎仪式和交流座谈会，当地官员或民间组织负责人在讲话中无一不高度评价丝绸之路，也总是自豪地说，古代丝绸之路经过我们这里，或我们这里是丝绸之路上重要节点城市、重要商贸中心。他们无一例外表示了加入丝绸之路经济带的迫切愿望。

沿途各国对中国友好，对中国强大认可，他们认识到丝绸之路经济带为自己国家提供了巨大的发展机遇，提供了打开世界大门的钥匙。他们渴望与中国共建丝绸之路经济带，与中国一道起飞。

在哈萨克斯坦，前总理接受媒体团采访。我们到乌兹别克斯坦之后，他们总理访华，贯通中乌吉三国的高铁正在敲定。而在土耳其中国援建的由首都安卡拉到伊斯坦布尔的高铁已经通车运营。格鲁吉亚给了我们最高礼遇，旅游部长和中国使馆代办到边境口岸迎接，在总统、总理同时接受专访之后，总统马尔格韦拉什维利又亲自参加我们在中国援格鲁吉亚企业的采风活动，讲话并再度接受采访。总理加里巴什维利在我们即将离开时，专程从首都赶到巴统港，为媒体团举行隆重的送行仪式。仪式由第一副总理主持，总理在演说中，明确提出了丝绸之路经济带与他们的国家战略十分契合，表达了政府高层、直至他本人的访华要求。这个仪式格鲁吉亚各媒体突出报道，国家电视台还做了现场直播。有的新闻标题直接采用了“热盼访华”的提法。进入土耳其后，陕西卫视卫星车在欧洲直播的认证获批，是全国第一个获此项认证的转播车。

这当然不是说，我们媒体团有多么重要，而表明了沿途各国对中国的友好，对中国强大认可。他们认识到丝绸之路经济带为自己国家提供了巨大的发展机遇，提供了打开世界大门的钥匙。他们渴望与中国共建丝绸之路经济带，与中国一道起飞。

商机和其他经济、文化发展机遇热得很。

新丝绸之路上，不但到处可以看到“中国制造”，从旅游工艺品到美的、格力空调，长虹、海尔冰箱，吉利汽车，华为电子，中石油、中海油、中远、中铁等中国大企业也陆续进入，抓住了一批规模化投资项目，才开始已初见成效。从土耳其首都安卡拉到伊斯坦布尔，我们一度离开车队，乘坐中国援建的高速铁路，五六百公里两个钟头便到了。特别要说一下新疆华凌集团，捷足先登，以4亿多美元的投资成为在格鲁吉亚投资最大的外国企业，在森林采矿、工业园区开发方面，强力推动了格鲁吉亚的发展。这也是格鲁吉亚高规格接待我们的内在原因。他们尝到了中国的甜头，丝路经济带的甜头，又提出深水港和现代农业等项目的招商。我由此想到陕西的大型企业和杨凌农科项目的进入问题。

媒体团报道新丝绸之路，新丝绸之路成就媒体团。我们报道各国，各国也报道我们，常常被各国媒体围堵。我们与丝绸之路心连心，丝绸之路让沿线欧亚各国拉起手来，挽起胳膊来！

2014年8月24日，土耳其 安卡拉

媒体团报道新丝绸之路，新丝绸之路成就媒体团。我们报道各国，各国也报道我们。常常被各国媒体围堵。我们与丝绸之路心连心，丝绸之路让沿线欧亚各国拉起手来，挽起胳膊来！

横跨欧亚两大洲的博斯普鲁斯大桥

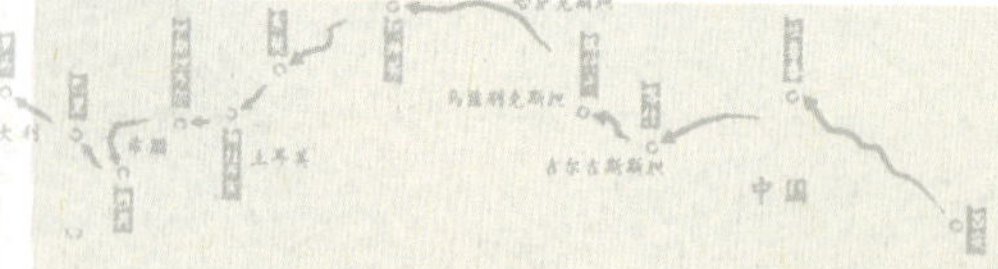

47

在土耳其看“窑洞”和“地道战”

气球在空中飘荡，从那些洪荒时代形成的熔岩、石柱、石洞前缓缓而过，仿佛外太空的星球，在天光云影中闲庭信步。神奇而又神秘的地岩壁从眼皮底下慢慢移过，阳光在奇诡的山岩上变幻着色彩。真是从未有过的体验。

土耳其中部的卡帕多西亚是闻名于世的热气球之都。早晨四点半钟，热气球公司就派车来酒店接我们去升空点集合。因要签生死状，年迈的我只好自动取消资格，只是在地面作了同步的参观。67岁的经济学家张宝通先生一路过关斩将，愈战愈勇，和年轻人一道登上了热气球。天气很好，拂晓时分，云锦漫舞东天，朵朵色彩斑斓的气球载满旅客腾空而起，像一捧捧献给朝阳的花。乘热气球俯瞰卡帕多西亚的景色，每年只有夏季旅游旺季才举办，让我们赶上了，运气！

气球在空中飘荡，从那些洪荒时代形成的熔岩、石柱、石洞前缓缓而过，仿佛外太空的星球，在天光云影中闲庭信步。神奇而又神秘的地岩壁从眼皮底下慢慢移过，阳光在奇诡的山岩上变幻着色彩。真是从未有过的体验。

这个地区以前是活火山，喷发之后的岩浆和岩灰冷却后凝结为厚厚一层凝灰岩。在亿万年风霜雨雪的剥蚀下，形成了千姿万态的岩洞、石柱和沟壑，有壁立千仞的悬崖，蜿蜒数十里的褶皱，还有的像蘑菇、树桩、尖塔，构成奇石林立的露天博物馆。洞窟、碉堡、岩石，土黄、岩灰、浅褐，色彩像旋律一样展开，如同一幅幅造化以鬼斧神工在大地上创作的艺术作品，恣意地宣泄着自己的艺术情怀。

气球飘到居里美人的村落，导游提醒大家，卡帕多西亚最精彩的展厅格莱美露天博物馆到了，希望大家在寻找中发现惊喜。格莱美意为“不见不散”。古代的居里美人将一座百多米高的山谷岩洞整个修建成了窑洞群，或整齐或错落有致地排列着，让我想起陕西延安大学的窑洞群宾馆和陕北山峁间的窑洞风情。这里中世纪曾是基督教徒集中的驻地，后来转移到另外两个红褐色的圆石柱厅。从那里还能看到上面的更多的洞穴群。柱顶覆盖着苹果形的圆盖，称为苹果教堂。另一座凿空整座山的洞窟群，像一座圆柱形的楼房鹤立鸡群，与丝绸之路中国段上的世界文化遗产天水的麦积山，有若孪生兄弟。有人笑说，想不到坐上热气球，一会儿就回国了！

古代的居里美人将一座百多米高的山谷岩洞整个修建成了窑洞群，或整齐或错落有致地排列着，让我想起陕西延安大学的窑洞群宾馆和陕北山峁间的窑洞风情。这里中世纪曾是基督教徒集中的驻地，后来转移到另外两个红褐色的圆石柱厅。从那里还能看到上面的更多的洞穴群。柱顶覆盖着苹果形的圆盖，称为苹果教堂。

卡帕多西亚不但有陕北窑洞，还有华北大平原的“地道战”可看呢。这里有30多座利用凝灰岩开凿的“地道城”。我们参观的一个深50米，有七八层。顺台阶猫腰走进去，曲折迷离不辨方向，里面有卧室、厨房、餐厅、酒窖，竟然还有马厩。另几层还设有教堂、教会学校、避难所和军械库。最底层则是储水库。各层之间的通道口，备有磨盘大的石块，如有入侵者闯入，可以随时堵断通道，“瓮中捉鳖”。据说，这是3000年前开始修建的，后来由基督教徒完成，长期使用。在拜占庭帝国初期和阿拉伯人对基督教徒迫害时，这里曾有上万名基督教徒避难。现在这个地区山体上已经发现了150多座教堂和修道院。

我很自然地产生了一点疑问，土耳其也好，这个地区也

从卡帕多西亚热气球俯瞰神奇地貌

好，主要信仰伊斯兰教，为什么修了这么多基督教堂和宗教建筑呢？我感觉，像中国的山南海北地区一样，这里肯定也是一个民族和宗教交汇的旋涡地区。确实如此。卡帕多西亚自古以来是各大帝国、各大民族和各大宗教逐鹿之地。最早是亚述人（信仰混乱受挤压）、波斯人占领，后来亚历山大大帝东征到这里确立了希腊人的统治，再后来成为罗马帝国的一个行省。他们当时信仰多神教，面对南部巴勒斯坦兴起的基督教残酷镇压，圣保罗便带着耶稣基督信徒离开耶路撒冷，北上来这里建立基督教区。大量的教堂就是那时修建的。

当时基督教主要是广大平民信仰，君士坦丁大帝意识到基督教背后平民的力量，改信基督，宣布其为国教，以获取民心。这里便成为传播基督教的中心。四五百年后，信奉伊斯兰教的突厥人又来到这里，建立了奥斯曼帝国，当地居民纷纷改信伊斯兰教，基督教及其建筑逐渐淡出，荒废。直到1907年，法国神父纪尧姆才发现了这处淹没在历史后院的基督教圣地，它证明了基督教在这里曾经有过的兴盛。大量文物成为热门研究的对象，卡帕多西亚基督教露天博物馆也成为了一门显学。

四五百年后，信奉伊斯兰教的突厥人又来到这里，建立了奥斯曼帝国，当地居民纷纷改信伊斯兰教，基督教及其建筑逐渐淡出，荒废。直到1907年，法国神父纪尧姆才发现了这处淹没在历史后院的基督教圣地，它证明了基督教在这里曾经有过的兴盛。大量文物成为热门研究的对象，卡帕多西亚基督教露天博物馆也成为了一门显学。

而我面对格莱美遗址，内心却充满了孤独感，是那种渺小的个体生命在山川、历史、生命的大运动中的孤独。一时兴起，在手机上发了几句感慨，连同一组现场照片发给朋友圈诸君：“这里是宗教斗争的旋涡地区。铁血改写历史，文化积淀历史。翻过凄风苦雨的历史，就是凝重醇浓的美学。”唉，真个是滚滚光阴东逝水，浪花淘尽英雄，是非成败转头空，且看秋月春风啊。

2014年8月26日，土耳其　卡帕多西亚

48

突厥人为什么以狼为图腾？

突厥是中亚民族的一个重要成分。突厥人最初居住在今天叶尼塞河的上游。公元5世纪左右，被亚洲北部大国柔然所迫，迁至阿尔泰山南面，沦为柔然的奴隶。近百年后的6世纪才获得独立，随后他们打败柔然，征服中亚，建立起幅员广阔的突厥汗国，势力一直扩展到蒙古高原。之后，国土又朝西扩展到波斯帝国边境。突厥汗国后来分为东突厥、西突厥和后突厥三部分。

到了11世纪和13世纪，西突厥人中的塞尔柱和奥斯曼两支部落先后迁徙到西亚，分别建立起庞大的塞尔柱帝国和奥斯曼帝国。他们在崛起的时候，军旗上绘着金色狼头，号称狼旗，并以狼作为民族的图腾。

“图腾”一词本源于印第安语，意思为“它的亲属”“它的标记”。在原始人信仰中，常常认为某个民族的人都源于某种特定的物种，或与某种动物有亲属关系，图腾信仰便与祖先崇拜渐渐融为了一体。在许多图腾神话中，某种动物或植物成了这个民族最古老的祖先。他们崇拜本民族的图腾，并以它作为本氏族的名称和标志。像我们中华，远古也有以朱雀、牛、鱼、虾为图腾的后颉、神农、东夷、热海等部落，到了黄帝时

“图腾”一词本源于印第安语，意思为“它的亲属”“它的标记”。在原始人信仰中，常常认为某个民族的人都源于某种特定的物种，或与某种动物有亲属关系，图腾信仰便与祖先崇拜渐渐融为了一体。

土耳其女青年

代整合为龙图腾。

那么，突厥人为什么要选择狼这种凶悍的动物作为自己的图腾呢?

相关记载告诉了我们两个传说：

第一个传说，认为突厥人本是匈奴人的一支，姓阿史那。但是后来，这个匈奴支系被邻国所占领，整个部落尽被杀戮，剩下一个十岁的小男孩，士兵们不忍杀他，砍掉他的双腿，弃于灌木丛中。有条牝狼出于母性的怜悯，用自己的乳汁和猎物的肉养大了这个男孩。男孩长大成人后，与牝狼结合怀了孩子。听说小男孩还活着，邻国国王又派人去杀死了他。牝狼却逃走了，来到高昌国北山的一个山洞，产下了十个男孩。他们长大后娶妻成家，各有一姓，阿史那即其中一姓。

第二个传说是，突厥人的祖先原先在匈奴之北的索国，首领名叫阿谤步，有兄弟十七人，皆生性愚痴，纷纷败落。只有一个兄弟叫伊质・泥师都的，为母狼所生，有特别的灵气，能够呼风唤雨。他娶了夏神和冬神的女儿两个妻子，一个妻子一胎便生了四个男孩，大儿子由于能关心部落人的疾苦，被大家奉为君主，国号为“突厥”。

以上两个传说内容稍有不同，但却都认为狼是突厥人的祖先。在世界各民族的古代传说中，都说到过热心抚育人类幼儿的善良的动物，以后便将这种动物奉为自己的祖先而加以顶礼膜拜的故事。我想，这恐怕反映了远古时代人在大自然中生活，人与动物共居那种依稀的集体记忆，具有相当的真实性。由于那时没有文字的确切记载，这些集体记忆在代代口传的过程中，逐渐魔幻化、神圣化。而突厥人膜拜狼图腾，恐怕又与他们崇拜狼在荒原上顽强的生命力、物种竞争力，以及刚强、坚毅、野性有关。他们希望狼的这些生命优势，能够转化为自己种族的基因，帮助自己在残酷的生存竞争中强大起来。

很快就要离开土耳其，离开信仰伊斯兰的地区，而进入另一种文化风情、欧洲文明境地了。微风和水雾抚摸着阳光晒热了的皮肤，那么润泽。我对中亚、西亚开始忍不住自己的依恋。这里的大地，山崖褶皱层叠，沟壑伤疤深深。岁月啊，风啊，水啊，你们有多少爱和恨竟如此刻骨铭心呢？

2014年8月27日，土耳其 安卡拉

突厥人膜拜狼图腾，恐怕又与他们崇拜狼在荒原上顽强的生命力、物种竞争力，以及刚强、坚毅、野性有关。他们希望狼的这些生命优势，能够转化为自己种族的基因，帮助自己在残酷的生存竞争中强大起来。

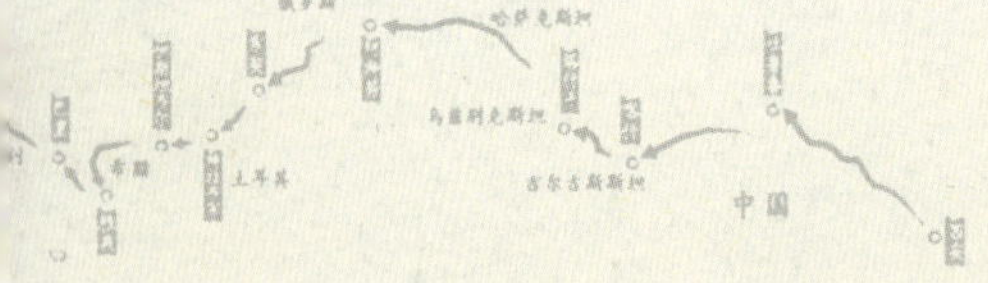

49

城因人而活

安卡拉古城，不是我印象中的城堡，博物馆似的静态呈示性的城堡，而是一个古老的活着的社区，很像我们陕西北部的绥德古城，有坡度有起伏，处处曲折而处处生着悬念。

今天跑了547公里，由卡帕多西亚直奔土耳其首都安卡拉。我上次到土耳其，没来这里，从伊斯坦布尔往南去了南非。对这座有着3000年历史的古城，对这座在八九十年内由几万人崛起为500万人口的现代大都会，都怀着敬意和期待。

饭后我们即参观了“国父纪念馆”和“安卡拉古城”。

参观古城当然由不得和欧洲的城堡和亚洲的古城，尤其是长安古城比较。在这种比较中，我归纳出了三点启发。

一是古城因住人而鲜活。安卡拉古城，不是我印象中的城堡，博物馆似的静态呈示性的城堡，而是一个古老的活着的社区，很像我们陕西北部的绥德古城，有坡度有起伏，处处曲折而处处生着悬念。当你的车一开进去就有一群孩子呼喊着跟着车跑。也像我在爱沙尼亚首都塔林一条古怪的街道（其实是巷子，叫“长靴巷”）附近看到的那种感觉。石头砌成的拐弯巷子尽头有着古老的城门洞，门洞里现代青年正在吉他的伴奏下唱披头士的歌曲。当然更像我在新疆喀什古城看到的，维族兄弟姐妹在那几百年的地道式的古城中，安静而又繁忙地生活着。

你在安卡拉古城散步，刚放学的孩子们好奇地看你一眼，

便又继续着他们的游戏。邻居们在错落有致的房子前照旧随意说着他们的家常。窄窄的石板路旁，是破旧的泥石混制的老房，没有招牌、广告。墙像万年山岳似的斑驳而厚重，房子陈旧得就像历史。无一处没有故事，但老墙老房之间，又有大片绿地。那树也有千年，却依然绿得青春。城因人而活着，人因城而沉稳。人与城相濡以沫，相互营养着对方，形成一种难得的历史与现实对冲的活力。

城因人而活着，人因城而沉稳。人与城相濡以沫，相互营养着对方，形成一种难得的历史与现实对冲的活力。

二是古城因分治而传承。据说这座古城的历史，可以追溯到公元前7世纪，一个叫佛里几的部落来到这里，发现了一只船锚，便在这里落脚，建起了一座城。在欧洲语系中，“安卡拉”就是“弯曲的锚”。扳手指头算起来，那应该是中国的先秦时代，甚至是西周了。

这么老这么老的一座城，为什么就保留下来了，没有被灾害和战乱毁掉，也没有被历朝历代的新建筑活埋了呢？那是因为新古分置、分建、分治。安卡拉在1923年正式定都前只有数万人。建都于此之后，全面保留了老城，整个现代的新城环绕在老城的东、西、南三面。新古分置，老城因“留”下而得到了保护，新城因少了文物保护的顾虑而放手搭建，不到百年便发展为500万人的现代大都会。都会再大再现代，老城依然安

土耳其国父纪念馆

安静静地躺在一边，看着他子孙们的作为。写到这里便想起了西安和北京，便不由悔恨交加。

三是古城因对比而有张力。这对比指的是新城、古城两座城的对比。你由新城猛然来到古城，像是一首乐曲进入了休止符，安静中似乎听到了清新的乐句，这才懂得静音也是音乐，空白也是色彩，都是城市的文化语言。你若又从古城驶进新城，又像是那首乐曲由低婉进入高潮，由林子驶进阳光。情绪在落差中奋起，心在起伏跌宕中加快了节奏。一座城市不能只是一个调子，城市也好，任何事物也好，都应该是复调的。在这种复调之中，你对安卡拉便有了这样的感觉：传统也好，现代也好，传统与现代融汇，那更是再好不过了。

2014年8月27日，土耳其 伊斯坦布尔

50

一道海峡和一条船

下午陕西广播电视台在博斯普鲁斯海峡向国内直播成功。搞文字的我们则乘游艇去海峡观光。两岸风景在速度与风感的塑造下，让人心旷神怡。这次是我第二次来伊斯坦布尔了。海上、陆上丝绸之路在这里交叉。在世界古都的说法中，有一种五大古都的说法，那就是开罗、雅典、西安、罗马再加君士坦丁堡，即我们现在站立的这座城市。作为世界古都，它实至名归。它曾经是罗马帝国、拜占庭帝国、拉丁帝国、奥斯曼帝国的首都，是世界文化遗产。这是它在时间坐标上的地位。在空间坐标上，这座城横跨欧亚两大洲，以博斯普鲁斯和达达尼尔两个海峡以及其中的达达尼尔海，扼住了俄罗斯和中亚、东欧6个国家的咽喉。那真是一夫当关、万夫莫敌，好一个不怒而威的气概！这座城市因为时空两个坐标决定了它的地位。

博斯普鲁斯海峡这样一个战略要冲、军事重镇，那名字却蕴涵着一个美丽的爱情传说。它在希腊语中是“神牛之渡”的意思。古希腊万神之王宙斯，曾变成一头雄壮的神牛，驮着他的情人，一位美丽的人间公主，穿过波涛汹涌的海峡，登上了彼岸。难道这寓意着丝绸之路2000年来络绎不绝地经过海峡，将友谊、文明和财富源源不断输向对岸吗？

博斯普鲁斯海峡这样一个战略要冲、军事重镇，那名字却蕴涵着一个美丽的爱情传说。它在希腊语中是“神牛之渡”的意思。古希腊万神之王宙斯，曾变成一头雄壮的神牛，驮着他的情人，一位美丽的人间公主，穿过波涛汹涌的海峡，登上了彼岸。难道这寓意着丝绸之路2000年来络绎不绝地经过海峡，

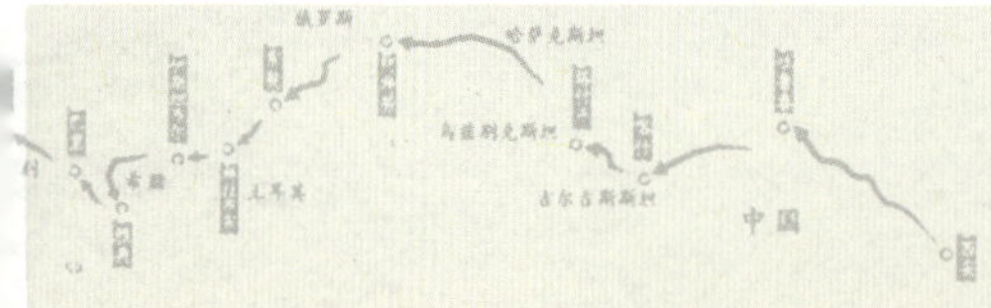

将友谊、文明和财富源源不断输向对岸吗？

海峡风光依旧，凉风清澈，海水与天空较着劲儿比赛着蓝。我们乘船游览，两岸的宫廷、博物馆全具有世界顶级价值，缓缓地从眼前掠过，迎我们而来，又离我们而去，像是时光老人在一页页翻着历史书，让我们静静地体味。

上次来有点匆忙，由于土耳其地陪翻译的中文常常说得不知所云，对这座名城只能说雾里看花，莫名其中妙处。那次只记得看了无数精美绝伦而又体量很大的伊斯兰寺院，只记得正逢土耳其大选，街上有很多候选人的画像，只记得土耳其朋友在向我们介绍自己的国家时，常常爱说："我们是信仰伊斯兰教，但我们不是伊斯兰国家，是现代民主国家。"还记得当时土耳其币值很大，10万旧里拉等于1个新里拉，常有几百万、几千万元的票面，上洗手间也要几十万，我还收藏了一张千万大钞做纪念，其实只相当于百元人民币。还记得什么呢？记得这里的大巴扎真大，我走迷了出不来，很虚惊了一场。不瞒你说，我在这里花100多美元（当时值860元人民币）买的一块绿色的玉坠，回国两年后竟然变了颜色……

海峡风光依旧，凉风清澈，海水与天空较着劲儿比赛着蓝。我们乘船游览，两岸的宫廷、博物馆全具有世界顶级价值，缓缓地从眼前掠过，迎我们而来，又离我们而去，像是时光老人在一页页翻着历史书，让我们静静地体味。我已渐渐衰老，这里的天与海依旧蔚蓝，它背后的山河在岁月的积累中依旧灿烂。

这次游海峡时，我的心情稍有不同，不再是赞叹别人院子里的风景，也赞叹我们自己的国家。因为几年前，中国第一艘航空母舰辽宁号(那时还叫瓦良格号)就是从黑海经过这里驶向中国的。1998—1999年间，一家中国博彩业商业集团创律集团以2000万美元商业购买了乌克兰的这艘68000吨级的弃用航母，其间颇费曲折，大家想已知道，各种国际政治势力的觊觎和干预，考验和磨炼着中国人的智慧、能力，检验了我们民族

伊斯坦布尔海滨小吃摊

强国梦的急切。

购买程序结束后，1999年7月，中国雇了一艘拖船拖着瓦良格号开始了漫长的回国之路。这其实是一条现代海上丝绸路，正好在博斯普鲁斯海峡与古代陆上丝绸之路交汇。但土耳其在“第三国提醒下”，以安全为名不让拖船通过海峡。瓦良格号只好漂荡在黑海的波涛之中，一度甚至退回原海港塞瓦斯托波尔。整整两年的时间里，中国政府和军方最高层与各方反复协商，在经济、旅游与其他方面给予几倍于购船费用的优惠和援助，直到2001年8月25日，土耳其当局才最后同意放行，并附加了20多项限制性要求。其中有一条，是必须在白天通过。

大家可以想象一下，当这艘巨无霸大船缓缓通过博斯普鲁斯和达达尼尔两个海峡时，中国未来的第一艘航母是如何自豪地检阅着这曾经称霸世界的大帝国的巍峨宫殿、林立的古堡和残垣，是如何检阅着我们民族艰辛曲折的历史。

中国巨舰由土耳其马尔马拉这个世界最小的海，驶向爱琴海、地中海，经直布罗陀海峡出大西洋，又绕非洲南端的好望角入印度洋，再穿马六甲海峡进入南中国海，迎着中国人的强国梦，终于回到了祖国蓝色的海疆、蓝色的故乡，出色地完成了对海上丝路的现代穿越。

2012年9月，中国首艘航母辽宁号正式入列中国人民解放军海军编制。

2014年8月28日，土耳其　伊斯坦布尔

当这艘巨无霸大船缓缓通过博斯普鲁斯和达达尼尔两个海峡时，中国未来的第一艘航母是如何自豪地检阅着这曾经称霸世界的大帝国的巍峨宫殿、林立的古堡和残垣，是如何检阅着我们民族艰辛曲折的历史。

51

《古兰经》中的神秘数字

我说我们中国有一部陕西人张艺谋根据诺贝尔文学奖得主莫言小说拍的电影《红高粱》，得过柏林电影节金熊奖，里面女主人公的名字叫九儿，故事发生在十八里坡，九的二倍，贯穿故事的主要象征物是“酒”，九的谐音……

我们走过的哈萨克斯坦和乌兹别克斯坦，以及我们现在来到的土耳其共和国，都有以信奉伊斯兰教为主的文化身份。他们与中国的穆斯林一样，大致属于伊斯兰教的逊尼派。

这次来到中亚，我见到了土耳其穆斯林朋友达乌德，达乌德信仰伊斯兰教，也是有造诣的汉学家，能说一口带京片子味的中文。他来宾馆看我，泡了一壶国内带来的“极品铁观音”，在茶香中海聊，不知怎么就说到了数字崇拜问题。我说我们中国有一部陕西人张艺谋根据诺贝尔文学奖得主莫言小说拍的电影《红高粱》，得过柏林电影节金熊奖，里面女主人公的名字叫九儿，故事发生在十八里坡，九的二倍，贯穿故事的主要象征物是“酒”，九的谐音……

没有待我解释寓于其中的深意，达乌德便抢着说，是的是的，我们伊斯兰教也有这种神秘数字，比如，19。你看《古兰经》的第一句话，“奉至仁至慈的真主之名”就由19个字母组成，在74章第27至31节经文中又明确提出“管理火狱的是19位天使”。后来大家便寻找经文里隐藏的“19”，越找越多越神奇。比如经文第一句“奉至仁至慈的真主之名”，“名”这

世界文化遗产土耳其蓝色清真寺

个词在整个经文中恰好出现19次，“至仁”出现57次，19的3倍，“至慈”出现114次，是19的6倍。再看第一章，又是由19节经文组成，共285个字母，还是19的倍数。这一章的第五节，又由19个词组成。根据《古兰经》奥斯曼定本，这19个单词是由76个字母组成，又是19的4倍！

他说得兴高采烈，端起茶来喝了一口。我趁机把话抢过来。我说，看来各国各民族都有神秘数字和数字崇拜这一类的文化现象啊。莫言、张艺谋是从汉族人对“9”这个数字的崇拜出发，在电影里埋藏“9”的意蕴。“10”其实是“1+0”，9才是自然数中最大的，意味着九儿在人性人情上最纯洁最美丽的境界，而“酒”，高粱酒，更把这种纯洁的人性点燃起来。这是一种极致状态……“我们这‘9’，比你们多了一层意思”，达乌德又将话头拦截了，他说，“9”我们也是最高、最多的含义，但“9”不是一下能达到的，要看重起点，从起点开始，这就是“1”呀，“1”是万事的起步和开头，也表示“独一无二”，至高至上呀，君王呀，真主呀！所以《古兰经》与“19”，这里头的文化埋得很深很深哩！我们穆斯林，崇尚事物的开始到最后，从小到大，从头到尾、从简单到复杂的发展过程，但最后，一切回到一、归于一，归于万能的真主。从1到9，包含了世上所有事物的发展全过程。

我说，除了“9”，中国人还崇尚其他一些神秘数字，比

莫言、张艺谋是从汉族人对“9”这个数字的崇拜出发，在电影里埋藏“9”的意蕴。“10”其实是“1+0”，9才是自然数中最大的，意味着九儿在人性人情上最纯洁最美丽的境界，而“酒”，高粱酒，更把这种纯洁的人性点燃起来。这是一种极致状态……

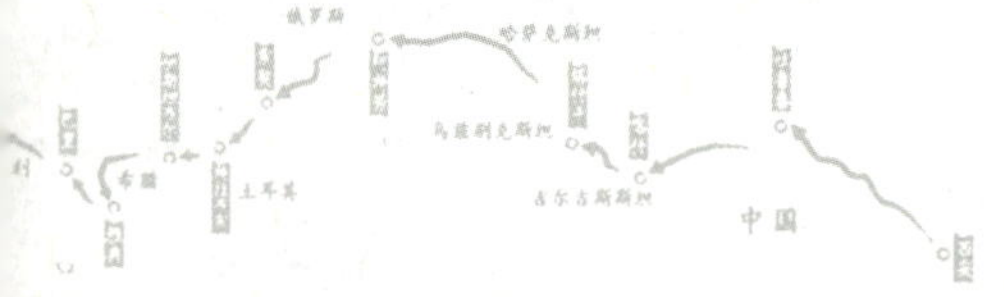

我们可能都发现了，起码都感受到了，世界是相通的，各民族文化是相通的，有了这种天然的相通，我们就会超越民族、信仰、语言的隔阂，心和心拥抱在一起。

如6，六六大顺；8，发发发，发展发达，当然也发财。达乌德哈哈大笑，模仿中国话说：“对对，恭喜发财！”还有5，是一种全维空间结构的标志，人有五官，自然空间有五方，以至有五岳、五洲、五行……我告诉达乌德，你可能不知道，在中国，买车牌子、手机号甚至房号，为了抢一个吉祥数字，9呀，8呀，6呀什么的，挤破头不说，还要找关系，有时需要掏几万、几十万人民币买才行。达乌德摊开双手，做了一个意义明晰的鬼脸。

他接着说，“我们这里，除了19，还有12和7也很神秘。从1到19，黄金分割，最美的一点，正好是12，12+7正好等于19。12与我们生活的联系太奇妙了，一年12个月，一天白天12个小时、晚上也12个小时。北斗星7颗，一周7天，音有7符、色有7彩”。《古兰经》里有很多用“7”表达神圣和神秘的经文，比如“建造了七层坚固的天”“赏赐你反复诵读七节经文”“火狱有七道门”。还有，“梦见七头胖黄牛被瘦黄牛吃掉了”。又有“七穗青麦子和七穗干麦子，要连着种七年才能圆梦，但将会发生七个荒年，然后又会有丰年”，等等。

这一晚，我们聊得很晚很投缘，很高兴。不时哈哈大笑，话题像才闭幕的世界杯，在两边抢过来抢过去。我们可能都发现了，起码都感受到了，世界是相通的，各民族文化是相通的，有了这种天然的相通，我们就会超越民族、信仰、语言的隔阂，心和心拥抱在一起。

2014年8月30日，土耳其　卡瓦拉

52

我们背后

有一位老翁，77岁了，在得知丝绸之路万里行正在筹备，而我有可能参与走完全程时，便开始激动不已，隔三岔五就有电话、短信、微信，给我提供资料，后来又请我全家聚餐，他也是全家出席，为我壮行。在近两个月的行程中，一路上都能感受到他的关注。

他就是我大学的同学赵全章先生。

他既是为了我，也是为了他自己。50年前大学毕业，他分配到新华社新疆分社，跑遍天山南北，参与了新疆半个世纪中一些重大事件的报道，深深爱上了那块土地。半百之后，全家调来西安，任职报社，就教大学。几乎一回到内地，他就后悔，“壮志未酬回内地，心寄丝路情不已”，他的事业和理想属于雪山、草原、戈壁和亲如一家的兄弟民族。

于是他将我的丝绸之路行当作自己人生的一次委托式实现。

旅途匆匆，无暇细写，实录他的几首诗和短信于后，略加注释，倒可能更为真切。

《亦作汉使·送云儒丝路采风》

此行一去有多远？中华之外山外山！

不作张骞驭鸣驼，沧桑再度已千年。

有一位老翁，77岁了，在得知丝绸之路万里行正在筹备，而我有可能参与走完全程时，便开始激动不已，隔三岔五就有电话、短信、微信，给我提供资料，后来又请我全家聚餐，他也是全家出席，为我壮行。在近两个月的行程中，一路上都能感受到他的关注。

鸿爪雪泥见古迹，慷慨路桥已新天。
垂老亦作汉使节，白发犹存志高远。
啸歌做伴汉唐韵，书卷束腰写新篇。
绣成丝路新画卷，再现欧亚通车船。
青史先著记谁功？当今精卫有新贤！

2014.6.21

这是2014年6月21日，得知我可能西行时写的，以老友我之“云飞”，寄托自己的人生情怀，显出一点壮志未酬之惆怅。

老人家还给我送来了《西域水道记》《新疆图志》《罗布泊考古记》《历代西域诗钞》《十二木卡姆》……

“我有几本书可借你……”

“丝路文化传播，尤其西部音乐歌舞，值得一说。我发来朋友制的王洛宾歌曲集。”

“石河子那位与周总理在一起的上海知青，是杨永青吧。她后来调自治区团委任副书记。“文革”后调自治区科协任副主席。退休后回归上海。或许叫应奋。她后来在兵团司令部任职。有个剧作家陆天明也从石河子出来。杨牧、周涛、章德益亦可写。”

我们在乌兹别克斯坦断油被困，急坏了他，一连发来四条信息：

“山崩不惊，水溃从容，祝平安！”

“前方后方联络要畅通，行动张弛，宁慢不匆匆。”

“在抛锚沙漠时，宁静坐休息，不宜疲劳工作……祝团队平安！”

“不怕缺油，最怕缺水！”

进入格鲁吉亚，路途过半时，他们老俩口和学生葛少欢一道去家看望我老伴，并送蛋糕、发照片、通话，让我好感动了一番。

他要我短信转告媒体团：

你们要调整策略，发挥电视长处！发挥访谈优势！发挥即时，即景、即说优势！尤其播出时间太晚，可惜。又太杂，主题冲淡了。

一路的艰苦和困难，他无一不感同身受，无一不反激他的豪情。你看这首《宅男心思》：

心如流电，忽而天山，忽而楼兰。
身陷宅男，又思张骞，又思定远。
隔山隔水见莽原，燧烽驿站驰边关。
征程万里听鼓声，凝魂一瞬心也动。
愁多怨极不憔悴，廉颇饭少不龙钟。
姜尚临事仍踌躇，望云寄月也英勇。
长城风，丝路情，欧亚桥，五洲景。
驰骋怀远仍有梦，等闲辜负后半生。
精忠不死力不从，心随云儒觅萍踪。
雄关漫道路迢迢，读君文章泪也倾。

2014.8.20

这老宅男除了豪情还有思考，还要逼着我来实践他的思考：“云儒，从东方到西方，寻找什么？带回东方的是什么？”——他忘了我也已老态龙钟！我只好求饶，回信曰：“你的问题很深，容我思考……”

万里丝路上，我们永远面朝着前方，社会也永远关注着这群前端的人群。我却常常眷顾我们背后，也总是提醒大家关注我们背后。背后有许多默默为我们的前行在昼夜辛劳的人，有

万里丝路上，我们永远面朝着前方，社会也永远关注着这群前端的人群。我却常常眷顾我们背后，也总是提醒大家关注我们背后。背后有许多默默为我们的前行在昼夜辛劳的人，有无数挂念的、痛惜的、理解的、关注的目光。

婆娑绿树背后是沉默的沃土，美丽人生背后是辛劳的父母，向西挺进的丝路背后，支撑的是家乡和祖国的脚步。处在光亮和镜头中的前面、前端，倘若没有了背面、背影，这世界会多么不正常？看不到背面、背影，这眼睛又是多么不正常？

无数挂念的、痛惜的、理解的、关注的目光。有各媒体后方编辑和技术中心的人员，有在司令部运筹帷幄的组织者，有年深日久的至交或素不相识的友人，当然还有如影随形和我们一路同行的家人……

“丝路快报”“丝路卫星通讯社”和“岁月静好”，每次收到我的文章，便会从前方发回的图库中配上恰到好处的照片，即时传出去。周媛、刘欣和杨阳在后方帮我校对、输入、发稿。作家炳煌三天两头会发来以我为描述对象的短诗，在调侃或浪漫的想象中，让你浮起一丝笑容。彤彤读了《痛并温暖着》一文哭了，写来很长一段感想。因为她和我们一样，为这次万里行日夜加班加点，当有人不理解，她感到了同样的委屈……

婆娑绿树背后是沉默的沃土，美丽人生背后是辛劳的父母，向西挺进的丝路背后，支撑的是家乡和祖国的脚步。处在光亮和镜头中的前面、前端，倘若没有了背面、背影，这世界会多么不正常？看不到背面、背影，这眼睛又是多么不正常？

2014年8月31日，希腊　卡兰巴卡

53

蔡侯纸与羊皮纸

在中国，公元前西汉初期，民间造纸就出现了，在甘肃悬泉置出土的纸被称为世界目前发现最早的纸。近年来那里又发掘出460件麻类造的古纸，成为目前发现古纸最多的地方。通常我们说的蔡伦造纸是指公元200年左右，东汉蔡伦总结了民间经验，用树皮、麻头、碎布、渔网造出了官方和社会认可，并组织了规模化生产的“蔡侯纸”。五六百年后，通过丝绸之路传到波斯、中东。又过了两百年，到公元1000年以后，才又通过丝绸之路传到欧洲。

我们说的蔡伦造纸是指公元200年左右，东汉蔡伦总结了民间经验，用树皮、麻头、碎布、渔网造出了官方和社会认可，并组织了规模化生产的“蔡侯纸”。五六百年后，通过丝绸之路传到波斯、中东。又过了两百年，到公元1000年以后，才又通过丝绸之路传到欧洲。

我曾多次在陕西洋县看过复现蔡侯纸的制作过程，那已是从人工粉碎原料，到沤制搅拌使之纤维化，再到用丝网过滤纸浆成型，然后晾干、揭剪、码齐，叠成“刀”的有序化过程。世界上任何创造发明其实都萌动于民间的点滴积累，然后由某些杰出人物归纳、总结、提升而成就为一种成果。黄帝造指南车，仓颉造字都是这样一个过程。因此，在悬泉置发现纸其实和史载蔡伦造纸并不矛盾。

古希腊和罗马，出现了众多的文化名人。这些文化名人写下了许多巨作，留给后人无与伦比的精神财富。人们不禁会产生这样的疑问：距今1000多年前写成的典籍是怎样保存并流传

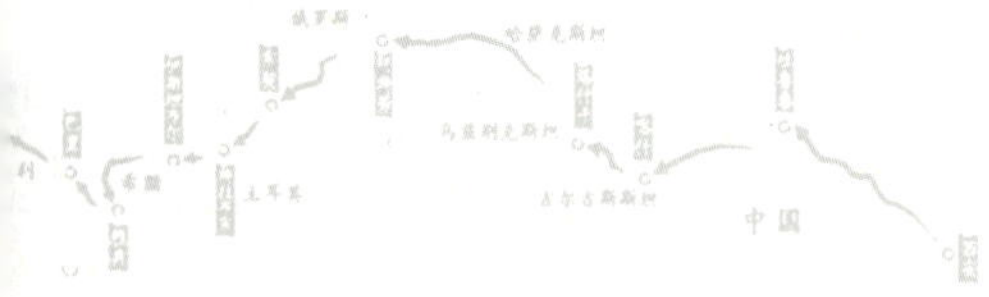

在古希腊、古罗马时代，既没有纸，也没有印刷术，人们使用羽毛或者芦管当笔沾墨水在羊皮纸上写字，然后装订成册。谁要想得到一本书，一般的办法就是抄写。当时的富人和权贵，都有专门抄书的奴隶。公元6世纪至10世纪，欧洲中世纪的黑暗时代，长期积聚起来的典籍，经过无数次战乱、劫掠、焚毁、刮削，以及虫蛀、霉烂，损失无法估算。尽管如此，多数古代希腊和罗马的羊皮纸典籍还是保存流传下来了。

至今的呢？这就不能不谈到在欧洲与近东文化传承中起过巨大作用的羊皮纸。

在古希腊、古罗马时代，既没有纸，也没有印刷术，人们使用羽毛或者芦管当笔沾墨水在羊皮纸上写字，然后装订成册。谁要想得到一本书，一般的办法就是抄写。当时的富人和权贵，都有专门抄书的奴隶。公元6世纪至10世纪，欧洲中世纪的黑暗时代，长期积聚起来的典籍，经过无数次战乱、劫掠、焚毁、刮削，以及虫蛀、霉烂，损失无法估算。尽管如此，多数古代希腊和罗马的羊皮纸典籍还是保存流传下来了。这些古代书籍是如何留传至今的呢？

一是通过修士们的抄录和教会的收集。有人说，修士们抄下了公元6世纪以来可以见到的几乎全部的羊皮古代书籍，使大批典籍得以保存至今。当然，其中不少古代书籍早在日耳曼人攻击罗马城之前就佚亡或流失到外邦。还有些书由于犯禁而没有抄写，不少书在抄成后又散失了。要全部保存是困难的。

二是有学者认为，阿拉伯人对于保存古希腊、罗马羊皮纸典籍立了头功。公元7世纪开始，阿拉伯人在长达几个世纪的扩张中，攻占了地中海沿岸大片区域，接受了大量珍贵的希腊、罗马古代书籍。阿拉伯人甚至不惜动用军队劫书。公元

雅典市区一瞥

9世纪，哈里发马蒙在巴格达建立了宏大的图书馆，并且将搜集到手的古书译成阿拉伯文。这个图书馆的书到12世纪以后又流回欧洲并被译成拉丁文。据估计，阿拉伯人收集的希腊古书比欧洲修道院保存的还要多，而且他们有意识地保存了一些极具价值的医学和自然科学方面的著作。这些书后来都陆续译成了拉丁文在欧洲流行。了解了这些情况，联想起秦始皇的焚书坑儒，我真是面有愧色。

三是还有人认为，希腊古文献的最大保存者是拜占庭王国，即东罗马帝国。中世纪大量羊皮纸典籍遭毁，而拜占庭王朝却热衷于保存书籍。所以有人把拜占庭称为古典文化的保存者。如果不是拜占庭王国，今天的人们将无法看到荷马、柏拉图、索福克勒斯甚至亚里士多德的伟大作品。看来，拜占庭帝国强调自己是罗马人的传承者，而历史上也将他们称为东罗马帝国，从文化坐标上看，的确是有道理的。

还有人认为，希腊古文献的最大保存者是拜占庭王国，即东罗马帝国。中世纪大量羊皮纸典籍遭毁，而拜占庭王朝却热衷于保存书籍。所以有人把拜占庭称为古典文化的保存者。如果不是拜占庭王国，今天的人们将无法看到荷马、柏拉图、索福克勒斯甚至亚里士多德的伟大作品。看来，拜占庭帝国强调自己是罗马人的传承者，而历史上也将他们称为东罗马帝国，从文化坐标上看，的确是有道理的。

上述各种说法都有一定的道理，虽不能作为确切的定论，却给我们提供了探索这个问题的多种路径。

2014年8月31日，希腊 卡兰巴卡

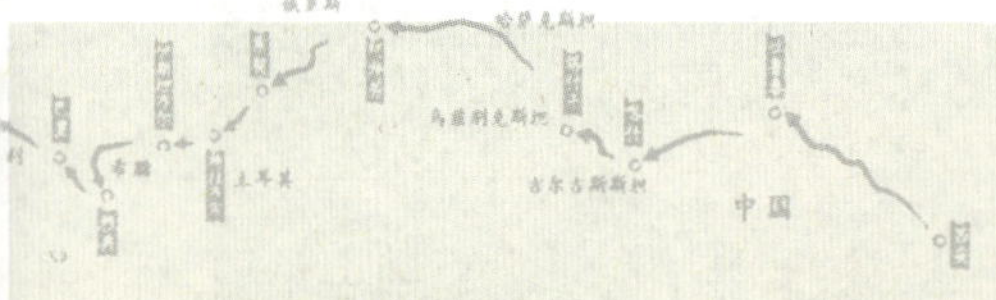

54

守住灵魂

苏格拉底自诩为神圣的雅典牛虻，他要刺激那个沉睡的国家及人民。他创立、宣传新神，这便是宇宙理性精神，主张有知既有往，所以无往乃是因为无知。

来到希腊，好像来到人类精神神话的世界。自小听说过的许多文化巨人，由幻想而鲜活，由心仪而不期然地迎面走来。亚里士多德、德谟克利西，当然，我第一个想趋前问安的是苏格拉底。来希腊不能不说、不见这位老人家。

苏格拉底是西方文明之父，在被德国学者雅斯贝尔斯称之为“轴心时代”的那个时期，北暖温带附近，出现了一大批元典性思考者，有孔子、老子、佛陀、耶稣，有苏格拉底和他的学生，号称古希腊的“文化三贤”。苏格拉底和孔子，作为东西文化的标高，横空出世于爱琴海滨。千万不要忘记，这个文明轴心像昆仑山脉一样横亘在北暖温带的精神山脉，大致正好在古代丝绸之路的方位上。这样丝绸之路与精神轴心便组合成我们这个星球上一个硕大无比的万象、万体，向宇宙宣示着人类生命的伟岸。

苏格拉底自诩为神圣的雅典牛虻，他要刺激那个沉睡的国家及人民。他创立、宣传新神，这便是宇宙理性精神，主张有知既有往，所以无往乃是因为无知。他说，“我唯一知道的，是我无知。”他将自然宇宙哲学回到人间，回到自我、心灵，发展为伦理哲学和道德结点，他说：“认识自己方能认识人

跨越千年的美丽——雅典卫城

生。”他明确地将人区分为物质实体和精神实体，人生在物质境界与精神境界“两界”中演进。他说：“世界上有两种人，一种是快乐的猪，一种是痛苦的人。要做痛苦的人，不做快乐的猪。”他身体力行大众教育，这甚至比孔子进了一步。他们两个都述而不作，思想言论由学生整理。孔子虽然有教无类，也只教了72个贤人和三千弟子。而苏格拉底常常在广场上给大众演说，与平民卜论。他用启发式的提问与对话，将自己的知识、思考与智慧传达给大众，创造了“苏格拉底问答法”。他说：“每个人身上都有太阳，重要的是怎样让它发光。”“教师只是助产士，要当新思想的接生婆。”

就是这么一位先知先觉者，被当局诬为“引进新教、蛊惑青年”，因传播、坚持宇宙理性精神而获罪，竟通过法律程序被执政官会议判了死刑。他的学生们劝他逃亡，安排好了一切；他也可以请求赦免，只要他“痛改前非”，但他拒绝了。他不能放弃他的人文立场，也不能因权宜之计而言不由衷地“认错”。他终生维护雅典法律的权威，主张以理性法制而不是主观随意的人治来管理社会。他不能因自己的逃亡而破坏法制。这位精神理想的殉葬者对学生们说：“分手的时候到了，我去死，你们去活，究竟谁过得更幸福，神知道！”

就是这么一位先知先觉者，被当局诬为“引进新教、蛊惑青年”，因传播、坚持宇宙理性精神而获罪，竟通过法律程序被执政官会议判了死刑。他的学生们劝他逃亡，安排好了一切；他也可以请求赦免，只要他“痛改前非”，但他拒绝了。他不能放弃他的人文立场，也不能因权宜之计而言不由衷地“认错”。他终生维护雅典法律的权威，主张以理性法制而不是主观随意的人治来管理社会。他不能因自己的逃亡而破坏法制。

苏格拉底就这样壮烈地为精神主张而死，总让我想到我上

大学时期高我一年的两位学姐，一个叫张志新，一个叫林昭，她们为自己的主张而献身，巾帼远胜须眉。陕籍著名诗人雷抒雁在他那轰动一时写张志新的长诗《小草在歌唱》中写道，她们让所有的男子汉惭愧，当然更让我这位虚有一身臭皮囊的小学弟无地自容！她们真是苏格拉底的好学生！

他以对历史负责的神圣感，战胜了个人的荣辱。个人生命虽被阉割，但史笔史魂依然坚挺而光辉四射。这是在东方独裁体制下独有的生存方式和生命光彩。

但对于千年封建专制的中国来说，也许更有文化比照意义的是“史圣”司马迁之死。在为李陵辩护，也是为历史真实辩护，而遭到汉武帝暴虐的对待。他没有慷慨赴死，而选择了屈辱地活下来。他忍受着被皇权阉割的精神痛苦，无脸见人，浑身冒汗，埋头隐居撰写中国第一部纪传体通史——《史记》，完成自己“史官家族交给自己的责任”。他以对历史负责的神圣感，战胜了个人的荣辱。个人生命虽被阉割，但史笔史魂依然坚挺而光辉四射。这是在东方独裁体制下独有的生存方式和生命光彩。

西方的苏格拉底为自己的文化责任而死，为自己崇尚的法典而死，东方的司马迁为自己的责任而活，一个挑战王权而屈从法典，一个屈从皇权而坚守历史，一个为法之魂，一个为史之魂，走向永生。

2014年9月1日，希腊 雅典

55

奥林匹克——人对运动的渴望与生俱来

四年一届的奥林匹克运动会已经远远走出了体育，成为一种“更高、更快、更强”的人生标杆和人生境界。当我真正站在了古希腊奥林匹克运动场上，我知道自己来到了人生赛场。世界上所有的人其实都是运动员。——这是2008年奥运火炬在西安传递，我在央视作文化解读时说的一段话。

四年一届的奥林匹克运动会已经远远走出了体育，成为一种“更高、更快、更强”的人生标杆和人生境界。当我真正站在了古希腊奥林匹克运动场上，我知道自己来到了人生赛场。世界上所有的人其实都是运动员。

记得那次奥运火炬从西安小雁塔（已是丝路世界文化遗产的一个点）开始传递，一路经过朱雀大街、大雁塔到唐代曲江芙蓉园。一路上，我将奥运精神和长安精神对接，讲玄奘从丝路归国，唐太宗如何派房玄龄在朱雀门迎接，讲玄奘归国后如何在大雁塔慈恩寺青灯黄卷苦译经书，还讲到西安城墙每年一度的国际马拉松长跑大赛，我如何与前世界乒乓球冠军瓦尔德内尔并肩前行。是的，每个人的一生都是一场马拉松赛。

然而，古代奥运会是怎样起源和发展的呢？见解各不相同，众说纷纭，留给人们很多悬念。

一种认为，奥运会起源于神的旨意。古希腊神话中说，公元前884年，希腊国王为平息战乱，消灭疾病，派使臣去向太阳神阿波罗求签。阿波罗发下神谕，要想避免战争，获得和平，一定要把奥林匹克赛会再兴。于是，四年一届的奥运会便创立了。这些毕竟只是美丽的神话，迄今为止，唯一能提供奥运会起源的资料是荷马史诗《伊利亚特》和《奥德赛》。这部史诗比较全面地反映了公元前11—前9世纪的希腊人的社会生活。史称这一阶段为“荷马时代”。《伊利亚特》中“帕特洛克罗斯的葬礼”一章中，说希腊将领帕特洛克罗斯在攻打特洛伊城时不幸战死，阿克琉斯为他举行葬礼仪式时，就举行了战车、拳击、角力赛、跑、决斗、掷铁饼、射箭、投标枪等内容丰富的竞技赛会，并发奖品于优胜者。在《奥德赛》一书中记述了主人公奥德赛在宴饮时举行的竞技会上，曾亲自参加竞技比赛。他臂力过人获得第一名。通过以上材料，人们可以推测，早在“荷马时代”，古代奥运会作为葬礼或宴饮的组成部分，就在希腊出现了。

在《奥德赛》一书中记述了主人公奥德赛在宴饮时举行的竞技会上，曾亲自参加竞技比赛。他臂力过人获得第一名。通过以上材料，人们可以推测，早在“荷马时代”，古代奥运会作为葬礼或宴饮的组成部分，就在希腊出现了。

近几年来，考古学的发展使得许多专家和学者对古代奥运会的起源又提出了许多不同看法。主要有三种：一是古希腊奥运会起源于克里特岛。公元前15世纪，希腊人在米洛斯王国覆灭后继承了克里特人的文化传统，建立起奥运会。英国考古学家伊文斯在1900年对诺萨斯城进行考古发掘，发现了男子角

希腊奥林匹亚市长斯米亚斯先生向“丝绸之路万里行”全媒体采访团团长杨文萌先生赠送胜利女神雕像

采访团成员与奥林匹亚市长斯米亚斯先生共同种下象征中希友谊的橄榄树

力、赛牛、斗牛等壁画，为这一看法提供了生动的实物资料。二是希腊奥运会是由腓尼基传入的。贝鲁特大学考古学家拉比·鲍罗斯通过对地下体育场遗址的发掘，发现许多铸有运动员形象的硬币和腓尼基人的史诗，从而考证出首届世界性体育比赛，早在公元前15世纪的腓尼基（今黎巴嫩一带）就举行了。他认为当初之所以举行这种体育竞赛，是为了对古腓尼基人信奉的太阳神和他们所崇拜的英雄表示敬意。这种每四年举行一次的体育竞赛后来传到希腊，促使古希腊人建立起自己的奥运会。三是20世纪80年代初，国外考古学家对奥运会的起源问题又提出了新的见解。雅典西南130公里处的涅柏亚布，发掘出一座可容纳4万多观众的运动场遗址，并有可供13名田径运动员同时起跑的177米长的跑道。专家考证：早在公元前1256年，在这座运动场里，就举行了运动会。

这么看来，古代奥运会早在荷马时代之前就诞生了，比第一次有记录的首届运动会（公元前776年）提前了约500年。看来，人对体育的渴求是与生俱来的，它是生命力的一种展示，一种提升，因此，奥运会的每个奖牌，其实都是对追求更高更快更强的人类的一种奖赏。

2014年9月2日，希腊 雅典

56

言必称希腊

9月2日参观了雅典卫城。整整一上午，在残垣断壁间行走，在历史时空中穿越。烈日下，汗流浃背的我兴趣盎然。想着体量如此巨大的石质建筑群和古典雕塑群，愈是被时光剥蚀，愈显出其厚重。具象的群雕和神庙，愈是远离了实用性而被符号化、象征化，便愈能显示出其对欧洲文明、西方文明的奠基性作用。“言必称希腊”看来真有道理，要谈欧洲和世界文明，不谈希腊怎么行？不谈苏格拉底、柏拉图、亚里士多德怎么行？这就像谈东方文明和世界文明，而想绕过中华文明、绕过老庄和孔孟一样不可思议。

“言必称希腊”看来真有道理，要谈欧洲和世界文明，不谈希腊怎么行？不谈苏格拉底、柏拉图、亚里士多德怎么行？这就像谈东方文明和世界文明，而想绕过中华文明、绕过老庄和孔孟一样不可思议。

有趣的是，游客中有老人戴着让你想起宙斯的那种帽子，也有女性穿着古希腊女神的长裙，带着鲜花编织的花环，你会觉得这便该是让雅典有了今天这个名称的那位叫雅典娜古典美女了。我们厚着脸要和他们合影，他们无不以真挚的笑靥面对镜头。

但如果你认为仅仅在文化上必须“言必称希腊”，那就有局限了。在丝绸之路上一路走来，有个很深的感觉，就是谈丝绸之路，谈丝绸之路经济带，谈亚欧大通道，也绕不过希腊，也应该“言必称希腊”。

现在由中亚进入中欧、北欧的亚欧大陆桥已经打通，从中国西安、重庆、郑州都有直达过境货运专列定期开行，旅客列车也在积极筹备运营。但由中国直达南欧的大通道，即中国、吉尔吉斯斯坦、乌兹别克斯坦正在谈判立项的铁路，和经格鲁吉亚、土耳其进入希腊和巴尔干半岛、意大利诸国直达南欧的交通干线还未畅通。丝绸之路经济带不谈希腊、意大利，亚欧全面合作便难于覆盖南欧、地中海。

下午，我们去比雷埃夫斯港中国中远集团投资建设的集装箱码头采访，更具体地领略了希腊在欧亚大通道的重要性。港口面临爱琴海，直接地中海，东经苏伊士运河与印度洋、太平洋相连；西经直布罗陀海峡通向大西洋。一眼望去，集装箱层层叠叠码于岸边，各式各样门式起重机正在工作。不断会闷声响起远洋巨轮的汽笛，惊起一片白色的飞鸥，在蔚蓝的天空盘旋。它们投影于浪涛之中而无踪无影。

中国驻希腊大使邹肖力和希腊外交部秘书长米哈洛斯亲临采访现场。他们在讲话中都指出，半年之内习近平主席对希腊的过境访问，以及李克强总理的正式到访，向世界宣示了中希关系的重要性。他们强调希腊在“一路一带”中的地位与作用，论述了中希两国在经贸、文化、旅游等领域的合作前景。

中国驻希腊大使邹肖力和希腊外交部秘书长米哈洛斯亲临采访现场。他们在讲话中都指出，半年之内习近平主席对希腊的过境访问，以及李克强总理的正式到访，向世界宣示了中希关系的重要性。他们强调希腊在“一路一带”中的地位与作用，论述了中希两国在经贸、文化、旅游等领域的合作前景。

中远集团租借35年的这个希腊港口，今年年吞吐量将达

300万标准箱，已连续3年位居全球货运量增加最多的港口之一。希腊地处南欧门户，港口对中欧贸易的辐射作用十分突出。今年6月，李克强总理访问希腊时专门来这里视察，足见其地位之重要。

希腊的文化有丰厚的积淀，有巨大的产业潜力。希腊的市场是我们从南部进入欧洲的桥头堡，有极大开发前景。言丝路，言亚欧牵手，必称希腊也。

今日由雅典赴奥林匹亚，途中参观了削低近80米深崖开凿的科林斯运河，参观了希腊药神博物馆和埃皮达鲁斯大剧院，晚上抓紧整理了沿途写下的几段韵文（不谙格律，不敢言诗也），兹录一首于后。

2014年8月30日在伊斯坦布尔所作：

《伊城望海》

海尽山穷现晨曦，碧空绚烂彩生熠
车行丝路偕云驰，笔驰关山抒胸臆
忽聚忽离情何堪，有去有来长相宜
惜乎古稀逢此游，老翁长安长相忆

2014年9月4日，希腊　奥林匹亚

希腊的文化有丰厚的积淀，有巨大的产业潜力。希腊的市场是我们从南部进入欧洲的桥头堡，有极大开发前景。言丝路，言亚欧牵手，必称希腊也。

57

威尼斯与长安

马可·波罗出生在这里。他从这里漂洋过海去了世界，去了中国。长安和威尼斯其实可以算是丝绸之路东西两端的两个起点，也应该是丝路交响乐的两个华彩段。

横穿意大利北部，到达亚得里亚海威尼斯湾，世界历史文化名城威尼斯市便分布在这里浅海滩上的118个小岛上，离海岸仅4公里。这些小岛平均水深1.5米，由117条水道、401座桥梁连成一体，有舟楫相通，是地道的“水上都市”“百岛城”。我们换乘小车与游艇到威尼斯本岛参观，在这座以舟代车的城市，永远看不到让国人烦透了的堵车，“堵船”大概也很少。

马可·波罗出生在这里。他从这里漂洋过海去了世界，去了中国。长安和威尼斯其实可以算是丝绸之路东西两端的两个起点，也应该是丝路交响乐的两个华彩段。我们沿着威尼斯的主“街道”航行。这条主街本地人称之为“大运河”，街道就是水道。3公里长，30～70米宽，平均5米深，由圣马可教堂到圣基亚拉教堂，以一个“S”形将全市分为两部分，以许多小运河与城市的各街区相连。

从大运河两岸缓缓驶过，像通过一道欧洲古建筑展览的长廊，美不胜收的宫廷、教堂、旅馆、商店，让你览尽古罗马、哥特式、文艺复兴式建筑的风姿。我感觉到每个窗口背后都有故事，也正在发生着故事，就像当年莎士比亚写过的《威尼斯

威尼斯水城

商人》那样曲折诱人。在这个古建筑艺术长廊中，绝对看不到一位“现代美人”，一个现代故事。这座城谢绝了新建筑，如同谢绝抽烟一样。

享誉世界的威尼斯电影节正在这里进行第71届的展映和评选。今天又恰逢威尼斯的“船节”，全城万人空巷，与我们这些外地游客一道，挤在主河道两岸，观看几十艘彩船巡游。每艘船穿着一种主色调的古代服饰，扮成皇胄、公主、骑士、水手、市民各种角色，在水流和人流中缓缓驰过。两岸被人堵得水泄不通的路上，各种广告队伍吹着哨子在人群中招摇而过。伴着广告哨音的是咔嚓咔嚓按快门的声浪，好像整个世界都在观看威尼斯。——这座水城居民不到7万人，每天却要接待一倍以上来自世界各地的游客。其空港每天航班有上百次，海港同时停泊着四五艘十几二十层楼高的巨型邮轮，每艘可乘四五千名游客。此时此刻，多么希望张骞和马可·波罗能跨越时间的分隔，在这里相遇，用比萨饼就着西凤酒痛饮一番。

随后我们三三两两随意在水城的窄巷中散步。巷子曲折迷离，两边古楼挤得密不透风，每个弯道都是悬念，每个尽头都是神秘。我们走过伽利略待过的塔楼，走过存有《马可·波罗游记》的图书馆，走过因涨潮必须蹚水而过的钟楼广场，然后在有650年历史的“文物级”餐馆用中餐，享尽了岁月激发的扑鼻香气和光阴留下的无垠美丽。这样的奢华真是如何担待得起！

中国的大运河最近与丝绸之路一道被联合国教科文组织的第38届遗产大会评定为“世界文化遗产”。我在杭州、扬州、北京三处体验过中国大运河，那真是名副其实应该叫“大”。它南起杭州、北达北京，像一条1800公里的长龙，贯通钱塘江、长江、淮河、黄河、海河五大水系，将京、津、浙、苏、

中国的大运河最近与丝绸之路一道被联合国教科文组织的第38届遗产大会评定为“世界文化遗产”。

鲁、冀六省市连为一体，是世界上里程最长、工程最大的古运河，是重要的中国标志。我在大运河扬州段，领略了当年乾隆下江南奢侈华瞻的情景再现，在大运河杭州段体验了南宋小朝廷龟缩一隅仍然醉生梦死的精巧华丽。只有北京段运河，在小说家刘绍棠笔下，质朴温馨，乡土味十足，因为他是在描写自己父老乡亲世代土生土长的家乡。

比起中国大运河来，威尼斯的“大运河”充其量只能算“迷你版”了，但它小得迷人、小得精致，有内在的文化品位，有密集的历史信息。比起威尼斯的“大运河”，中国大运河是飞舞于九天的巨龙，岁月也许洗尽了当年的铅华，却抹不去它对历史、对社会、对百姓古往今来起到的大而有当的巨大作用。

意大利人的热情让礼仪之邦的我等自叹弗如。有位老太太，在中国大约算作“人来疯”那类，竟然不分男女，和所有的中国人拥抱、贴脸、照相，一时成为羊角村明星。

其实我还去过不少更小的水城和运河，小到只能算作是威尼斯的“微缩版”。像江浙一带的乌镇、周庄、同里，整个城镇穿插于江湖港河之中，乌篷船可以直接驶到你家门前或窗下来拉家常。吴侬软语顺着湖光水影飘散开来，那是何等的东方韵味。

我还去过中欧荷兰西北方向的一处叫羊角村的小水乡，那里原是露天矿区，废弃之后，将原有的坑道改成小运河。家家户户亲水而居，除了汽车还都备有游艇。我们在羊角村河沿上“逛街”，恰与威尼斯去的几位游客邂逅。意大利人的热情让礼仪之邦的我等自叹弗如。有位老太太，在中国大约算作“人来疯”那类，竟然不分男女，和所有的中国人拥抱、贴脸、照相，一时成为羊角村明星。此时穿行于威尼斯的运河，我真希望能在哪个旮旯拐角又遇上她。此刻我是“外国人”，我一定无所顾忌、张臂拥抱她，给她一个飞吻。哪怕回家后长跪搓板呢，哈哈！

2014年9月6日，意大利　威尼斯

58

“我宁愿相信”

今天是难得的松弛的一天，全天的自由活动，我们约几个朋友坐水上巴士去威尼斯领略水城风光。午餐后的此刻，有人热衷于去商店淘宝，我则选了个大运河边的咖啡厅看河，在丝绸般的风帆、丝绸般的海浪中，细嚼慢咽地享受亚得里亚海滨午后的阳光。

不由得就想起了马可·波罗。顺着丝绸之路不远万里来到威尼斯，不想他怎么可能？明天就要去佛罗伦萨，将会有许许多多关于文艺复兴的画面和话题一拥而上淹没你。只有今天，只有此刻，与马可·波罗神会是最好的机会了。

马可·波罗是最早到过中国的欧洲人，《马可·波罗游记》是欧洲人写中国历史风情和文化艺术最早的一部游记。西方学者说，1295年，阔别家乡24年的马可·波罗回到了威尼斯，他从中国带回来的大量信息传遍全城，引发了极大的关注。不幸的是，3年后他参加了与热那亚的战争而被俘。在狱中遇见了作家鲁斯梯谦，两人一个口述一个整理，花一整年时间写出了《马可·波罗游记》。

马可·波罗是最早到过中国的欧洲人，《马可·波罗游记》是欧洲人写中国历史风情和文化艺术最早的一部游记。西方学者说，1295年，阔别家乡24年的马可·波罗回到了威尼斯，他从中国带回来的大量信息传遍全城，引发了极大的关注。不幸的是，3年后他参加了与热那亚的战争而被俘。在狱中遇见了作家鲁斯梯谦，两人一个口述一个整理，花一整年时间写出了《马可·波罗游记》。

马可·波罗很小的时候，父亲和叔叔去东方经商，到过中国的元大都，朝见过忽必烈大汗，还带回了大汗给罗马教皇的

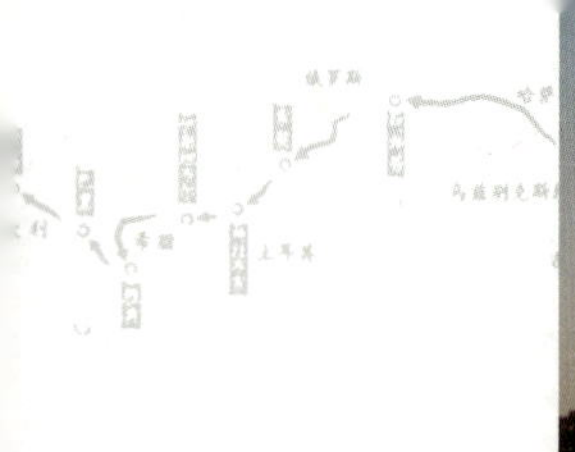

威尼斯——马可·波罗的故乡

他沿着千年以前张骞、玄奘踏出的丝绸之路东去，越过荒凉恐怖的伊朗沙漠，翻过险峻寒冷的帕米尔高原，进入中国新疆。穿过塔克拉玛干无人区，入敦煌、过玉门关，穿越河西走廊、关中平原，终于到达元大都——北京。

信。父辈讲述的中国经历，在他心中打开了一个崭新的天地。17岁，他随父亲、叔叔，带着教皇的复信和礼品从海路前往中国，由威尼斯港进地中海，渡红海，到两河流域的巴格达，想从这里到波斯湾再到中国。但路上遭强盗抢劫，又久等不到去中国的船只，只好改走陆路。他沿着千年以前张骞、玄奘踏出的丝绸之路东去，越过荒凉恐怖的伊朗沙漠，翻过险峻寒冷的帕米尔高原，进入中国新疆。穿过塔克拉玛干无人区，入敦煌、过玉门关，穿越河西走廊、关中平原，终于到达元大都——北京。这时已经整整四年过去了。听了他们的来历和沿途见闻，忽必烈十分赏识，挽留他们在元朝任职。

马可·波罗很快学会了蒙语和汉语，借着巡视各地的机会，走遍了中国西北、华北、川滇、江浙各地，还出使过越南、缅甸、苏门答腊，对当地民情、风俗、地理作了详细考察，回来向朝廷报告。他在元朝任职整整17年，有了这样长期考察为基础，所以能够在《马可·波罗游记》中细致地描绘这个遥远的东方古国如何繁盛昌明。精美绝伦的绫罗绸缎、繁华热闹的集市、气势伟岸的都城、发达的商贸、便捷的交通、典雅的文化风气，无一不在其笔下显现。

《马可·波罗游记》面世后，反响很大，据意大利学者赖麦锡说，此书面世几个月，意大利已随处可见，并很快翻译成多种欧洲文字，流传极广。现在已经有119种文字的版本。

但是——我多么不希望有这个“但是”——但是，《马可·波罗游记》的真实性，700年来一直受到质疑。有相当多的中外学者认为，马可·波罗并没有到过中国，提出许多疑点，认为这本书是伪作，是根据已有的资料、别人的二手故事和想象合成的。也有一些中外学者坚持马可·波罗到过中国，也列举了许多言之成理的事实及观点，证明这本书的真实性。他们为这本书做了大量的注释，有的还出版了专著，认为在没有确凿的证据证明该书是伪作之前，我们应该对其做善意的肯定。这里，我没篇幅具体介绍他们的观点，我也没有深入研究，只能采取“不选边站”的态度。

我们当然应该尊重科学研究证实的事实，但在感情上，我很同意中国国学大师钱穆先生的表述，他说，他对马可·波罗怀着一种温情的敬意，“宁愿相信他来过中国”。是的，我宁愿相信马可·波罗来过中国。

从文化历史意义上看，《马可·波罗游记》已经产生的正面影响和积极意义，并不因作者是否到过中国而改变。这本书第一次打开了欧洲人的眼界，让他们具象地了解了那个神秘的东方大国，掀起了持久的中国热、东方热，甚至激发了后来哥伦布等一批航海家走出欧洲、发现世界的勇气和激情。这本书改变了原先欧洲常常在道听途说中认识中国、与中国只有单维商贸来往的格局，而促进了一个东西方直接开展文化经济往来的时代。据说，中国发明的眼镜，就是马可·波罗带到欧洲的，所以欧洲最早制造眼镜的地方是威尼斯。这真是一个极好的象征和暗喻：是他，而不是别人，给欧洲带来了一副观看中国的新眼镜！

《马可·波罗游记》让世界看到了中国，玄奘的《大唐西域记》则让中国看到了世界——这应该是没有什么疑义的吧？

从文化历史意义上看，《马可·波罗游记》已经产生的正面影响和积极意义，并不因作者是否到过中国而改变。这本书第一次打开了欧洲人的眼界，让他们具象地了解了那个神秘的东方大国，掀起了持久的中国热、东方热，甚至激发了后来哥伦布等一批航海家走出欧洲、发现世界的勇气和激情。

2014年9月7日，意大利 威尼斯

59

文艺复兴幕后看不见的手

陕西卫视在世界文化遗产圣母寺前做了一期电视直播节目，借中秋团圆，说丝绸之路各国友谊，也表达我们对家乡对亲人“每逢佳节倍思亲”的感情。当地政要和孔子学院的学生参加了播出。

中秋时分，又来到了我心仪的佛罗伦萨。陕西卫视在世界文化遗产圣母寺前做了一期电视直播节目，借中秋团圆，说丝绸之路各国友谊，也表达我们对家乡对亲人“每逢佳节倍思亲”的感情。当地政要和孔子学院的学生参加了播出。我应邀在现场题写了“月明中秋夜，天涯共此时”的书法作品赠予这处艺术文化的圣地。

其实，此前我用微信已经给小孙女菲尔、一诺写了一封“中秋家书”，文字不长，兹录于后：

菲尔、一诺，中秋节快到了，月亮正在圆起来，很想你们。想你们时，就追着这里的外国小朋友拍照、合影。好多洋娃娃便都成了爷爷的小孙子。

意大利这里与西安有六个钟头时差（什么是“时差”，菲尔问大人，并讲给妹妹听），中秋那天，你们和奶奶、爸爸、妈妈过中秋吃月饼赏月时，把你们想给爷爷说的话说给月亮听，让它捎个信，过了六个钟头，月亮就飞到了我们这里，爷爷就能听见你们的声音了。你们也可以睡一觉再起来，半夜三更和爷爷再过一次中秋，赏月吃月饼。在同一个又大又圆的月亮下面，今年我们过两次中秋节，美不美？

佛罗伦萨——艺术之都街景

高新一小和丰园幼儿园已经开学了。我给你们布置的“跟着爷爷走丝路”（菲尔写作文，一诺拼图）不知完成了没有？我回来要打分的哦。

把我这封信给奶奶读一遍。

想你们的爷爷

2014年9月6日，于意大利威尼斯

佛罗伦萨是欧洲古典艺术的心脏，是推动文艺复兴那双看不见的手，是各国艺术家心中的麦加。这座城市所有的物态存在，无不和我们熟知的艺术家、艺术活动相关。这座城市原来译作“翡冷翠”，在徐志摩、徐悲鸿、赵无极等中国艺术家的人生中多次出现。这译名，将这座城的艺术精魂提炼出来，真好！

佛罗伦萨是欧洲古典艺术的心脏，是推动文艺复兴那双看不见的手，是各国艺术家心中的麦加。这座城市所有的物态存在，无不和我们熟知的艺术家、艺术活动相关。这座城市原来译作“翡冷翠”，在徐志摩、徐悲鸿、赵无极等中国艺术家的人生中多次出现。这译名，将这座城的艺术精魂提炼出来，真好！

它仍然这么典雅，这么安静。全城几乎看不到现代新建的建筑。两年前我来，倒有一处建筑工地——不过那是在修缮著名的圣母寺。我最心仪的老式而小巧的公共汽车悄无声息地在老街老房中滑过。不知从什么时候开始，在国人心目中，“著名”总是与“热闹”“红火”“时尚”联在一起组词。其实真正的文化瑰宝，常常静水深流，以无言显示价值。你炒作不炒

作，我就在那里，那叫作“桃李不言，下自成蹊”。记得我当面向老作家丁玲请教为什么只有丁玲，而不标明“著名作家”。她调侃说，你若标上“著名作家”，表明你还不著名，或者对著名还不自信。来佛罗伦萨的游客都是安静而缄默的，也许正是被这里无数个“著名”所震撼。

我在参观市政厅、圣母寺、米开朗基罗广场之后，久久盘桓在乌菲齐美术馆，不想离去。这其实是当地名门望族美第奇家族的艺术馆，但他藏品的规模和品质都是世界级的，几乎欧洲文艺复兴时期所有的文化先驱者都在这里留下了自己的代表作和人生足迹：达·芬奇、米开朗基罗、拉斐尔、伽利略、提香、波提切利……而有一个家族，就是美第奇家族，永远是这些如雷贯耳的艺术和科学大师共同的朋友。他们的友谊绵延了几代，这个家族成为文艺复兴运动背后得力的推手。

我在参观市政厅、圣母寺、米开朗基罗广场之后，久久盘桓在乌菲齐美术馆，不想离去。这其实是当地名门望族美第奇家族的艺术馆，但他藏品的规模和品质都是世界级的，几乎欧洲文艺复兴时期所有的文化先驱者都在这里留下了自己的代表作和人生足迹：达·芬奇、米开朗基罗、拉斐尔、伽利略、提香、波提切利……而有一个家族，就是美第奇家族，永远是这些如雷贯耳的艺术和科学大师共同的朋友。

美第奇家族从银行业起步，后来取得了政治权力。不但是佛罗伦萨实际上的统治者，所谓“僭主”，“僭越之主”，而且出了三位教皇、两位法国皇后。这个家族不但富，而且贵，更是雅——豪华风雅，与文化艺术有纯天然的世袭的缘分。他们以自己的财富、权力、名望支持和资助艺术，鼓励文化艺术界从中世纪的黑暗中走出来，由神本走向人本，由唯神走向唯人，在自己的作品中大胆表现冲破现实的人生、人道、人权。意大利的艺术便这样成为欧洲文艺复兴运动的序曲。

文艺复兴运动也是一次思想解放运动，它由艺术文学扩展到科学、社会、经济，最后促成了基督教新教的诞生。西方学者多次指出，这一切构成了资本主义的先声、市场经济的先声。也许美第奇家族睿智地看到了经济和文化的这种内在联系，也许没有看到，以后的历史事实是，文艺复兴对资本主义进程的强力推进，反过来又强力推动了家族银行的发展和财富的增值。让财富和文化联姻，以财养文，文化又为财富在精神上拓展新的天地。这就是美第奇家族告诉我们的，也是我此刻在乌菲齐美术馆想到的。

文艺复兴运动也是一次思想解放运动，它由艺术文学扩展到科学、社会、经济，最后促成了基督教新教的诞生。西方学者多次指出，这一切构成了资本主义的先声、市场经济的先声。

在重农抑商、重文轻商的古典中国，君子不屑于言利，而利又上不了大雅之堂，文与商永远处在相识而不相知、无法手挽手的状态。结果是，晋商、秦商长期没有能找到自己的政治代言人和文化旗帜，永远改变不了民间商帮的角色，带动、引发不了社会文化、经济甚至政治的整体变革，而中国的传统文人，等而上之者总是只能以“清高”“清流”孤傲自诩，等而下之者则堕入末流，一副孔乙己“多乎哉不多也”的窘态。这也许是中国社会现代化进程中的一个问题吧，我对着美第奇的画像，这样自问。

2014年9月8日，意大利　佛罗伦萨

60

罗马诞生传说中的艺术情怀

在锡耶纳午餐之后，开始向罗马进发。从长安到罗马，近三万里，五十多个日日夜夜，我们终于踏上了最后的旅程。“三千功名尘与土，三万里路云和月”，累累的心里就有了强强的期待。

罗马，一位地道绅士和贵族，它少有高楼和喧嚣，却风度翩翩，很有几分矜持。时尚不摆在脸面上，却是这个星球上引领时尚之地。法拉利、兰博基尼这些我说不顺嘴却让年轻人一听就心跳的豪车，就是在这一带设计、制造的。“罗马时尚”成为电脑搜索的一个热词，举凡名包、名鞋、名装，无不以此为品牌符号。

意大利人把它们的首都称为“永恒之城”，当然与这座城绵长到永恒的历史有关系。关于这座永恒之城的起源，有许多传说故事，这些传说无不带着些许神秘，些许浪漫，散发着浓

罗马的古迹随处可见

作者在罗马市政厅广场的现场直播中，接受电视采访

厚的人性和艺术气息，也暗传着从罗马帝国传承下来的一种自豪。这种自豪存在于每个罗马人心里。

其中最著名的一个传说，是那么繁复曲折，足可以写一部长篇，一部史诗。说的是古希腊人攻陷特洛伊城后，伊利亚带一部分人逃出来，经过漫长的漂泊，来到亚平宁半岛落脚，修筑了城堡，伊利亚当了国王。到第15代，国王被亲弟弟篡位，王子被杀，公主关进修道院的高塔不准成婚。但公主与战神马尔斯私授终身，生了一对双胞胎罗慕洛与勒莫。双胞胎长大后另筑新城，约定谁先看到天空飞过的秃鹰就以谁的名字命名新城。但兄弟俩都说自己先看到了鹰，争执不下，于是决斗，罗慕洛杀死了勒莫，从此罗慕洛读音便演化成“罗马”，变成为这座古城的名称。这个传说在公元前3世纪已经基本定型而且流传开来。

意大利古代的几位知名历史学家，如李维、普鲁塔克对罗马建城的看法基本以此为依据。但后来的学者对这个传说提出了质疑，质疑起源于特洛伊战争是否真实存在，包括记录过这场战争的史诗《伊利亚特》《奥德赛》的作者荷马是否真实存在。没有了这场战争，没有了《伊利亚特》，又哪里有后来逃到亚平宁半岛建立新国家的事呢？

所以又有一些史学家认为，罗马城的建立与印欧语系的拉丁人、萨宾人进入意大利开辟多条商贸通道有关。“条条道路通罗马”，就指的这些商贸通道。其中通过罗马城七座山的商道比较重要，需要有人常住垭口开设关卡，物流在这些关卡滞流，渐渐

意大利人把它们的首都称为“永恒之城”，当然与这座城绵长到永恒的历史有关系。关于这座永恒之城的起源有许多传说故事，这些传说无不带着些许神秘，些许浪漫，散发着浓厚的人性和艺术气息，也暗传着从罗马帝国传承下来的一种自豪。这种自豪存在于每个罗马人心里。

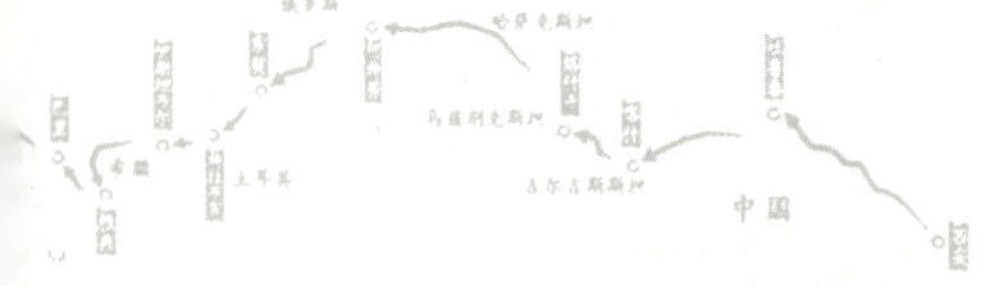

> “条条道路通罗马”，就指的这些商贸通道。其中通过罗马城七座山的商道比较重要，需要有人常住垭口开设关卡，物流在这些关卡滞流，渐渐形成了居民、市场、城堡，最后才形成了城市和国家。

形成了居民、市场、城堡，最后才形成了城市和国家。

前者毕竟是传说，后者反映出一种经济发展决定社区生活形态的历史唯物主义观点，我内心更为认同。历史不相信虚构的故事，但我不愿意也不忍心用严谨的历史去摧毁一座城市美好的记忆，姑且让它们在不同领域都存在着吧。我想追问的是，为什么这两种说法——一个人性化故事和一段族群迁徙，能够长期并存于一个民族的历史之中？所有的国家和民族，在它们的创世史诗中为什么都会有一种史实人格化和人性化的趋势？可能是因为远古缺乏文字记载，又缺乏对宏观史实的把握能力，无法确切表述宏大、复杂的历史变迁；而是将历史个人化、人性化、人生化、故事化，则更亲近、更直观、可感受，也更便于传播、记忆、流布吧。这只是我的感受，未必科学。但它启发我们，历史缜密的科学性和文学想象的故事性是可以并行不悖、相互结合的。这种结合，有利于历史的传承普及。

中国司马迁写的《史记》独创了“本纪”“世家”“列传”等以人物分类为逻辑、为亮点来写历史的体例。文史不分家，一直成为中国写史的一种风格，它使中国的史学极大地营养了中国的文学，而中国的文学又极大地促进了史学的民族化、民众化，使历史之学给民族之根培了土。只可惜中国的历史故事与传说总还略嫌太正统、太正襟危坐、太煞有介事，这不但与中国封建社会礼教的汰选有关系，恐怕也和中国人固有文化人格中的拘谨有关系，虽然很有点遗憾，却实在是没有办法的事。

2014年9月10日，意大利　罗马

61 醉卧罗马

到达罗马，意外遇见了一大拨熟悉的中国面孔，他们是丝绸之路万里行组织者从国内邀约来的近20家媒体的记者，还有这次活动的两大支持赞助单位，广汽三菱和华山论剑·西凤酒的老总，意在再一次掀起宣传高潮，来一个有力的“豹尾”。

到达罗马，意外遇见了一大拨熟悉的中国面孔，他们是丝绸之路万里行组织者从国内邀约来的近20家媒体的记者，还有这次活动的两大支持赞助单位，广汽三菱和华山论剑西凤酒的老总，意在再一次掀起宣传高潮，来一个有力的“豹尾”。

我注意到，除了意大利红酒，每桌也摆上了白酒：华山论剑·西凤酒。

这天的晚饭像连台戏，一波一波循环“演出”。先是合家欢式的开场，团长杨文萌小结了几句我们这次15000公里的奔波和全媒体报道成果，对所有支持、赞助、宣传万里行的企业和媒体表示了感谢。然后便开始了轮番轰炸的敬酒，各自寻找着自己最需要表示亲近和思念的“关系户”和友人，献上醉人的话和醉人的酒。有的三言两语解决问题，有的“黏糊”十几分钟。敬酒的队伍交错穿插，乱成了一锅粥。加之有白酒在其中兴风作浪，餐厅里很快就出现了久违的中国式热闹。“但使主人能醉客，不知何处是他乡”——真的分不清这里是罗马还是长安了。

席过一半，我被悄悄叫出来，说要去另一个厅里参加新到董总和我是老朋友，此人教师出身，一生心仪文化，一直在把酒当文化来做。他依托“名山名酒名人”的理念，将华山、西凤和金庸熔铸为一个品牌，金庸老先生专门为之题写了“华山论剑”四个字，他也让我手书了《华山论剑赋》回赠大师。他从中国文化典籍中提炼出“勇、智、敏、仁”四个字作为企业的文化精神，贾平凹为之题写了“剑胆琴心，勇智敏仁”的中堂。

的国内媒体采访会，原来乱中已有20多人撤出，来了这边。我给记者们主要谈了沿途感受最深的两点：丝绸之路是条什么路？丝路精神是种什么精神？这需要另文交代，此处不去详说。采访会结束已近晚12点了，说是那边还在等着我，“务必”再回去一趟。想着大家辛苦几十天，好不容易有这么个相聚狂欢的机会，便又回到原先的餐厅。

餐厅已经安静多了，服务生正在收拾残汤剩羹。只留下一桌，华山论剑·西凤酒董事长董小军和策划部长许智钧，以及万里行采风团几位领导和年长的先生在座。董总和我是老朋友，此人教师出身，一生心仪文化，一直在把酒当文化来做。他依托“名山名酒名人”的理念，将华山、西凤和金庸熔铸为一个品牌，金庸老先生专门为之题写了“华山论剑”四个字，他也让我手书了《华山论剑赋》回赠大师。他从中国文化典籍中提炼出“勇、智、敏、仁”四个字作为企业的文化精神，贾平凹为之题写了“剑胆琴心，勇智敏仁”的中堂。

这些年，他陆续举办了多场中国文化论坛，余光中、易中

董小军向罗马市副市长赠送华山论剑·西凤酒礼品

科林斯古运河，沟通了爱琴海与伊奥尼亚海

天、贾平凹、于丹等名家一一到场开讲。我也忝陪末座。记得第一次参与是和于丹同台开讲，我告诉董总，我不喝酒不懂酒，只讲文化不讲酒行吗，他回答得很爽快，令我大开眼界。他说，当然，我本意就是只讲文化不讲酒，我们目的不是推销酒，而是让酒友们、听众们提高文化素养，逐步把酒由一种饮品提升为一种文化载体。那次我讲的是《中国文化主题词》。后来和易中天同台主讲，我讲的是《金庸作品的中国侠义精神》。前一个多月，他请来了家喻户晓的台湾著名诗人余光中，要我一定参与其中，但此时我已走在丝绸之路上，到了霍尔果斯边境口岸，马上要出国境。盛情难却，我和著名主持人王志在旅途上发回去两段录像发言，我的题目是《丝绸之路和中国精神》，也与酒无关。

媒体团副团长、光明日报大型活动部主任胡斌举杯说，这次每到一地我们都是以华山论剑·西凤酒作为礼物送给各国各地的政要和朋友，你的品牌已经和丝路打组合拳了，已经代表中国走出国门了！董总接嘴就说，那咱们就按胡主任的意思，给个新定位，叫作“华山论剑，丝路国酒”。现场响起一片叫好声，干杯!

媒体团副团长、光明日报大型活动部主任胡斌举杯说，这次每到一地我们都是以华山论剑·西凤酒作为礼物送给各国各地的政要和朋友，你的品牌已经和丝路打组合拳了，已经代表中国走出国门了！董总接嘴就说，那咱们就按胡主任的意思，给个新定位，叫作“华山论剑，丝路国酒”。现场响起一片叫好声，干杯!

酒过三巡是最管不住嘴的时候，我又扯起一段往事：去年陕西广播电视台组织国际巨星施瓦辛格来西安，我、名导张纪中和施瓦辛格先生一道做了几期电视节目。其中侧重探讨了什

中国人爱扎堆，爱热闹，有时还爱起哄，但中国人有激情，很性情。特别是那水一样的酒，从杯子里一旦浇进肚子里，便会火一样扑地燃烧起来，焰头马上从喉咙里蹿出来，冒得老高老高。

么是你心目中的英雄。我文质彬彬地强调英雄要有内在的坚定和强大，半天说不清楚，很是脸红。张纪中先生到底导演金庸武侠片多年，对此深有体会，他说，英雄就是血性，血性汉子！一语点到穴位上。是呀，丝路上的张骞、班超、甘英，还有西域各国各民族最重要最突出的精神，可不就是“血性”这两个字！我们这回长途跋涉，经过好几个敏感地区和一些风险，不是有目标感，不是有体力、能力、耐力、毅力，怎么能到罗马？走丝路要不畏艰险，不怕牺牲，知难而上，勇往直前，不达目的永不回头，而目的又永远定位在远方的地平线上。这就是血性汉子，这也是丝路精神！又是一片叫好声，干杯，干杯！

中国人爱扎堆，爱热闹，有时还爱起哄，但中国人有激情，很性情。特别是那水一样的酒，从杯子里一旦浇进肚子里，便会火一样扑地燃烧起来，焰头马上从喉咙里蹿出来，冒得老高老高。这个罗马之夜我们一杯又一杯，完全忘了踩刹车。老汉我，疯劲也上来了，一直陪到最后，不知何时被何人抬回了房间。

平生从未醉卧长安，却有幸在地球另一边当了洋酒仙，醉卧了一回罗马，好不得意也！

2014年9月11日，意大利 罗马

62

意大利歌曲与秦腔交响

在那不勒斯吃午餐，我这个吃不惯西餐的老头竟提出，能否点一份披萨饼，让年轻人很感奇怪。我说，这里可是披萨饼的发源地，错过这个村就没这个店了。西安有如雷贯耳、享誉全国的肉夹馍——中国的披萨，隔着高山大海平原的万里之外，这里有享誉全球的披萨——意大利肉夹馍，这叫什么？这叫缘分！竟引来一阵掌声。

在那不勒斯吃午餐，我这个吃不惯西餐的老头竟提出，能否点一份披萨饼，让年轻人很感奇怪。我说，这里可是披萨饼的发源地，错过这个村就没这个店了。西安有如雷贯耳、享誉全国的肉夹馍——中国的披萨，隔着高山大海平原的万里之外，这里有享誉全球的披萨——意大利肉夹馍，这叫什么？这叫缘分！竟引来一阵掌声。

缘分不止这些，张骞与马可·波罗，秦始皇兵马俑与庞贝古城，陕西𰻞𰻞（biangbiang）面与意大利通心粉，AC米兰的足球与唐长安的蹴鞠，一个个缘分接踵而来。旁边一桌本地客人操起吉他，轻轻弹唱起意大利民歌，轻柔而又抒情的歌声随着地中海的微风悄悄弥散。哦，是呀，这里还是西方歌剧之乡、民歌之城，《我的太阳》《重归苏莲托》《桑塔露琪亚》的故乡。

我想起2012年三四月间，在罗马斗兽场旁边的一个餐厅，主人，我的朋友盖伊塔诺也是这样，这位在西安开公司的建筑师随手拾起一把吉他就唱起来。他是那不勒斯人，地道的美男子，地中海的阳光使他有南欧人的微微黝黑，而灰色的眼睛则像月色迎着浪光，从深深的眼窝里透出来，带着醉意看着你，一不小心也就被他陶醉。记得我在西安一所大学主持过他关于

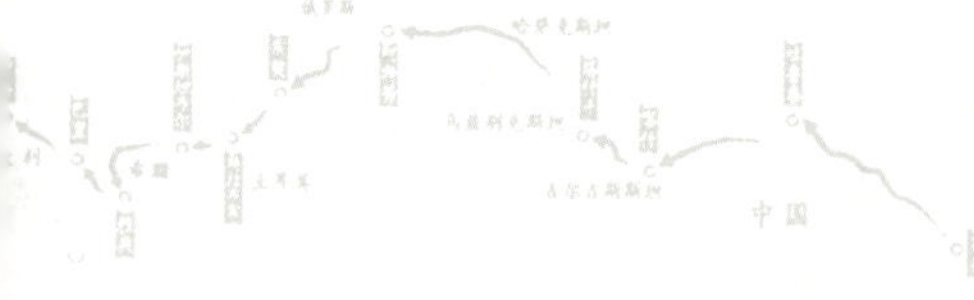

那个罗马假日之夜，我们就这样说着、吃着、唱着。临别时，中意双方的朋友不约而同唱起了大家都熟悉的《我的太阳》……

“长安—罗马”古城建筑的学术报告，开头便由不得开玩笑说，盖伊塔诺的眼睛有地中海的颜色，大家——尤其是女生要注意，不要掉进这深深的海洋！把孩子们逗得又是尖叫又是跺脚。讲课下来，他像所有“妻管严”那样，认真对我说，你过奖了，其实我没我夫人漂亮。我说当然，你夫人是意大利国家电视台的台长，肯定是挑出来的美女——不过她今天不在场，你放心！

那个罗马假日之夜，我们就这样说着、吃着、唱着。临别时，中意双方的朋友不约而同唱起了大家都熟悉的《我的太阳》……

风雨过后天空晴朗，阳光灿烂炫目，空气清新精神爽，啊，多么耀眼的阳光啊，美丽的太阳，我的太阳！

这美妙的歌曲，这让帕瓦罗蒂、多明戈、戴玉强，让意大利和中国，让四海之内都由陌生变成兄弟的音乐精灵！那晚像今晚一样，真是一个忘情的夜晚，也有地中海清纯如饴的海风，只是少了旧时的朋友。

说起这些，很有点感慨。陕西卫视女主持人问，你们当时没有吼几句秦腔镇镇他们？我一句不会唱呀，你又不在。可惜了秦腔和意大利歌曲的一次缘分。

“一条丝路两城歌”现场

作者在罗马举办个人书法展并做“长安—罗马”演讲

不过秦腔和意大利歌曲在西安已经联姻过一次了，那是在2014年举办的“一条丝路两城歌”的音乐晚会上。罗马的音乐家和长安的秦腔艺术家在剧场两边各搭一舞台，一个长长的T台，像丝路那样纵贯剧场，将两个舞台连在一起。除了各自表演本国节目，意大利华裔女高音歌唱家聂红梅唱中意两国的歌曲大受欢迎。最有意味的是陕西戏曲研究院的青年演员，唱碗碗腔《借水》，“去年今日此门中，人面桃花相映红”，中方舞台且唱且表演且从丝路T台向意方舞台挪步，而意大利艺术家用刚学会的碗碗腔哼唱做伴奏。最后中意演员会合，当同台演唱到最后几句，全场那掌声呀，活了，太火了！

西方对《我的太阳》中太阳的含义有多种说法，有说太阳是指心中的情人，有说专指爱人的笑容，有说专指兄弟两个相依为命，哥哥为了弟弟而出外打工，弟弟为了表示感激唱这首歌。我不是音乐家，不知哪个答案是准确的。

要我做选择题，我选三，这歌是表白兄弟之谊的。中意友谊就是证明。

秦腔和意大利歌曲在西安已经联姻过一次了，那是在2014年举办的“一条丝路两城歌”的音乐晚会上。罗马的音乐家和长安的秦腔艺术家在剧场两边各搭一舞台，一个长长的T台，像丝路那样纵贯剧场，将两个舞台连在一起。除了各自表演本国节目，意大利华裔女高音歌唱家聂红梅唱中意两国的歌曲大受欢迎。

2014年9月12日，意大利　那不勒斯

63

终于参观了梵蒂冈大教堂

上午去参观梵蒂冈，参观教皇定期在那里做弥撒的圣彼得大教堂。梵蒂冈是梵蒂冈国的首都、世界天主教的中心、罗马教廷所在地，位于罗马西北角的高地，伊伯河右岸。北、西、南三面有高墙与罗马隔开，而东面的圣彼得广场同罗马市畅行无阻。梵蒂冈是一个特殊的城国，城区便是梵蒂冈的国家疆域。它整个在罗马城的包围之中，却是目前世界上最小的主权国家。我们去参观，算是又出了一次国，虽然不用办签证。

大教堂前的广场上，参观的队伍长长的，拐了几个弯，最后还是延伸到罗马城域——那已经算是越境了。广场上弧形的廊柱，以极为伟岸的体量，既隔断着空间，又连接着空间。行走于特定的建筑环境之中，心绪不知不觉就发生了微妙的变化。在巨大廊柱比照下，我们似乎躬腰走在一条通向天堂、通向神圣的路上，不由你不“矮小”下来，不肃穆、敬畏起来。

大教堂前的广场上，参观的队伍长长的，拐了几个弯，最后还是延伸到罗马城域--那已经算是越境了。广场上弧形的廊柱，以极为伟岸的体量，既隔断着空间，又连接着空间。行走于特定的建筑环境之中，心绪不知不觉就发生了微妙的变化。在巨大廊柱比照下，我们似乎躬腰走在一条通向天堂、通向神圣的路上，不由你不“矮小”下来，不肃穆、敬畏起来。

圣彼得教堂是世界第一大圆顶教堂。总面积2.3万平方米，主体建筑高138米，几十层楼高，长约211米，最多可容纳近6万人祈祷。登上教堂正中的圆穹顶部，可眺望罗马全城；在圆穹内的环形平台上，则可俯视教堂内部，欣赏圆穹内壁的大型镶嵌画。其中比较著名的有米开朗基罗《哀悼基督》的雕像和拉斐尔的《雅典学院》油画。教堂最初是由君士坦丁大帝在圣彼得墓地上修建的，公元326年落成。16世纪教皇朱利奥二世决定重建这个教堂，1506年破土动工，费时长达120年，直到1626年11月18日才正式宣告落成。从120年这漫长的光阴中，你对它的瑰丽和精致怎么想象都不过分。

人类总是要以自己的理想、信仰筑梦，将现实世界提升为一个新境界，然后又将心中的梦复现为物质形态，复现为建筑、雕塑和各种艺术，以巨大的规模和体量、精美的创意和技能，将理想的神圣作可视、可听、可触的伟大的再现。人通过信仰的神圣伟大，最终表现的是自己的神圣与伟大。

梵蒂冈其实我是第二次来，但上次发生了一点与它的神圣感很不相称的小插曲，花了半上午时间竟然没有进得去教堂。简单表述就是：我们几个中国人在这无比神圣的地方，被很不神圣地“倒卖”了！那次我们日程紧，来后便站在长队最后面，可能因为我们是不懂意大利语的外国人，好哄，也可能因为我们不停看表，着急，两位意大利黑导游女士便趋前关心起来，比比画画，意思是说跟她们走，可以不排队，从另一个后门进去（大约是VIP门之类吧），当然门票要涨一点。好在中国人现在不缺钱，多少都有点儿土豪的势，我们很高兴答应了。

“丝绸之路万里行”车队挺进罗马城

> 人类总是要以自己的理想、信仰筑梦，将现实世界提升为一个新境界，然后又将心中的梦复现为物质形态，复现为建筑、雕塑和各种艺术，以巨大的规模和体量、精美的创意和技能，将理想的神圣作可视、可听、可触的伟大的再现。人通过信仰的神圣伟大，最终表现的是自己的神圣与伟大。

交了钱跟着她们七拐八拐，不想越拐离大门越远。虽然心生疑惑，还是被西方普遍的诚信所驱散。结果来到了一个门厅内，里面已有十几人，被告再买一次车票，等着，凑够了40人，大家便可一起坐大巴折回到大门，直接进去。

明显不过，我们被小船倒买到大船上了，下面是否还要再倒，已经无法相信。于是中国人愤怒了，用他们不懂得的语言，加上他们能看得懂的愤怒，要求退出、退钱。钱倒是退了，可再走回广场，再站到队尾排队，时间已经不允许。一怒之下，我们掏了200欧元租了一辆古典宫廷马车，像公爵和公主一样环绕梵蒂冈一圈，招摇过市，引来外国佬们钦羡的目光和快门的咔嚓。别以为中国人好忽悠，哼！

回来才发现我们被忽悠了一大笔钱，心痛不已。

离开梵蒂冈，又来到了古斗兽场外面。这里我上次去过，再来却有了新的联想。有资料说，因为斗兽场当时竞技很多，野兽的来源，特别是虎、豹、象这一类稀奇猛兽供不应求，常常要从非洲、甚至波斯和印度狩猎，有时甚至成为驻扎在当地的罗马军团的首要任务。因为要活捉，不能猎杀，大都采用陷阱、诱饵笼和醉捕（将酒倒入水窖中让动物喝）的方法。捕到以后，为了保持野兽的战斗力，一路好吃好喝精心伺候。到罗马后还要用生肉喂养一段。野兽珍贵，奴隶可多得是，每次战争下来就在俘虏中挑选健壮者，准备迎战猛兽。

斗兽开始，看台上的看客，那些达官贵人便疯狂了，除了压赌人以兽牟利，其他的人也眼中冒着火，成为嗜血的动物。包括那些无比优雅的女士在内，无不在狂躁地呐喊："咬死他，咬死他！"他们争着当兽的啦啦队，很少有人为人的生命呐喊。他们更稀罕看到的是兽咬死人。看到兽的胜利和人被野兽撕咬吞噬，不是更为刺激吗？有时，奴隶战胜了野兽，看台上的同类竟会发出嘘声！

> 斗兽开始，看台上的看客，那些达官贵人便疯狂了，除了压赌人以兽牟利，其他的人也眼中冒着火，成为嗜血的动物。包括那些无比优雅的女士在内，无不在狂躁地呐喊："咬死他，咬死他！"他们争着当兽的啦啦队，很少有人为人的生命呐喊。

阿门，为生命而博弈野兽的奴隶们，你们才是真正的人，大写的人。看着野兽残杀人的生命而欢呼的人，你们还是人吗？

2014年9月12日，意大利　罗马

德尔菲阿波罗神庙遗址

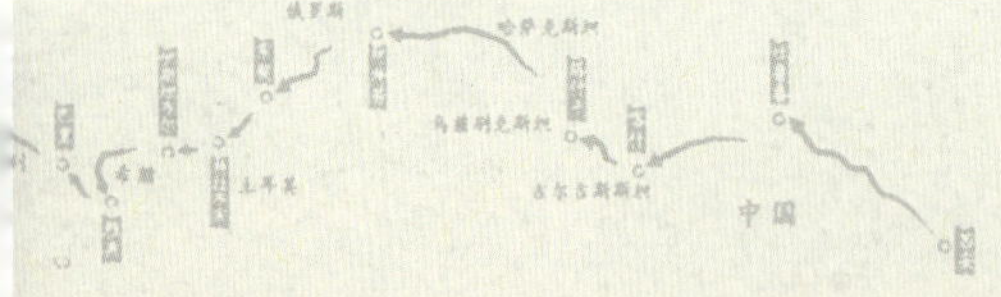

64

庞贝，活埋的古代社会

> 庞贝废墟像一幅长卷，慢慢在我眼前展开。整座石质的城市，主街、小巷、广场、商店、剧场，医院甚至妓院一一清晰地呈现着。天依旧蓝，云依旧白，泉水依旧可饮，只是游客的惊叹替代了当年的市声。

去那不勒斯是这次丝绸之路万里行的尾声了，车队的十六辆车将开到港口，用集装箱运回中国，我们则由这里直接奔赴罗马达芬奇机场回国。

而我在这里最想看的是庞贝，最想听的是《桑塔露琪亚》。

公元1079年，大约是我们宋代，那不勒斯附近的维苏威火山脚下，意大利一位叫安德烈的农民无意中在自己的葡萄园中挖出了一个金属柜子，想不到的是，从这个柜子开始，竟从地下掘出了整整一座庞贝城。这座城在地下已经埋藏了1000多年，考古发掘至今也没有结束。

庞贝废墟像一幅长卷，慢慢在我眼前展开。整座石质的城市，主街、小巷、广场、商店、剧场，医院甚至妓院，一一清晰地呈现着。天依旧蓝，云依旧白，泉水依旧可饮，只是游客的惊叹替代了当年的市声。当我看到几尊当年瞬间窒息而死的人体遗骸时，震惊得似有太阳黑子爆炸！我无声立于其侧，脑子里冒着金星。眼睛贴着玻璃柜，想零距离地凝视我们这些不幸的祖先。他们有的趴在地上，灼烫使他们弹跳起了腰，有的被焚烧得将身体蜷曲成一团，有的也许正在洗浴，瞬间的变故

庞贝古城遗址

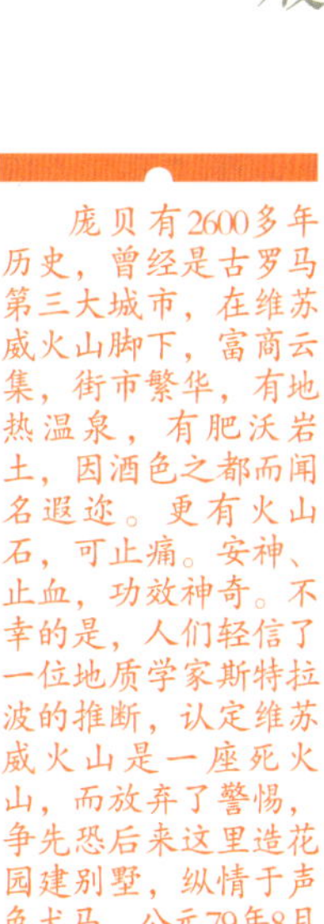

庞贝有2600多年历史，曾经是古罗马第三大城市，在维苏威火山脚下，富商云集，街市繁华，有地热温泉，有肥沃岩土，因酒色之都而闻名遐迩。更有火山石，可止痛。安神、止血，功效神奇。不幸的是，人们轻信了一位地质学家斯特拉波的推断，认定维苏威火山是一座死火山，而放弃了警惕，争先恐后来这里造花园建别墅，纵情于声色犬马。公元79年8月24日这一天，火山遽然爆发，滚烫的岩浆、火山灰瞬间埋葬了这个城，刹那间窒息了城市所有的人。

使他们护住下体。所有人的面部都显出震颤性的惊恐和痉挛性的痛苦，那是灾害突至、死亡突至时猝然间的反应，那是任何雕塑家也塑造不出的极致表情。就像发生在刚才，就像发生在我们身边。当生与死这样被光阴拉得漫长的生命两极，突然短路，突然在电光炽火中不期而至地毁灭，那情景是那样地震撼了我，刺痛了我。

庞贝有2600多年历史，曾经是古罗马第三大城市，在维苏威火山脚下，富商云集，街市繁华，有地热温泉，有肥沃岩土，因酒色之都而闻名遐迩。更有火山石，可止痛、安神、止血，功效神奇。不幸的是，人们轻信了一位地质学家斯特拉波的推断，认定维苏威火山是一座死火山，而放弃了警惕，争先恐后来这里造花园建别墅，纵情于声色犬马。公元79年8月24日这一天，火山遽然爆发，滚烫的岩浆、火山灰瞬间埋葬了这个城，刹那间窒息了城市所有的人。由于是瞬间毁灭，一千年后出土时，这里的居民便还保存着那个恐怖时刻的样子。

发现庞贝约900年后，在遥远的东方，在中国西安的东郊，一位叫杨志发的农民在打井时发现了兵马俑的陪葬坑，经多年考古发掘，这里成为目前世界上最大的“地下古代军事博物馆”。专家们推断，在未开发的秦始皇主陵中，除了陶俑陪葬，按当时皇室的规矩，活人陪葬也不在少数，主要是嫔妃奴仆。

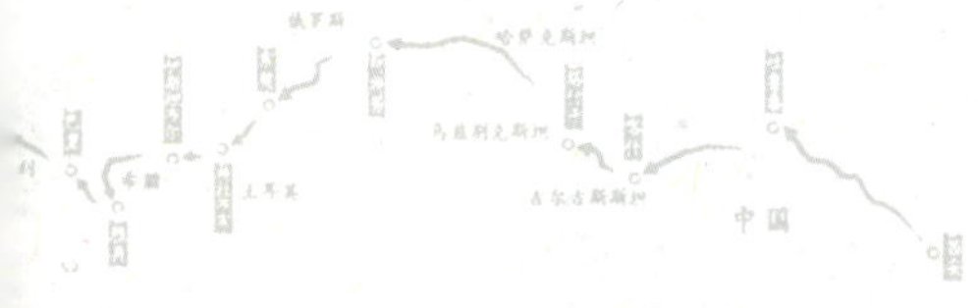

庞贝古城青铜雕塑

一种是自然灾害致死，一种是专制权力致死；一种是瞬间地失去知觉生命，一种是在缓缓降临的痛苦中（陪葬人）或在麻木中（陪葬俑）死去；一种是在死亡面前贫富贵贱、男女老少、人人平等，一种是在死亡面前君臣、主奴、将士、男女依然等级森严。

地中海的阳光和海风涵养着意大利这个民族的浪漫情调。他们总喜欢从现实与历史严峻的事件中，衍生出关于爱情、关乎人性的美丽故事，以缓解自己的创痛，去向未来。庞贝古城的灾难中就蒸腾出一些这样的故事。其中有一个叫《伤心欲绝的索菲娅》，说的是火山爆发的前几天，家住庞贝300公里外的美丽少女索菲娅，母亲胸痛咳血，危在旦夕。未婚夫卡洛闻讯赶来，要飞马去庞贝取止血石挽救未来的岳母，抚平情人的创痛。他说连跑两三昼夜一定能赶回来，说完绝尘而去……

卡洛万万想不到，自己正扑向死神。他遇上了那场灭顶之灾！索菲娅从此掉进了终老一生的等待。地中海的波涛传开了一首民歌——《伤心欲绝的索菲娅》。

我们不妨设想，倘若在庞贝城的火山灰中找到了卡洛，他一定还像千年以前那样年轻英俊。而可怜的索菲娅早已老去，早已故去……

故事让同伴们有些忧伤，归途中车里一片静寂。有人为了缓解气氛，提议晚上去吃意大利面，我接嘴道，意大利面中有一种，又粗又大，叫耳括面，跟咱老陕的裤带面有一拼，还真解馋。“走吧！”

2014年9月12日，意大利　那不勒斯

GUCCI MUSEO

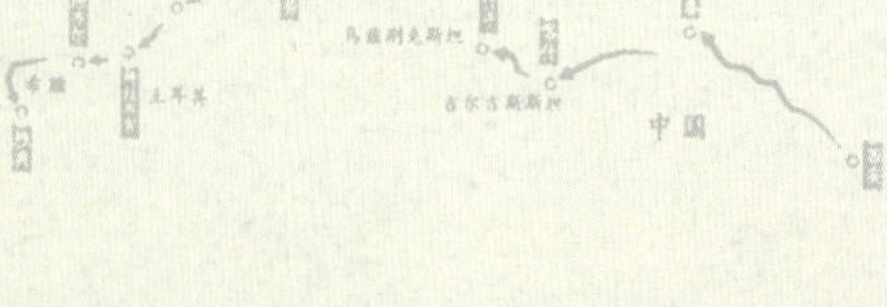

65

西部热与当代潮

——丝绸之路长安—天山廊道的文化景深

帕米尔是亚欧大陆的天坛，丝绸之路的天坛。大昆仑、大天山是亚洲大陆的脊梁，中国的脊梁。青海湖是中国西部的明眸，青藏高原的明眸。

中国西部是什么？

它就是丝绸之路的起点和4000多公里的中国段。

时间进入21世纪，西部的山湖草原，西部的父老乡亲，西部的社会发展，面临着一个崭新的历史机遇，这就是中央已经提出近20年的“西部大开发”战略和新近提出来的“丝绸之路经济带”战略。这两个战略使中国西部由后方变成了先锋，由腹地变成了前沿。

西部华丽转身，世界回眸观望西部。

西部振奋、激越起来，在新的开发浪潮中昂起了自己的头颅。

借“丝绸之路经济圈”打造经济社会实力，借“丝绸之路文化圈”打造文化影响力，成为西部的历史责任。

西部发展的主要力源，不在外部而在西部自身，在于西部本来就存在着的文化精神、文化人格，以及这些内动力与现时代的呼应迎合。

我们从这里谈起——

一

这是风行一时的“西北风”《西部摇滚》的歌词——

你和我踏入中国的西部，
茫茫的西部，
到处可见到硬汉子的脚步，
坚实的脚步。
历史走过了一个文明又一个文明，
西部留下了一代人又一代人的辛苦。
啊！西部！

硬汉子的脚步带我找到悲怆的长号，
热烈的鼓舞；
硬汉子的脚步带我找到高原的风采，
长城的风骨。
残酷的风沙天天吹打着古铜色的胸脯，
到处可见硬汉子的汗珠，
飞扬的金谷。
啊！西部！

西部华丽转身，世界回眸观望西部。

西部振奋、激越起来，在新的开发浪潮中昂起了自己的头颅。

借“丝绸之路经济带”打造经济社会实力，借“丝绸之路文化圈”打造文化影响力，成为西部的历史责任。

1987年和1988年，这种西部风格的歌曲，伴之以西部风格的舞蹈和服装，几乎响遍全国。这就是文艺界冠之以“西北风”音乐的“西部潮”。这同时，美术和摄影也刮起了类似的西北风热。在第六届全国美展中，陕西一位青年画家用现代观念处理的延安时期题材的作品《玫瑰色回忆》，荣获金奖。用现代装饰感改造的西部高原生活的作品《蒙古吉祥》，荣获银奖。超乎悲喜激情之上的现代冷漠感，悄无声息地弥漫在这一届美展上。而这种冷漠感在选择可见的构图、色彩、线条时，在选择形象和意象时，是那么青睐西部、偏爱西部！这前后，全国第十六届摄影展览，又是一位陕西青年摄影家以三代农民对知识的渴望为题材，抓拍了一位农家孩子趴在磨盘上做作业的场面，命名为《希望》，获得金奖。

总体上看来，文艺的西部潮不论其表现形态多么丰富，内里总埋伏着两个坐标，西部的与现代的坐标。西部生活和西部文化对现代意识、现代艺术是如此敏感，而现代艺术家对西部又是如此亲昵。那些西部味很强的作家、艺术家，竟然大都是现代味很强的作家、艺术家，那些西部意识很强的作品，恰恰同时是现代意识很强的作品。

西部电影不必说了，获得国际、国内大奖之多，在中国电影史上罕见。尽管对它毁誉参半，作为中国电影史上的一个重要现象，它是存在下来了，而且将会在漫长的岁月中接受研究、经受校验。

西部文学更不必说了。中国西部已经形成了实力雄厚的作家群，其中的佼佼者，完全可以作为中国当代文学的代表作家，跻身于世界文学之林。西部文学在新时期文学的各个主要方面，都留下了自己深深的足迹。比起西部经济在全国的序号来，西部文化在全国格局中的位置是更显赫、更重要一些的。

更不应该忘记新时期文学发轫时的一些耐人寻味的史实：现代文艺思潮与技巧的尝试，竟然有不少是从“第三世界”的西部开始的。有几年，南美作家马尔克斯的《百年孤独》，因其亦真亦幻的所谓魔幻现实主义的手法，成功地反映了现代人眼中的那块闭塞落后而又古朴淳厚的地方，而大为风行。最早引进这种现代魔幻艺术意识的中国作家你道是谁人？是当时还在西部、写西部的西藏作家，他叫马原。

总体上看来，文艺的西部潮不论其表现形态多么丰富，内里总埋伏着两个坐标，西部的与现代的坐标。西部生活和西部文化对现代意识、现代艺术是如此敏感，而现代艺术家对西部又是如此亲昵。那些西部味很强的作家、艺术家竟然大都是现代味很强的作家、艺术家，那些西部意识很强的作品，恰恰同时是现代意识很强的作品。

文艺是深层文化的风向标。这一切告诉我们，在无际的地平线上，西部和现代紧紧地拥抱了。萧索而落寞的西部，变得那么热烈、灿烂。

那么，西部潮与现代潮深层的感应大致表现在哪些方面呢？

表现在——

西部文化内在构成的多维向心交汇和世界新大陆文化多维离心交汇的感应，西部历史文化的动态多维组合和当代世界文化综合发展趋势的感应；

西部人多民族杂居状态和现代人跨社区生活状态的感应，西部人因杂居带来的心态杂音和现代人文化心理的杂色的感应；

西部人在村庄和部族自然经济基础上的流动生存状态，以及反映着这一生存状态的动态生存观，和现代人在现代宏观商品经济基础上的流动生存状态，以及反映着这一生存状态的动态生存观的感应；

西部随处可见的前文化自然景观、人文景观、心灵景观，和现代某种超越文化、排拒文化的社会情绪、社会心理、社会思潮的感应；

西部人原始生存和艰难发展的悲怆感、忧患感和现代人超高速发展的焦虑感、忧患感的感应；

西部人由于空间疏离造成的孤独、人在自然包围中的孤独，和现代人由于心灵疏离造成的孤独、人在“物化人”包围中的孤独的感应；

西部人文山川的阳刚之气以及它的人格化，和现代竞争社会所要求的强者精神以及它的人格化的感应；

等等。

西部文化内在构成的多维向心交汇和世界新大陆文化多维离心交汇的感应，西部历史文化的动态多维组合和当代世界文化综合发展趋势的感应。

二

西部文化内在构成的多维向心交汇和世界新大陆文化多维离心交汇相感应；西部历史文化的动态多维组合和当代世界文

化的综合发展趋势相感应。

欧亚大陆从地形上看，像一片四轮葡萄叶。在四个叶端，分别是地中海地区、波斯地区、印度地区和中国、东亚地区，由于靠近海洋，文化经济发展较早。在古代形成了世界四大古文化地区。而葡萄叶的叶掌，则是以帕米尔山结为核心的大高原、大雪山、大戈壁，缺乏生存条件，不但本地文化经济长期处于落后、封闭状态，而且隔离、阻塞了四大古文化区的必要交流。这种阻塞当然不是好事，但隔离机制又有助于四大文化在独自发展中形成自己的个性，而最后必然带来它们向中亚（即中国西部）文化低谷地区的汇流，使这里形成多维文化交汇的结构。因为这是由欧亚大陆的边缘向中心地区的文化汇流，我们称之为多维文化的向心交汇。

这种向心交汇，使中国西部形成四圈四线的交汇型的文化地图。四圈，即新疆文化圈、青藏文化圈（即大昆仑文化圈）、蒙宁文化圈、陕甘文化圈。这四圈鲜明地反映着地中海文化、波斯文化、印度文化、蒙古文化和中国中原文化在西部地区不同成分和不同程度的组合交融。四线，即将这四圈文化和世界四大文化联成网络的丝绸之路、唐蕃古道、草原之路（秦直道）、南方丝绸之路（茶马古道、茶盐古道）。

这种向心交汇，使中国西部形成四圈四线的交汇型的文化地图。四圈，即新疆文化圈、青藏文化圈（即大昆仑文化圈）、蒙宁文化圈、陕甘文化圈。这四圈鲜明地反映着地中海文化、波斯文化、印度文化、蒙古文化和中国中原文化在西部地区不同成分和不同程度的组合交融。四线，即将这四圈文化和世界四大文化联成网络的丝绸之路、唐蕃古道、草原之路（秦直道）、南方丝绸之路（茶马古道、茶盐古道）。

但是，在世界文化格局中，同时还有另一种文化交汇现象。这就是世界四大古文化，在美洲、澳洲和非洲部分地区和那些地区的本体文化发生交汇、融合。这种交汇不是内向的聚会，而是外向的辐射型交汇，我们称之为多维文化的离心交汇。离心交汇在漫长的时间里孕育的美、澳、非新大陆文化，在许多方面，特别是深层结构方面，和中亚文化、中国西部文化有相似之处。尽管两者是在不同时空中发展的，发展的程度有很大的差异和差距，但内在的同构却使他们在这里那里产生自觉的呼应和不自觉的感应。

美、澳地区属于新开发的大陆，那里已经发挥了多维文化交汇的优势，使自己成为世界发达地区。中国西部如何发掘、认识、发挥多维文化交汇的优势，改变自己的落后面貌，不仅在文化内在结构上和现代文明相感应，而且在精神、物质成果上和现代文明相辉映呢？这个任务摆在了我们面前。这是文化结构上西部和现代的感应。

多维交汇型的西部文化还和现代文明（也包括现代思维）综合发展的总趋势相感应。交汇是自发的综合，综合是自觉的交汇。

人类各民族文化的发展，大致可以归纳为这样三个阶段：古代的隔离发展，近现代的选择发展，当代的综合发展。

由于自然的（如地理与语言的阻隔）、社会的（社会结构、生产水平、国家制度的差异）、心理的（神话、歌谣、传统图腾的自成体系）原因，各民族、各社区的文化艺术为了维系自身的发展，必须在内部形成一套自我延续的机制。它是文化类型形成并具有独立性、文化区域划分并形成自我循环的先决条件。各种传统，没有这种隔离发展阶段，是不可能形成的。

但是，隔离同时在集聚着、激活着交流的要求。交流则又破坏着隔离。这是内中的辩证法。当近现代的历史进步打破文化发展的隔离机制之后，失去了时空限制的各民族、各社区文化，被推到同一条历史进步的起跑线上比试，人类文明便进入了选择的发展阶段，亦即竞争的发展阶段。这个阶段的特征有三个：第一，普遍的共振性。某一地区、某一民族的某种文化思潮或文明成果，常常超越地区、民族的范围，引起普遍的回响和流布。第二，竞争淘汰性。以对世界的历史进程的适应和促进为标准，在竞争中淘汰不适应者，发展适应者。第三，冲突演进性。不是稳态平衡发展，而是在民族意识（社区意识）

人类各民族文化的发展，大致可以归纳为这样三个阶段：古代的隔离发展，近现代的选择发展，当代的综合发展。

在发展中国家，在文明后进地区，例如中国西部，文化进步的综合过程，就是前面谈到的以西部和现代两个坐标来建设、发展文明的过程。它表现为，现代人寻根，“物化人”寻魂，世界意识寻找民族土壤为依托，民族意识寻找世界格局来展开。

和世界意识这两个基本因素的冲突中，在矛盾统一的辩证过程中，使文明得到发展。人类文化的选择发展阶段，反映了商品社会的不平衡进程，带有自由竞争和高度垄断的社会达尔文主义的盲目性和残酷性。在这个阶段，文化的发展较少考虑人的心理平衡要求，而较多考虑商业性和实用性；较少连续性和平衡性，而较多断裂和偏激。

第二次世界大战以来，特别是20世纪70年代以来，综合发展的文化进程方式逐步在世界兴起。它克服了选择发展阶段的片面性，即在竞争和淘汰中常常忽视吸收、融会对方的优长和精华，而重视综合当代在世界文明各个领域提出的问题，积极主动反映这些问题的共同趋势和发展可能，重视各民族、各社区文化中于今天时代仍有生命力的因素。同时，在文明发展中既重物又重人，既重客观又重主观，既重历史又重审美。它不仅从时间的角度，而且从空间的角度来把握世界。从时间观念向空间观念的转化，就是从一维到多维的转化，就是从否定性的淘汰发展提升为综合性的认同发展。所有这些都表明，当人类文明进入综合发展阶段时，类似于中国西部这种多维交汇型文化结构有着多少优势，多少潜能。

在发展中国家，在文明后进地区，例如中国西部，文化进步的综合过程，就是前面谈到的以西部和现代两个坐标来建设、发展文明的过程。它表现为，现代人寻根，“物化人”寻魂，世界意识寻找民族土壤为依托，民族意识寻找世界格局来展开。高度物质文明不仅带来了异化，也带来了文化艺术的异化。为了人的全面发展，不能不着手解决物质文明与精神文明的矛盾，不能不把历史主义与伦理主义、世界意识与民族意识结合起来。愈来愈多的人感觉到，世界进入信息时代、科学时代，每一局部地区的政治、经济、文化变动都可能具有全局意义。世界一体化程度大大增加，世界在文化心理上正在变小，地球在现代科技面前是可以玩弄于股掌之中的星体。这种自觉的世界意识的普及，必然会从新的深度上唤醒民族意识。因为世界文化综合发展、扩大认同的同时，突然感到一种失去个性的空虚。这就为在文化道德方面，在审美感受方面，挖掘和恢复各民族产生于前资本主义社会形态基础上的传统，提出了心理补偿要求，力图不以失去民族本位为代价来认同世界现代化进程。于是各国各地寻根热迭起。中国西部既是世界几大文化交汇之处，又是中华民族根之所在，现代寻根热不能不纷纷选择这块土地来做精神漫游。

从古代开始形成的中国西部文化的多维向心交汇，就这样和美澳发达地区的多维离心交汇文化产生了深层感应，就这样为现代文化的综合发展和现代思维的综合趋势提供了良好的文化底色，就这样在一个新的历史环境、一个新的文化背景、一个新的思维高度上，显示出自己的优势来。

三

西部人多民族杂居状态和现代人跨社区生活状态相感应，西部人因杂居带来的心态杂音和现代人文化心理的杂色相感应。

在过去的专著和论文中，我曾对西部人多民族杂居的情况，杂居对西部人心理的影响以及文艺作品对这些特点的反映，做过分析介绍。中国的少数民族绝大多数部分在中国西部，西部是少数民族的故乡。西部少数民族的分布和居住，大约有四种情况。

第一种是相对集中于一个地区，且人数较多、地域较大，基本形成了纯一的民族社区经济和文化，而且集体定居，形成村落。如新疆维族和宁夏回族，他们长期生活在纯一的、稳定的社区中，心灵中的杂音较少。

西部人多民族杂居状态和现代人跨社区生活状态相感应，西部人因杂居带来的心态杂音和现代人文化心理的杂色相感应。

第二种情况，虽然相对集中，但以游牧为主，居无定所，

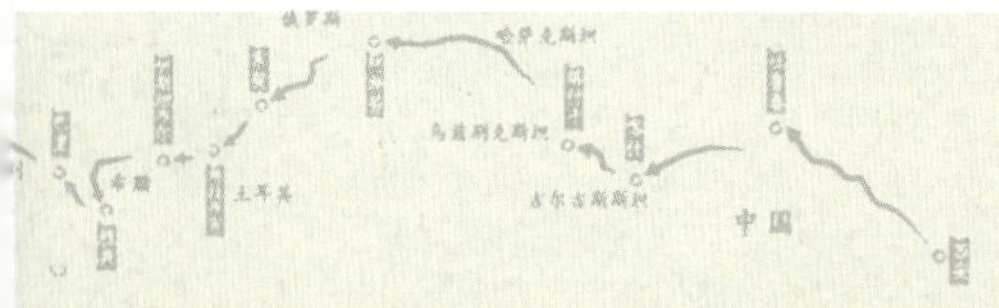

人是文化的带电体，杂居就是不同带电体、不同心理场、文化场的靠近和交叠。杂居虽然主要表现为无意识和潜意识文化的交汇，总又是进一步进行有意识文化，甚至意识形态文化交汇的心理基础。当然，杂色心态首先是长时期多维文化交汇的心理沉积。

且一族之内分支部落极多，如蒙古族、藏族、哈萨克族，流动性较大，虽然一般不超出民族大圈子，但在各部落、派系之间流动则是常事，容纳不同生活习俗、生活方式和价值标准要多一些，适应性也需要更强。

第三种情况是几个较大民族交界地区的杂居状态，或许多小民族杂居的状态。如在青海海北和甘肃甘南的祁连山腹地这个广大地域的交接处，是青藏、新疆、蒙宁、陕甘四圈多民族文化交汇的旋涡。自古以来民族杂居，你中有我，我中有你，而且经过通婚、信仰、习俗的长期变异，产生了许多新的小民族，如东乡族、裕固族、保安族、土族和部分撒拉族。他们和汉、藏、蒙、哈萨克各族杂居于此，有差别有统一，有隔离有交流，有冲突有合作，四面交通，八方往来，在心态、情感和文化心理上，呈多维交汇的杂色杂音。

第四种情况，是已经离开土地和牧场，并且从本民族、本部落的机体上分离出来，进入城镇特定生活社区，从事工商、行政或各类脑力劳动工作的少数民族。他们连本民族完整的小社区也没有了，以单个的个体和家庭进入了五方杂处的城市居民组织。他们不但要面临多民族杂居的现实，还要承受由牧区、农村到城市，由部落、村社文化到城市文化的形形色色的喜怒哀乐和价值杂交、价值转移。作为杂色的心态，这一部分人的内心世界就更为丰富了。

其实居住杂化和心态杂色，也是一种多维文化交汇。人是文化的带电体，杂居就是不同带电体，不同心理场、文化场的靠近和交叠。杂居虽然主要表现为无意识和潜意识文化的交汇，总又是进一步进行有意识文化，甚至意识形态文化交汇的心理基础。当然，杂色心态首先是长时期多维文化交汇的心理沉积。

毋需说，杂居状态和杂居心态使西部人的文化容受能力、智慧杂交能力、视角转换能力都较强。你从杂居地区的民族能很快掌握多种语言，从他们能较快适应新的环境，并且建立新的人际关系等方面，可以确定无疑地感受到这一点。这是西部人的一个优势，只是这种优势还处于自发状态，有待于在一体化的、多维的现代文化结构中得到充分的发挥和科学的提高。

跨社区生活已经愈来愈成为现代社会的一种常见现象。这是现代商品经济所要求的交换市场决定的。交换市场不受社区限制，商品无国界。这不但使得直接从事商品交换的这一部分人，不能不超越原有社区的限制，随着市场的扩大，走向更广阔的社会，走向世界；而且使得在商品经济基础上从事其他相关职业，包括庞大的上层建筑中的人员，不能不将自己的眼光和心灵面对着一体化的世界；而且使得那些自身并没有流动或很少流动的人，也不能不卷进这个日益复杂的世界。因为流动的世界、流动的人群来到了他们的面前，商品和商品经济相关的活动将每一个使用商品的人裹挟进自己激越动荡的湍流。从某种意义上说，现代人既在自己居住的小社区中生活，被亲缘、地缘、业缘等等关系固定着，又是地球村这个大社区的一个居民，被国际大循环的全球一体化经济流通所固定着。复杂的世界将自己全部的复杂性在人的心里留下影像，人也就不能不在自己心里预备一面能够照出这复杂的镜子，变得有能力对应这复杂的世界起来了。

所有这些，既是现代社会对人的要求的提高，也是人自身素质的提高。“社会变得复杂了，人变得复杂了”，这两句街头巷尾常常能够听见的慨叹，实在真切地反映了现代生活的总体走向。它可能会带来这样那样的问题，例如对价值观念某些具有进步意义的变化看不惯，骂娘，但总体上，人的复杂化、社会的复杂化是人的更大解放，社会的更大进步的标志，它符合人类对社会的终极要求和对自身的终极关怀。

西部人在村社和部族自然经济基础上的流动生存状态，以及反映着这一生存状态的动态生存观，和现代人在现代宏观商品经济基础上的流动生存状态，以及反映着这一生存状态的动态生存观相感应。

中国西部和中国中东部，生存状态并不完全一样。如果说中国的中原地区，主要是农业文化，显得相对静止；中国西部却主要是游牧文化，生存方式以动为主，生命中有充盈的动态活力。

四

西部人在村社和部族自然经济基础上的流动生存状态，以及反映着这一生存状态的动态生存观，和现代人在现代宏观商品经济基础上的流动生存状态，以及反映着这一生存状态的动态生存观相感应。

中国西部和中国中东部，生存状态并不完全一样。如果说中国的中原地区，主要是农业文化，显得相对静止；中国西部却主要是游牧文化，生存方式以动为主，生命中有充盈的动态活力。

农业文化区基本的生存状态，是“守土为业”。因为人们要世世代代在这片固定不动的土地上劳作，才能生存繁衍。所以守土的能力成为人生存能力的最主要的标志。守为高、守为上，反映到意识上，便是静为善、静为美。守土为业就能平安度过一生，甚至发家致富，荫庇子孙。动穷动穷，动则穷。动乱动乱，动则乱。爱捣腾的人，是根基不厚的人或无根的人。商事是流动的事业，因而无商不奸，因商致富必须以名望做交换，付出道德代价。“三十亩地一头牛，老婆娃娃热炕头”，才是农业文化区理想的人生境界。土地房屋是什么呢？是“不动产”，是将一个人焊接在一个地方不能动弹的人生基座。在这个基座上建立起一套价值观念和生活习俗。“热土难离，穷家难舍”“金窝银窝不如自家的草窝”“在家样样好，出门事事难”“父母在，不远游”。走得再远，年三十必须赶回家团圆，“团圆”就是一种封闭的静态的人生聚会。伤别，成为中国古代诗歌的一个永恒的题材。在农业文化区的人看来，离土、离乡，这个“离”字（也就是动字）总包含着某种风险、某种不祥。离别与伤感总是同在。

进入中国西部，情况便有了很大的不同。中国西部社区的人口构成，除了汉族地区的世袭农民外，主要有六个群体：一是生活在广大地区的游牧民族群体，如维、哈、蒙等少数民族。二是在新开垦的处女地和新开发的工矿区中生活的集团性移民群体，如几百万生产建设兵团和石油、地矿工人。三是军队和军事科研基地的流动生活群体，用所谓“铁打的营盘，流水的兵”，形容他们是很贴切的。四是历代失意的官僚和落魄的文人和他们后裔组成的流放者群体，如清代的林则徐、纪晓岚，现代的艾青、王蒙、张贤亮。这是西部的知识阶层。五是由失去土地的农民构成的个体的、盲目流动的移民，俗称“盲流”的那一类人。六是在精神上不堪现代生活的困窘而来西部寻根，寻找失去了的精神传统，寻找真性真情的自然，寻找文化补偿的心灵行旅者群体，如作家中的张承志、马原、张曼菱，等等。

这里，不论是游牧之“游”，移民之“移”，流动之“流”，盲流之“流”，行旅之“行”，都确凿无误地包含着一个“动”字。流动的生存状态，动态的生存观，是中国西部除世袭农民而外的这六种人口群体共同的特征。他们的生存方式不再是“守土为业”，而是“移畜就草”“移人就畜”。在这里，一切价值标准都和“动”字有关。动为贵，动为上，动者为尊。冬天来临之前，哪一位哈萨克的小伙子能够动得最快，最快地拆掉帐房，最快地将整个牧群撤离夏草场，赶往冬草场，又最快地在新草场上重新拉起自己的帐房，便会受到大家的夸奖，姑娘们的青睐。因为“动”的能力，意味着生存能力、生存智慧。也因此，在草原上和在土地上有着完全不同的习惯。姑娘待嫁时，不是去打听男方有多少“不动产”，即土地、房舍和存粮，而是在赛马、叼羊中考验男方有多大的“动”的能耐。永远在马背上运动的小伙子，才是姑娘们可以信赖和依托的后生。西部人在人生的道路上，都经历过或必将经历两次或多次生活的选择，适应或必须适应两次或多次生活的转弯。命运把他们从原有的生活环境和人际关系、社区结构中剥离出来（这种剥离有时是那么惊心动魄，那么苦痛和酷烈），放到一个新的生活环境和人际关系、社区结构中去，强

动为贵，动为上，动者为尊。冬天来临之前，哪一位哈萨克的小伙子能够动得最快，最快地拆掉账房，最快地将整个牧群撤离夏草场，赶往冬草场，又最快地在新草场上重新拉起自己的帐房，便会受到大家的夸奖，姑娘们的青睐。因为“动”的能力，意味着生存能力、生存智慧。

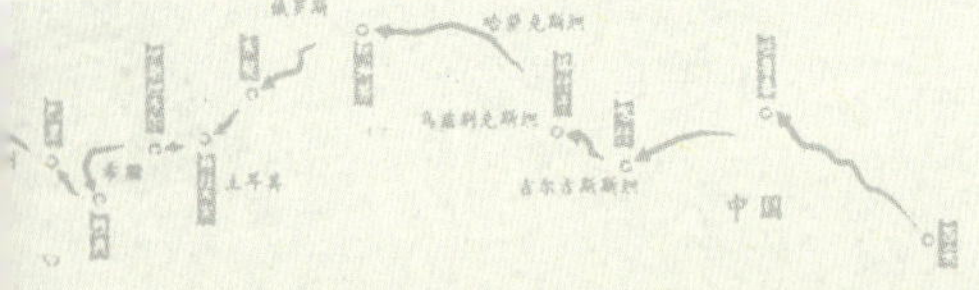

迫他们在新的起跑线上，从零开始竞争。然后，极可能会又剥离一次，又选择一次，又竞争一次。流动生存状态和动态生存观就这样锻打了西部人的适应能力、选择能力、竞争能力。就这样焕发出埋藏在他们心中的奥林匹克精神，就这样用人生的雪暴，用精神的沙暴，用感情的风暴，在西部人的心灵上搓磨出厚茧，使他们变得格外的刚强起来。

再来看看现代社会和现代人的生存状态和生存观念。好像是巧合，美国未来学研究者阿尔文·托夫勒提出了在现代社会萌生、在未来社会成形的“新的游牧民族”的概念，而且在《未来的震荡》一书的第二部第五章，对这个问题作了详尽的评述。这一章的题目就叫《四海为家：新的游牧民族》。他为我们描绘了这样一群跨世界游动的人群，在汽车、飞机、网络上开创事业的生存方式。

空间距离随着社会的发展而日益缩短。人生和一个固定地方的联系则日益短暂而脆弱。对现代人，特别是对未来人来说，流动、旅行、迁徙，已经成为第二天性。现在一个美国人一生旅行的里程，大致相当于70年前一个美国人一生旅行里程的三四百倍。最近25年中，美国国内旅行平均里程增长速度比人口增长速度快6倍。法国每年有8%至10%的人迁居。在美国商用汽车公司的董事们中间流传着一个笑话，说他们公司的缩写“IBM”这三个字母表示的意思就是，“我们一直在迁居”。西方学术界和舆论界早已提出“企事业团体的吉普赛人”“整个欧洲正经历着一场国际性大迁徙浪潮”“现代社会正在进行一次庞大的人口交流”这样一些观点。

流动生存状态和动态生存观就这样锻打了西部人的适应能力、选择能力、竞争能力。就这样焕发出埋藏在他们心中的奥林匹克精神，就这样用人生的雪暴，用精神的沙暴，用感情的风暴，在西部人的心灵上搓磨出厚茧，使他们变得格外的刚强起来。

阿尔文·托夫勒由此提出他的论点：“我们亲身经历了这样一个过程，即对人类生活来说，一块土地已经大大降低了它的重大意义。我们正在培育着一种新的游牧民族，他们移居迁徙的规模大，地域广泛，意义深。”他认为，经济愈发达的国家、文化知识愈高的层次，这个现代游牧民族的雏形就越清晰。

对土地文化区的人来说，“家”是什么？是房舍，是牢固地扎基于土地上的多面体生存空间。在“家”里，也就是指“房子”里。对游牧文化区的人来说，“家”是什么？是帐房，是可以随时搬动、游走的多面体生存空间。是马背，是可以驰骋于大地之上的生存状态。在“家”里，也就是指在马背上。对现代一体化经济结构和社区组织的人来说，“家”又是什么？是汽车、飞机，是游动于甚至游离于土地之上的多面体生存空间。在“家”里，对这些人来说，主要是在“路”上。因此现代人的那种“家”的感情，已经不是地缘和亲缘之情，而是业缘（事业）和情缘（感情）。

西部的流动，常常是群体的流动，是原有小社区（如部落）的整体搬迁。这种小社区的整体流动，人并不能从原有的社区生活组织、人际关系和文化圈层中分离出来，它总是维持着原有的生活结构、心理和氛围，带有相当的封闭色彩，不算是对原有文化土壤团粒结构的一次破坏。中国西部群体的社区的流动，能够保持对民族的、地域的认同感和忠实感。

这样，我们便切实地感觉到了西部在动态生存观方面和现代的感应。无须说明的是，这两种动态生存观是处于社会经济文化的不同阶段的产物，它们是有很多不一样的。比如，西部的迁徙流动现在主要还是为了维持简单的再生产和低水平的生存条件，现代的迁徙流动则是为了实现宏观经济的大循环，满足人类生存较早的物质和精神需要。又比如，西部的流动，常常是群体的流动，是原有小社区（如部落）的整体搬迁。这种小社区的整体流动，人并不能从原有的社区生活组织、人际关系和文化圈层中分离出来，它总是维持着原有的生活结构、心理和氛围，带有相当的封闭色彩，不算是对原有文化土壤团粒结构的一次破坏。中国西部群体的社区的流动，能够保持对民族的、地域的认同感和忠实感。在现代西方的流动中，这一切都被冲毁了，只有对公司、对协会、对职业的忠诚，亦即对事业和利益的忠诚，而没有了对地缘、亲缘的归属感，也没有依靠伦理维系的长存的友谊。人生常常因此而使人感到冷酷。这促使现代西方社会伦理观发生质的变化，由亲缘、地缘伦理体系（即家国同构的政治伦理体系），向业缘、情缘伦理体系

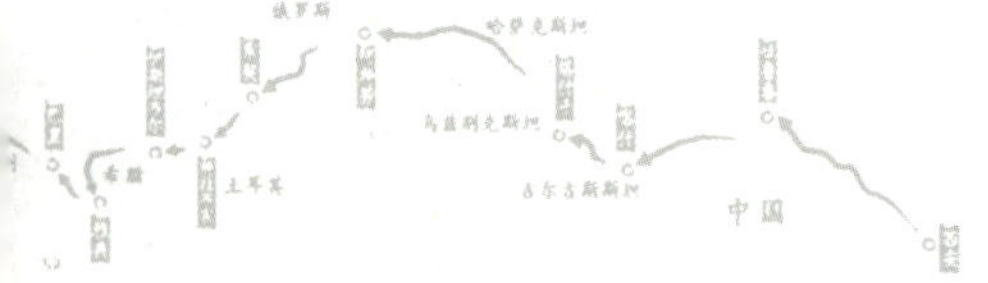

西部随处可见的前文化自然景观、人文景观、心灵景观，和现代某种超越文化、排拒文化的社会情绪、社会心理、社会思潮相感应。

（即家国分离的经济伦理体系）转化，由和谐为本的伦理观，向竞争为本的伦理观转化。这又是中国西部动态生存意识向现代转化时不能不预先考虑到的。

尽管两种动态生存不可同日而语，我们仍然要着重指出二者在文化心理的深层结构上的相似。这种相似使二者有可能隔过几个历史阶段相认同、相呼应。这便是西部动态生存观在现代的积极意义。具体说，有这么几点：第一，动态生存意识有助于西部人解决原有的生活难题，促进他们去寻找新的生活条件和人生前景。第二，动态生存意识相对地有利于维护选择人生的自由和思考人生的自由。第三，动态生存意识一代一代锻炼了西部人的生存能力，并且在漫长的岁月中沉积为一种文化心理遗传基因，有利于西部人适应现代商品生产社会的各种人格要求，如角色意识、应变能力、心理能力以及精准的机制。

五

西部随处可见的前文化自然景观、人文景观、心灵景观，和现代某种超越文化、排拒文化的社会情绪、社会心理、社会思潮相感应。

需要首先说明一下的是，“前文化”这个概念，含义很多，我在这里主要是指前社会文化，特别是前现代文化。不可引起混乱。

现代社会，是科学的理性社会。社会的现代化过程，在某种意义上就是社会的科学化过程、理性化过程。总体上看，也就是社会的文化过程。但是，现代社会愈理性化（科学也是一种理性），人愈理性化，潜藏在人的自然本体中的非理性化欲求就愈受压抑，就愈容易反激出宣泄的需要来。这也许是一些大科学家、大哲学家、大文豪晚年笃信宗教的一个潜在的原因。甚至也许是他们中间的一些人，在人的非理性要求受到过度压抑时，终于失衡，得了精神病，甚至自杀的一个潜在的原因。

现代社会又是走向有序化和一体化的社会。覆盖全球的宏观经济循环为社会一体化建立了基础框架。科学技术超地域超国界的全球性传播加速了一体化。思想、政治观点汇成流派、汇成体系，又用党派、政权、制度、阵营凝结为全球性的格局，也使一体化得到强化。信息社会的现代交通、通信、传播和全球性的电子计算机网络，不但使时空在整个世界几乎同步，而且空前地统一了思想、舆论、兴趣。世界愈是一体化，人类愈思念个性化，向往个体性，个体思维在沉重的压抑下解脱出来。生活愈变得有序，人就愈眷恋无序，眷恋童年的天真和初民的耿直。

而人类又是怎样在自己辛勤创造的文化中被弱化啊！文弱、文弱，这个中国词组合得何等科学。人类创造了文化，每一项文化成果都极大地扩展、延伸了人类认识世界、改造世界的能力，也提高了人类消费世界、享用世界的水平。但每一项文化成果又反过来削弱了人体。人类在文化化的进程中，愈来愈成为科技的人、理性的人，成为政治动物、经济动物。自然母亲给予我们的真性真情真力，在一天天削弱、退化。汽车飞机火车使人日行千里，却再也难于承担烈日下的体力劳动，电视网络使人能够看到整个世界甚至天宇，却使你对目力所及的眼前事物没有了反应。当人类由生到死都被包裹在这层密不透风的文化膜、科学膜之中，当你只能通过文化膜间接地、半透明地感知世界，而不能用自己的眼、耳、鼻、舌、身、心直接地触摸、品味这个世界时，那长期受欺凌、受歧视的自然本性怎么能不愤怒、不咆哮、不反抗呢？当现代社会的文明将人类弱化得再也不能产生原本意义上的鲁滨逊和斗牛士时，人类又怎么能不急切地呼唤奥林匹克精神呢？

人类在文化化的进程中，愈来愈成为科技的人、理性的人，成为政治动物、经济动物。自然母亲给予我们的真性真情真力，在一天天削弱、退化。汽车飞机火车使人日行千里，却再也难于承担烈日下的体力劳动，电视网络使人能够看到整个世界甚至天宇，却使你对目力所及的眼前事物没有了反应。

现代社会开始露头的某种超越文化、排拒文化的情绪、心

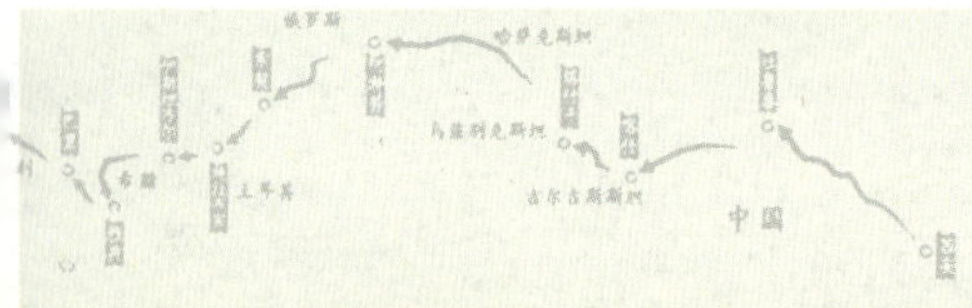

西部社会风习中的前文化因素，对现代社会心理是一种平衡。物质生产与精神生产是不平衡的，是在矛盾、冲突、差别、离异中求得大统一的。自然经济、村社和部族文化，从历史的角度来看是落后的，从伦理的角度来看却很复杂，有落后、保守的一面，也有淳厚朴实、重义轻利的一面。后者在调节、润滑社会的运转上，有着积极意义。

理和思潮，就其积极意义上来说，是人类撕破文化膜到前文化的、大自然的天地中所作的一种健身呼吸，是人类对正在蔓延的文化病的一种心理治疗。当然，这种情绪、心理，特别是思潮，也有消极意义。如果由超越文化发展到憎恶、反抗文化，而且形成思潮、形成理论，那就错误了。

突破文化膜对人的弱化，一般有两个渠道。一是实践感受、实践强化的渠道，这就是近年来兴起的文化寻根型和回归自然型旅游。这两种类型的旅游已经形成热潮，大有超过城市消费型和文物考察型旅游的势头。再一个就是模拟感受、模拟强化的渠道，这就是近年来文艺创作兴起的文化寻根热和“人与自然”热。无论是对大自然和前文化状态的实践感受还是模拟感受，都不约而同地将关注转向了中国西部。因为中国西部是前文化生态和心态最丰富的地方。这是它拥有的一笔得天独厚的文化资源。

西部的自然风光中，没有或较少有文化膜的附着物和散落物。西部的雪山、草地、河源、湖泊，就其实际的存在来说，大都是纯自然的，很少经过社会实践活动的改造，是造化的赐予，是天籁的秘响，有着特殊的真切感和纯净感。当你面对这地老天荒、完全超脱于人世社会的景观时，一种历史的、哲学的、人生的、生命的沉思和感慨便不由生出。这些阅尽人间春秋的高山大河似乎在以沉默为语言，告诉你：人世喧嚣处的生命是具体的、琐屑的、忙碌而不知何以忙碌的、形而下的。而这里，西部，则有在无边无际的宏阔的时空中循环的大生命、真生命、形而上的生命。这里是沉默的，却可以思接千载、神通万里，因之十分喧闹。为生命所累、为生命所苦的现代人，希望能在应当喧闹的地方求得沉默，例如在闹市的人群中。而在应当沉默的地方，却神往于精神上的喧闹，例如在大自然中。

西部社会风习中的前文化因素，对现代社会心理是一种平衡。物质生产与精神生产是不平衡的，是在矛盾、冲突、差别、离异中求得大统一的。自然经济、村社和部族文化，从历史的角度来看是落后的，从伦理的角度来看却很复杂，有落后、保守的一面，也有淳厚朴实、重义轻利的一面。后者在调节、润滑社会的运转上，有着积极意义。特别是在非意识形态领域，在民风民习中包含的那种朴素的、原生态的人伦哲学、群体认同、天人合一、崇尚天然和综合地、整体地把握世界的致思方式，对于现代社会商品交换对人心的侵袭，对于实用主义、个体自足、天人对立和过分实证的、精确的、微观的把握世界的致思方式，是一种平衡和补偿。

西部非文字表述体系的文化较为发达，对文字符号给予现代社会的笼罩和现代人的制约，也是一种平衡、补偿。西部初期的文化财富和其后的许多文化传统，都是采用民间口头纵向传递的形态保存、延续下来，如各民族的创世神话和英雄史诗，便是通过十二木卡姆、阿肯弹唱等等民间口头说唱一代一代流传下来的。它和通过现代印刷术的大面积横向传播有很大不同。它不是通过文字符号的翻译来传播的（这种翻译而且是二度的，即记录、整理、创作时的一度翻译，和欣赏、接受时的二度翻译），因而较少受符号表述时的局限的制约。其实每一次翻译，都是一次失真。它也不是通过现代印刷进行的横向的大面积的同步传播，可以在相当程度上避免同步覆盖所导致的个性消失和整体文化的共性侵蚀，更多地保留原生的生活画面和情趣。

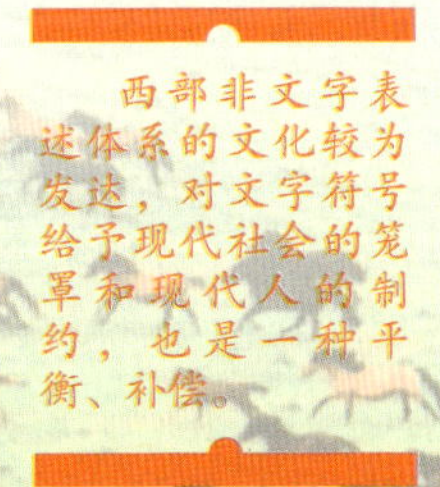
西部非文字表述体系的文化较为发达，对文字符号给予现代社会的笼罩和现代人的制约，也是一种平衡、补偿。

此外，西部的非语言表述体系也较为发达，大量的文化财富和生活的、心理的经验，既通过语言（又分文字和传说、弹唱），又通过音响（如歌舞）和自娱（如民俗）性的表述系统，集中起来，传播开去，留存于后世。西部更深更广地和自然的交流，社区疏离所造成的处理复杂政治关系和人际关系的

钝拙，使得语言使用的深度和广泛受到限制。他们常常通过非语言表述的歌声、舞姿、婚丧嫁娶和祭祀的礼仪来表达自己的喜怒哀乐，交流感情，协调社区精神。非语言、非文字表述，相对于精确、丰富的现代语言文字文化来说，当然显得粗糙、简陋，却也有某种优越性。这种表述方式的轻符号、重感觉，轻形式、重意会，轻微观内容、重总体情绪，以及它的现场交流和自娱参与特色，应该说都是值得日益发展到精致程度的现代文艺参考的——而且也正好与现代文学艺术许多新的探索暗合。这正表明了两者之间的感应。

应该承认，以上粗略涉及的这一切，表明了西部人心中的非文化自我（非现代文化自我）因子较多，人的自然本性、人的传统本性（即前现代文化本性）保存较好。这对被过量物质文明压抑着的、相当程度上物化了的现代人，是一种人性的召回，一种生命的复生。不是要现代人回到前文化状态中去，而是要现代人在保存、发展已有的文化智能的基础上，同时恢复、发展正在退化的非文化智能，恢复、发展我们和宇宙用多种语言，甚至用沉默来对话的能力，这是主体和客体在无边的领域里感应、默契和呢喃的能力。这种能力的重新发现和在新境界中的发展，将是人在未来社会全面发展的一个重要表征。

在现代潮从反文化情绪出发感应西部的过程中，我们应该注意以西部生活、西部精神、西部历史进程的全部真实为土壤，避免从先验的想当然出发，随心所欲肢解西部；应该注意将特定的西部现象，放到特定的历史进程中作历史的、辩证的分析理解，避免将西部变成一个抽象的、凝固不变的、遥远而又古朴的神话，来被动地和现代对应；应该特别关注西部文化在内在结构上和现代的沟通，把握西部生活的内在精神，把握这种内在精神积极 、进取的一面，反映出西部如何主要以自己的“优根”、优势而和现代精神相感应；还应该特别注意反映

在现代潮从反文化情绪出发感应西部的过程中，我们应该注意以西部生活、西部精神、西部历史进程的全部真实为土壤，避免从先验的想当然出发，随心所欲肢解西部；应该注意将特定的西部现象，放到特定的历史进程中作历史的、辩证的分析理解，避免将西部变成一个抽象的、凝固不变的、遥远而又古朴的神话，来被动地和现代对应……

在现代化进程中，西部精神和文化心理的积极能动作用；……这一切，都要求我们的作者和学者根除自身在看待西部的任何一点优越感、任何一点贵族式的倨傲不恭，否则，必然要在自己的创作和写作中流露出来，而不为西部人民所接受。

六

西部人原始生存和艰难发展的悲剧感、忧患感，和现代人超高速发展的焦虑感、忧患感相感应。

在我们民族的审美心理中，西部总是和悲壮、悲怆、悲悯等等意象和情绪连接在一起，和悲剧感联结在一起的。近代的德国美学家 J·伏尔盖特在《论悲剧的美学》中，指出构成悲剧的三要素，一是强烈的、异乎寻常的苦难（包括身体和精神两方面），二是人性的伟大，即内在精神气质上的崇高和类崇高，三是比较典型的有代表性的悲剧命运。这三个要素在西部中国的自然景观和历史、现实生活中都有丰富的蕴藏。

从西部的生存环境看，有两种主要的自然意象，构成西部悲剧气质的原型。

一是落日。太阳是光照、温暖、繁荣、欢愉的象征。红日西沉，接踵而来的就是黑暗、阴冷、凋零、悲凉。黑暗使人孤独无助，夜色使人忧郁顿生。日落西山的悲剧效应已经成为人类共有的文化心理。当妈妈对怀抱中哭闹的孩子说，“再闹，晚上把你放在门外”，连不谙事理时务的幼童也明白这意味着什么。

一是西风。西风日渐，接踵而来的就是萧瑟的秋天和冷峻的冬季。春的生机和夏的繁盛一一成了过眼云烟，百草衰败，百虫蛰伏。无色无姿无声的秋冬，使人的心境和大地那样一片寂寥。消沉的人更其消沉，为万物难逃的劫难而悲哀；超脱的人更其超脱，为枯荣盛衰的梦幻而悲悯；积极的人准备着更严

西部人原始生存和艰难发展的悲剧感、忧患感，和现代人超高速发展的焦虑感、忧患感相感应。

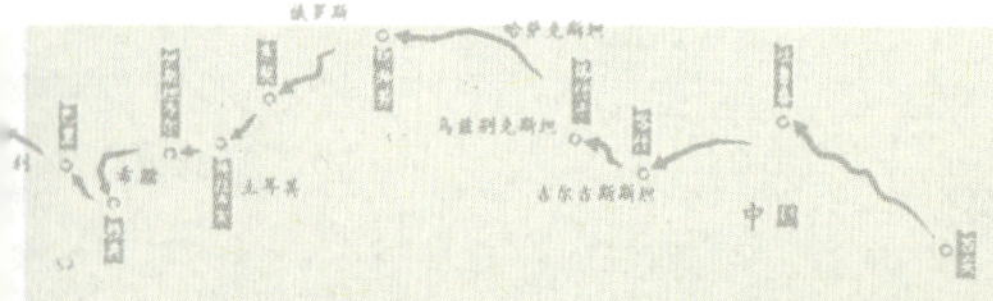

> 在漫长的历史长廊里躬腰西行的政治流亡者、精神流亡者、生活流亡者，以及他虐型和自虐型的流亡者行列中，“扶伏民”的形象我们见得太多了。这个匍匐于西部地平线的形象，透露出了西部人悲剧型文化心理的一个重要方面。

酷的搏斗，心头弥漫着悲壮。文人雅士的笔下，“碧云天，黄花地，西风紧，北雁南飞”，“快倚西风作三弄，短狐悲，瘦猿愁，啼破冢”等等愁肠百结的诗句便纷至沓来。

自然之夜在日落西山中来临，与人生之夜产生感应，自然之冬在西风渐紧中来临，与人生之冬产生感应。这是天人异质同构在西部产生的生命共感现象，它构成了西部悲怆感的一个重要源头。

从西部人的精神气质和人生命运看，也有两种人物形象，构成了西部悲剧气质的原型。一个是“扶伏民”，这是悲哀者的原型。《太平御览》四夷部十八、西戎六“扶伏”条记载，轩辕黄帝的臣子茄丰曾被流放到玉门关以西的地方，也许这是中国历史传说中第一个西部流亡者。据说，他是怀着强烈的原罪感躬腰西行的，因此他的后裔便被称为“扶伏民”。也许茄丰血缘上的后裔，现在已经找不到了，但是他精神上、心理上的后裔，在漫长的历史长廊里躬腰西行的政治流亡者、精神流亡者、生活流亡者，以及他虐型和自虐型的流亡者行列中，“扶伏民”的形象我们见得太多了。这个匍匐于西部地平线的形象，透露出了西部人悲剧型文化心理的一个重要方面。

一个是“夸父”，这是悲壮者的原型。这个和“扶伏民”精神状态完全不同的传说中的英雄，也是在奔向西部的壮烈历程中完成自己的形象的。夸父雄心勃勃，要和“坐地日行八万里，巡天遥看一千河”的太阳神作一次马拉松式的竞赛，他要追上太阳，拉住它，不让它掉到地平线下面去，让西部、让世界永远光明和温暖，永远没有悲剧。他赤脚朝着西部疾行，终因饥渴而毙命。当这位英雄轰然倒下时，仍然壮心不已，抛出手杖化作一片桃林，给光裸的大地以绿荫，以果实。这是西部精神悲壮的原型，其中参合着对社会发展、对人类生存强烈的忧患感和责任感。夸父是否有后，已经无从考察，我们却从千

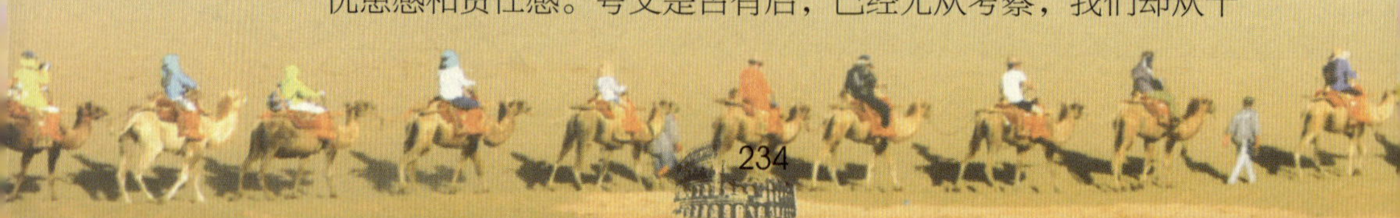

千万万开拓西部的先行者身上，看到了他的遗传基因。最早西巡的周穆王，出使西域的张骞、班超、朱世行、法显、玄奘、王玄策，和西部各民族联姻的解忧公主、弘化公主、文成公主，贬谪西部、屯垦西部的林则徐、左宗棠，以及从西汉开始一直到20世纪社会主义时期遍布西部各省的几百万生产建设兵团和石油、地矿、冶金、科技大军，所有这些历朝历代的西部开发者，这些要让阳光永驻西部的人，都是夸父的子孙。这是一个远比扶伏民壮大的英雄家族。他们尽管不都像夸父那样悲壮地结束生命，但他们艰苦拼搏的业绩、无私奉献的精神和追求光明理想的执着意志，无一不像夸父那样豪迈悲壮，充满了历史责任。

可以说，中国西部悲剧精神的积极因素和消极因素，都蕴藏在这两个原型中了。夸父和“扶伏民”，是我们理解西部悲剧感和忧患感的两把钥匙。

在抒情文学中，西部的悲剧美大约可以归纳为三种表现：

离合悲剧模式。主要反映中国主流文化中的和合精神核心，与中国西部游动生存状态和动态生存观的冲突，表现为离别情绪、离愁别恨的抒发和咏叹。从古到今中国西部诗歌中大量的伤别诗、乡愁诗、闺怨诗都不同程度地感应着这种离合悲剧。具体地看，这些诗虽然写的思亲友、思征夫、思故乡之悲苦，整体上把握，却反映了和合精神和动态人生冲突的悲苦。为家（尽孝），需要静；为国（尽忠），需要离家赴任或别亲从戎。真是自古忠孝不能两全。按家庭伦理的标准，需要在家侍奉长者，携妻将雏，这是静；按社会伦理的标准，需要别家远行，介入社会，从事社会的政治、经济、文化活动，这是动。历史评价和伦理评价总处于矛盾之中，也是自古难于两全。进一步，从静态的家中出去了的，便有思乡之愁，家里也有思念游子、征夫之愁。终于没有从家中走出去了的，又有人

从古到今中国西部诗歌中大量的伤别诗、乡愁诗、闺怨诗都不同程度的感应着这种离合悲剧。具体地看，这些诗虽然写的思亲友、思征夫、思故乡之悲苦，整体上把握，却反映了和合精神和动态人生冲突的悲苦。

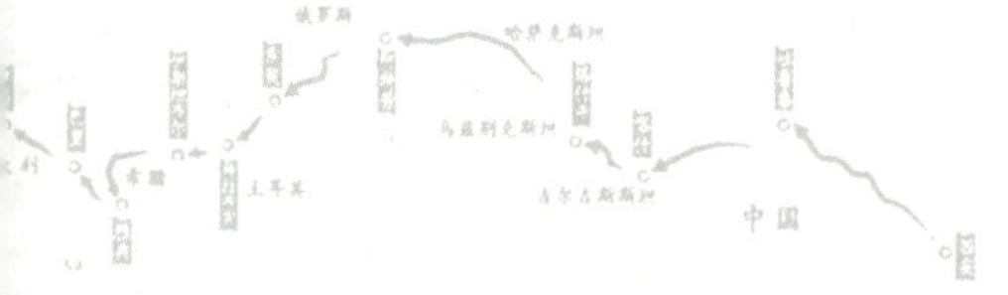

西部的悲剧美大约可归纳为三种模式：离合悲剧模式、兴亡悲剧模式、枯荣悲剧模式。

生无法实现的悲苦，向往比家更高的人生境界而不可得的悲苦。于是吟唱出多少感天动地的诗句：“可怜无定河边骨，犹是春闺梦里人”“感时花溅泪，恨别鸟惊心”“但见沙场死，谁怜塞上孤”“羌胡无尽头，征战几时归”……于是创造出多少蕴蓄着分和合的诗歌意象群：离异意向群——牛郎织女；团圆意象群——月亮、鹊桥；距离意象群——流水落花、高山远水；接连意象群——鱼雁传书……

兴亡悲剧模式。如果说命运悲剧主要表现为“离、合”二字，那么历史悲剧则主要表现为“兴、亡”二字。“兴、亡”更替是历史循环的必然，一切兴盛和衰亡都以对方为前提，为代价，都蕴含着悲剧。西部各民族创世史诗和古歌，如《福乐智慧》《十二木卡姆》《格萨尔王传》等，都从一个宏阔的时空中记叙和感叹了历史的兴亡。汉族著名写西部征战的抒情散文《吊古战场文》，拉开时空距离，从战后的视点、后人的思考中写战场，表现出深长的历史兴亡的悲怆，将一个已经悄无声息的古战场写得何等惊心动魄。

枯荣悲剧模式。这主要是自然界的枯荣变换、盛衰更替在人们心理上所引起的同构感应，发而为文、诗。

当代西部文学，特别是新时期以来的西部文学，表现西部悲剧美更为深刻、内在。这主要表现在，许多作家能突出西部文化开放、交汇的特点，从世界文化的互渗、古今文化的反差这样一个大背景上来展示西部人精神上的悲剧色彩。如张贤亮笔下的章永璘，除了带着西部知识分子在极左思潮下的原罪感，还可以看到俄国民粹主义者的悲剧心理。张承志笔下的精神强者，也常常带着一点西方传统文化中人文主义、浪漫主义的情调，感觉得到“牛虻”和马丁·伊登的影响。王蒙《杂色》中的曹千里和契诃夫笔下的马车夫，在被生活抛弃孤独难耐这一点上，不是也有某种精神联系吗？

西部文化也有着对悲剧意识的消解因素，那主要是大自然和酒。大自然教人强健和旷达，教人宏阔而振作。酒是西部生活的宠儿，它不像在中国内地，主要使人超脱避世，从消极一面来消解人生的悲苦。在西部，酒是强壮人生、扬神励志之物，它促使人积极入世，用精神的振作消解生活的苦难。

现代社会存在着深刻的悲剧感。现代社会悲剧最深刻的原因，在于物质生产和精神生产的失衡，在于社会发展和心里承受失调。我们可从这两方面来看它和西部悲剧感的感应。

首先，现代社会剧烈动荡，急速发展，造成人的困窘、焦灼，导致种种文化心理的病变。

人生的加速流动造成心理的高频震荡。现代人经常毫无准备便投身于完全陌生的新社区生活和异域文化环境，心理上出现迷惑和震荡，有时甚至使得适应能力崩溃。

现代社会政治、文化、经济在激烈竞争中高速发展和矛盾纠缠，常常诱发各种突发事件（如战争、案件、破产、政变），临危抉择的压力，超强刺激的心理病变，使现代人经常陷入亢奋的痛苦之中。

现代社会超重的感觉轰炸和过度的信息轰炸，使人类不胜其苦。一方面它逼使人类疲于奔命地处理信息、溶解感觉，以跟上时代潮流，保持住自己处在每一秒钟都岌岌可危的社会序号上；一方面它使人的感觉麻木，使人厌恶和排拒信息的接受和处理。现代青年人中流行的口头语“恶心”，正是感觉轰炸、信息超重造成的厌恶、疲惫、反感、愤懑等心理病变的一种宣泄。感觉的过度刺激歪曲了我们体察现实的真实程度，认识上的过度刺激干涉了我们的思考能力与科学态度。现代人越来越敏锐的感性和越来越深刻的理性都在发生病变。

现代社会随着生存状态的改善，生存环境却正在急剧恶化。噪声、沙化、空气污染、各种各样难于控制的生理和社会

现代社会超重的感觉轰炸和过度的信息轰炸，使人类不胜其苦。一方面它逼使人类疲于奔命地处理信息、溶解感觉，以跟上时代潮流，保持住自己处在每一秒钟都岌岌可危的社会序号上；一方面它使人的感觉麻木，使人厌恶和排拒信息的接受和处理。

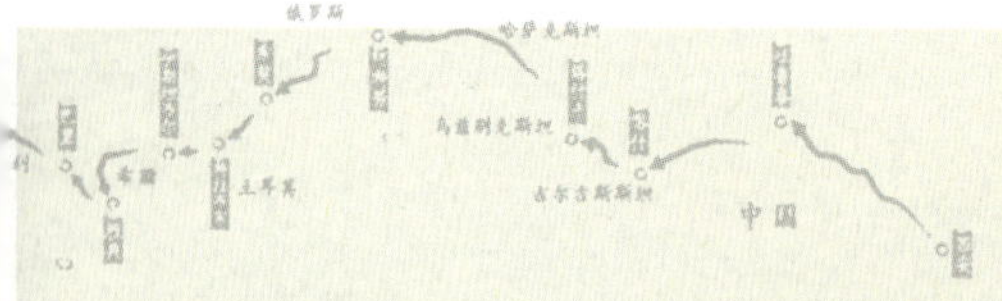

这些发生在20世纪末的文化病变，或使人产生现代焦灼感，追求疯狂的介入，或使人产生现代冷漠感，追求病态的超脱。现代人便这样由两条相反的路同时陷进了精神泥潭而难以自拔。他们似乎在中国西部发现了希望，辽阔的带有崇高感的大地，没有文化污染的空气，是一片多好的精神家园……

的恶性病变，对日益减少的资源和财富分配不公造成的抢劫、杀戮、地区争端和局部战争，等等，使人类对我们所驻足的这个小小的地球村日益缺乏信心，渐增恐慌。现代人类对世界的终级思考，悲观远胜于乐观。

这些发生在20世纪末的文化病变，或使人产生现代焦灼感，追求疯狂的介入，或使人产生现代冷漠感，追求病态的超脱。现代人便这样由两条相反的路同时陷进了精神泥潭而难以自拔。他们似乎在中国西部发现了希望，辽阔的带有崇高感的大地，没有文化污染的空气，是一片多好的精神家园，而西部人旷达中的奋进和奋进中的旷达，无异于两剂疗救现代文化病的药方。这是现代和西部一种逆向的感应。

其次，也许更深刻的现代悲剧，还有来自现代经济的活跃、激荡，将人不断地从原有的生存土壤和精神家园剥离出来，和人的落叶归根的本能要求构成的心理怪圈。生活和情绪愈动荡，心灵愈希冀安静。和生存之根、精神之根的时空距离、文化距离愈遥远，寻根归家、落叶乡土的心情愈迫切。离土产生的归家情，成正比例上升。这是现代人的一种流行病，一种时髦而又深刻的悲哀，是现代人与生俱来、与日俱增而且难以克服的心理怪圈。以此故，当离开乡土的美国黑人作家提出“寻根”这个课题，很快引起了世界的回归性流动。而当中国知识界也开始感到“寻根”对他们是那么必要，成千上万人的目光便落到西部。这是现代和西部的一种同向感应。

七

西部人由于空间疏离造成的孤独、人在自然包围中的孤独，和现代人由于心灵疏离造成的孤独、人在“物化人”包围中的孤独相感应。

美国有一首西部歌曲，叫《孤独的牧羊人》。中国内地人、城里人听这首歌，引起的是异域情调，但中国西部人、游牧者们听到这首歌，旋律是陌生的，情境则是熟悉的，有着西部情怀。这个感觉，是几位内地的作家、评论家告诉我的。他们一道驱车于青海湖畔，当录音机放出《孤独的牧羊人》时，他们惊呼自己经历了一次新的美学发现，真正懂得了牧羊人的孤独。

中国西部地广人稀，拥有国土面积四分之三，只居住着国人总数的十五分之一。这是西部社区疏离的一个原因。更主要的原因，是它以自然经济为主题的农、牧业生产方式。西部的可耕地，很少像东北、华北大平原那样大面积集中成片。一座海子的边沿，一条小河的谷地，零零星星，疏疏落落，为人类的生存提供一点绿地，散布着一些小小的村落。社区不能再扩大，也不能太密集，因为土地母亲狭小的胸脯上，承载不了过多的儿女。他们只有疏散，只有稀释，移人就畜，移畜就草，才能生存繁衍。西部的草原虽然辽阔，但牧民赖以生存的牧群，需要比耕地大得多的草场才能构成勉强可循环的生物圈和食物链。这是由草场载畜量决定的两座帐房起码的空间距离。西部社区的疏离，在自然经济的农牧业阶段，简直是不可避免的事。人被土地包围着，土地被雪山、草地、戈壁分离着，西部便有了孤独的远村。人被牧群包围着，牧群被草原包围着，牧群越离得远，牛羊越吃得饱，西部便有了孤独的帐房。

西部的草原虽然辽阔，但牧民赖以生存的牧群，需要比耕地大得多的草场才能构成勉强可循环的生物圈和食物链。这是由草场载畜量决定的两座帐房起码的空间距离。西部社区的疏离，在自然经济的农牧业阶段，简直是不可避免的事。人被土地包围着，土地被雪山、草地、戈壁分离着，西部便有了孤独的远村。人被牧群包围着，牧群被草原包围着，牧群越离得远，牛羊越吃得饱，西部便有了孤独的帐房。

这样一种生存状态，使社区与社区、人与人绝少交流，甚至无法交流。也迫使社区与社区、人与人在无法交流的状态下建立一整套封闭的、内向的、自给自足的生存循环机制，以致慢慢减少了交流的需要。西部的农民、牧民，只有全面掌握衣、食、住、行的本领，才能生存。这使他们常常成为什么都得干、什么都会干、万事不求人，但总体生活水平不高的那种“能人”。年深日久，世代相传，孤独的生存状态不可避免地会转化为孤独的文化心理，孤独的情绪氛围。啊，我那西部

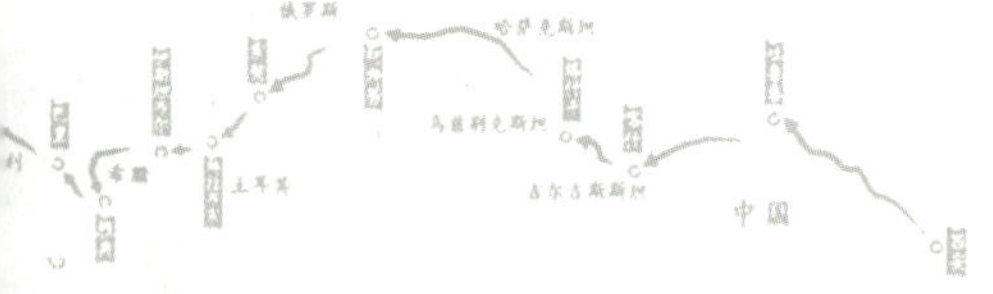

“孤独的牧羊人”！

这当然不是西部文化的优势，但也可能在某些方面转化为优势。西部社区疏离所造成的人际孤独，极大地提升着他们与自然直接进行实践交往、思维交流、情绪交感的能力。他们不善表达，却善沉思；不善言辞，却善意会；不善舞文弄墨，却善轻歌曼舞。他们拙于社会交往和人际周旋，却和大自然，和他的牧群、草场、雪山、流云，有着自如的对话和微妙的感应。他们在文化传播——语言，在现代传播手段——报刊书籍、广播电视、会议文件之外，创造了独处大自然中和外部世界交流的“手语”“眼语”“心语”“情语”。这是孤独给予西部人的天籁。

精神劳动本来就是孤独的个体劳动。精神的强者，常常是不同领域的启蒙者和先行者，不喜欢拥挤在一个空间。所谓“江山代有才人出，各领风骚数百年”，也包含着一个精神的强者常常像大江大河一样，需要广阔的时空领域来化育、汇集的意思。星河灿烂的时代也有，更多的是在历史的淘汰之后，剩下代表性的、孤独的强者，像恒星那样隔着时代的银河相望。别看他们异地异代而处，却可能是真的知音。知音往往并不是日夜厮守在一起的人。

精神的强者，常常是不同领域的启蒙者和先行者，不喜欢拥挤在一个空间。所谓“江山代有才人出，各领风骚数百年”，也包含着一个精神的强者常常像大江大河一样，需要广阔的时空领域来化育、汇集的意思。

精神强者一般都是深刻的思考者。高强度的思考需要高强度的孤独。在思考进入极致时，思考者常常在心灵上绝尘弃世，实行自我放逐，这使他们很不合群。孤独的弱点加上过人的成就，极易遭到群体的排拒和嫉妒。他们可能身在闹市，却感到无人对话、无人交流的孤独。他们甘于寂寞地处在那个万头攒动的主流文化结构之外，执着地探求着。嫉妒和排拒愈益使他们孤立。更有甚者，精神的强者常常有超前于现状和后续的批判。于是常常在精神上遭到社会的放逐。异人被诬为异类，这是经常发生的历史误会。有时这种放逐远远超出了精神的范围，他们便不约而同来到了偏远的西部，来到了政治、军事、经济、文化的“边地”或“圈外”，另行经营一个新的天地。车尔尼雪夫斯基、列宁来到西伯利亚。一个在那里写下长篇小说《怎么办？》，画出自己心中理想的社会彩图；一个在那里写下了论著《什么是“人民之友”以及他们如何攻击社会民主主义者？》，为新制度清扫道路，铺下理论基石。先行者在后面的大队还没有跟上来之前，启蒙者在整个社会还没有启蒙之前，都有一段漫长的孤独，成为精神的流放者、心灵的游历者。这是一种西部孤独。我们看到，这种孤独实际上已经将西部和现代连接起来了。

现代人认为，世界上最有资格说话的人、最想说话的人，不是喋喋不休者，不是津津乐道者，而是最为沉默者，亦即最好思考者。

如果从更广阔的思路上来思考现代孤独的成因，除了上面提到的，还有这样一些话题——

现代人整体文化素质的提高和内心生活的丰富，促使孤独。孤独常常是智慧的苗圃，是思考的沃土，是驰骋感情的旷野。现代人也就将驰骋孤独看成自己的领土、自己的财富。现代人的对话与交流，要求有丰富的信息内容、思考内容、情绪内容，因而一切语言已沉默为潜流，一切交流以沉默的劳动——收纳信息知识、沉思事物的内部联系、蓄积感受和情绪——为土壤。现代人认为，世界上最有资格说话的人、最想说话的人，不是喋喋不休者，不是津津乐道者，而是最为沉默者，亦即最好思考者。现代人要说话，就要说那些有信息、有见地的话。这样的话，是只有孤独才可能赐给的。感情也是这样。按现代知识分子的观点，无可言说，无须言说，无可交流，无须交流的爱，才是可以独享的爱，至高的爱。

与此若即若离联系着的，现代社会群体主体和个体主体的大幅度张扬，孤独和交流同时成为主体张扬的天空。群体认同需要交汇，个体自足则倾向孤独。以个体主体为基座的价值观、人生观的流行，造成一批孤独者，一批社会的“独行

> 生活愈是规范化，个性愈要求独立。身体面对面，常常诱发心灵的背靠背。无法逃离频繁的人与人的交往，常常导致对这种“逃离”的浪漫蒂克的神往，和对孤独的乌托邦之国的单恋。

侠”，一批“迷乱和战栗的孤独的个体”（基尔凯葛尔）。

还有，在现代生活的急剧流动中，个体不断地从原有环境、原有的群体中被抛甩出来，使人孤独。从外部看，个体与环境、个体与社会群体难于组成永恒的固定的关系，难于熔铸一体。从内心看，这种人和群体不断游离，也就迫使人不能不为自己创造一个相对稳定的内部环境，以实现良性的精神循环。这容易导致内向型、内存型的孤独。而现代文化动荡造成一部分人对生活采取消极的不介入主义，他们以超悲剧、超喜剧、超义愤、超真诚的油滑对待生活。这种现代冷漠、这种现代幽默的别名，正是现代孤独。

现代孤独也是一种逆反。人愈拥挤在城市、社区空间愈密集，愈要避开和保留自己心灵中的小天地，没有绿地，哪怕在阳台上搞盆栽，也要将它密封起来。社会愈是一体化，人愈希望独处。生活愈是规范化，个性愈要求独立。身体面对面，常常诱发心灵的背靠背。无法逃离频繁的人与人的交往，常常导致对这种“逃离”的罗曼蒂克的神往，和对孤独的乌托邦之国的单恋。

现代孤独更是一种自救。尽管这种自救也许是无望的尝试，深知被既在世界的喧嚣淹没的危险，深知被既在文化机制操作的危险，于是宁可决心与世绝缘。这种绝缘的心灵气功，导致人格、诗格、文格的孤独。他们在生活中，在作品中，开始自言自语，本我、自我、超我互相对话，在自己一个人或极小的一群人的心境、身境与语境中，度过孤独的生涯。

八

西部人文山川的阳刚之气和它的人格化，与现代竞争社会所需要的自强精神和它的人格化相感应。

应该说，中国传统文化就其主体结构和总的精神来看，不是扬厉刚强、扬厉进击的文化，而是以柔克刚、以天达人、以阴取阳、儒道互补的文化。这在中国的统治阶级文化、意识形态文化中，尤其在宋明以后的历史中，表现得更为明显，更为集中。中国的封建社会，常常是以温情脉脉的伦理与中庸平和的政治权谋，来实现严酷的专制国家统治的。中华民族的阳刚气质和自强精神所以能够生生不已地传承发展下来，相当程度上是透过统治阶级文化的缝隙，游弋于意识文化主体的边沿得到实现的。是经由亚文化、副文化的领域，经由文化混交林和次生林带，经由民间文化和多民族文化的留存、传播、交流、再生得到完成的。西部文化正是这种混交的、次生的、多民族的文化。

有的西方学者从气质上、心理上将人分为统治型、超脱型、依赖型三类。我想不从气质心理学的意义上，而从社会文化学的意义上借用这种分类阐述一些相关的问题。依赖型的人，缺乏独立自主的精神和阳刚雄强的气质，是不言而喻了。应该特别提到的是，产生于封建社会的自然经济结构中的小生产者，正是这种依赖型人格在中国一代一代生长的土壤。小生产者自给自足，使他们过多考虑一家一户的生存，心胸狭隘而目光短浅。低下的生产、生活水平，使他们最大的希望就是温饱、为生存维持简单再生产。他们也有牢骚、不满，也造反、起义，甚至像李自成那样夺取政权建立国家，但由于没有自己的政治理想，他们只能依赖他们所反对过的那个阶级——封建地主阶级——的政治体系、政治结构和行政方式来“解放”自己。自然，这不可能给历史增添什么新东西，只能改个年号，轮着做皇帝，完成一次又一次的历史重复。即鲁迅说的，由“做奴隶而不可得的时代”争取到“做稳了奴隶的时代”。社会政治理想上的依赖性，决定了他们在历史的发展中只能扮演“被拯救者”的角色。于是“被拯救者心理”成为中国社会习

应该说，中国传统文化就其主体结构和总的精神来看，不是扬厉刚强、扬厉进击的文化，而是以柔克刚、以天达人、以阴取阳、儒道互补的文化。这在中国的统治阶级文化、意识形态文化中，尤其在宋明以后的历史中，表现得更为明显，更为集中。中国的封建社会，常常是以温情脉脉的伦理与中庸平和的政治权谋来实现严酷的专制国家统治的。

以为常的心理。“被拯救者心理”就是依赖别人来拯救自己，或依照别人的，甚至敌人的模式来拯救自己。他们从来不相信自己能够拯救自己，能够创造拯救自己、拯救社会的方案。这种“女性化”的人格，不但使中国的小生产者演出一幕幕“镜花水月”的历史悲剧，而且给中华民族精神注进了多少阴柔委顿的因子。

超脱型的人格和哲学，在中国源远流长，几千年来一直纵贯于民族精神之中。“隐士”文化可以称为中国的亚文化。“隐士”文艺则在中国艺术精神中占有更重要的地位。避世、出世成为中国知识分子一种重要的入世方式。“见素抱朴，少私寡欲”“塞其兑，闭其门”则是中国知识分子追求的一种人生境界。不仅道家，甚至儒家也有这种淡泊之心，孔子就说过“用之则行，舍之则藏”这种恬淡超脱的话。老子提倡“不争，故无尤”，自己弃官而去，出函谷关，隐逸山林，不知所终。庄子主张用返回自然来解决人与社会的冲突，在人与自然的和谐中达到内心的和谐。他认为卷入社会的格杀和名利的角逐是最大的悲哀，主张保持心灵高度的逍遥自由，使自己成为永恒宇宙的一部分。陶渊明不愿“以心为形役”，不齿为五斗米折腰，辞官归田，躬耕南山，采菊东篱，在隐退中获得充实。范蠡、张良功成即身退。介子推烧死也不出山争功领赏。姜太公以直钩钓鱼，表示自己不计实利，听其自然，愿者上钩，等等。他们或是为了躲避兵燹灾荒，或是为了躲避政治窘迫，或是心性高洁，或是人生智慧，也有的其实是待价而沽，以“隐”钓誉。情况虽然很不相同，有两点大致是共同的，一是以阴柔为人格境界，一是以曲线来介入社会。老子说得很透：不与人相争的人，天下没有人能和他相争。

孔子就说过“用之则行，舍之则藏”这种恬淡超脱的话。老子提倡“不争，故无尤”，自己弃官而去，出函谷关，隐逸山林，不知所终。庄子主张用返回自然来解决人与社会的冲突，在人与自然的和谐中达到内心的和谐。他认为卷入社会的格杀和名利的角逐是最大的悲哀，主张保持心灵高度的逍遥自由，使自己成为永恒宇宙的一部分。陶渊明不愿“以心为形役”，不齿为五斗米折腰，辞官归田，躬耕南山，采菊东篱，在隐退中获得充实。范蠡、张良功成即身退。介子推烧死也不出山争功领赏。姜太公以直钩钓鱼，表示自己不计实利，听其自然，愿者上钩，等等。

就是统治型的人格，在中国以儒家为主的文化结构中，也不是主要表现为单面的强权政治，而表现为冲和中庸的谋略政治。“谋”是和“阴”联系在一起的。宋太祖在创立基业时，重武轻文，发动陈桥兵变，雄强不可一世，但将江山握于股掌之中后，却以柔克刚，以杯酒释大将兵权，真是君子动口不动手，谈笑间“灰飞烟灭”。朱元璋以强者的手段，打出来个天下，后来却搞开了“深挖洞、广积粮、缓称王”的谋略。刘备觊觎汉室江山久矣哉，却偏躲在后院子里种菜，以示淡泊。曹操煮酒论英雄，一语点破，吓得他筷子掉地，又巧借“闻雷”来掩饰。这一个一个，都是真正的中国式英雄。庸者为王，弱水为强，大智若愚，难得糊涂，“不为天下先”，化百炼钢为绕指柔，再以绕指柔熔百炼钢，等等，反映出中国政治文化极高的智慧。但无可讳言，这对民族精神雄强、阳刚的一面，不能不是极大地压抑和消解。

在中国文化的根基儒、道、法三者中，道出世，超脱阴柔。儒入世，却以权谋取胜，仍近阴柔。儒道互补作为中国传统文化的基本结构，实际是一种以柔克刚、以阴补阳的结构。中国也有法家，近于“狂”，近于雷厉风行的统治型，但那是在秦汉唐以前的百家争鸣的时代才独立成派。

西方学者对气质的这三种分类，两千多年前的孔子曾用四个字作了相近的概括：“中行”“狂狷”。“狂”者，志大言大，进取外露，近于统治型的人；“狷”者，性情偏激却又比较拘谨，“有所谨畏不为”，近于超脱型的人；“中行”者，介于两者之间，“依中庸而行”。孔子说，“不得中行而行与之，必也狂狷乎”，近于依赖型的人。这一类型的人，被中国以儒家为正统的文化所肯定。

在中国文化的根基儒、道、法三者中，道出世，超脱阴柔。儒入世，却以权谋取胜，仍近阴柔。儒道互补作为中国传统文化的基本结构，实际是一种以柔克刚、以阴补阳的结构。中国也有法家，近于“狂”，近于雷厉风行的统治型，但那是在秦汉唐以前的百家争鸣的时代才独立成派。到了汉唐以后，中国传统文化趋于成熟，法家乃被消融、同化于儒道互补的结构之内，只依稀可见其蛛丝马迹而不足以成三足鼎立的一家了。看来，在中国传统文化精神中，特别是近五百年来，阳一直受牵制于阴。

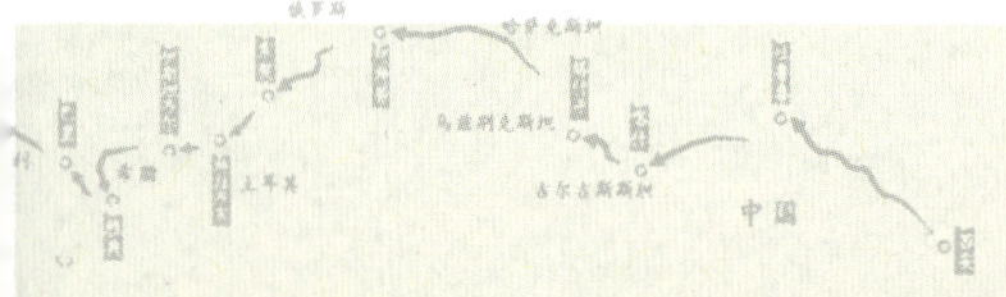

原来，西部文化是在剧烈的动态竞争中诞生发展的，以动制静、以阳主阴是本质、本色；原来，西部文化又是多维交汇的，这使它的内部结构中蕴含着某种开放体系，能够容受、引进世界各国、周边各地文化中动态的阳刚因子。

但是不要忽略，中国自古以来还有西部文化的源流和板块。西部文化在中国从来都属于民间文化，它不可能成为社会的统治文化。西部文化在中国又从来都属于异质文化，所谓“夷狄之邦”的文化，它不可能成为国家的本体文化。因此，它有可能在中原儒道互补的文化圈外，较多地将自己原有的阳刚雄强气质留存下来，成为中国文化中极有活力的一支。它和内地文化气质上的差异，从《资治通鉴·唐记》记录的一位突厥人的话可见一斑。他说：“释老之流，教人仁弱，非用武争胜之术，不可崇也。”他劝他的可汗不学内地仁弱的文化，而要保持“用武争胜”的锐气。这股西部的阳刚之气，在古代曾经对中国文化的发展与改造起过重要的作用。

隋唐两代的东、西文化交流和南、北民族迁徙，曾经怎样激活了民族本体文化内在的生机，使民族文化出现了空前的繁荣发展。历史上中原与西北少数民族连绵不断的征战，又怎样促进了中原和西部经济文化的交流，而且强健着我们民族肌体内的雄性精神，这是大家都知道的了。我国宋代以前“尚武”，民族整体形象具有相当的男子汉气质，不能说与此无关。宋以后“尚文”，虽然宋明两代在科学文化方面达到极致，但烂熟了的文明却在相当程度上弱化了民族精神，所谓宋代“雌了男儿”，所谓连石狮子也在狰狞的形象中平添了一点中和之气与微笑之容，恐怕也是事实。这与西部文化在近五百年与内地相对的隔离难道没有联系吗？

20世纪的中国进入了现代社会。鸦片战争以来，一百多年挨打的历史、几代受凌辱的创伤，不但使中国人清醒地看到了自己国家经济上的落后、政治上的腐败，更使中国人深深感到了我们民族在精神上的雌弱。在各种矛盾交错中急速动荡的现代社会，在知识信息爆炸中剧烈竞争的现代科技与经济，都要求有与之相同步的强者精神和以这种精神铸造的现代人格。没

有这种精神和人格，中国在世界民族之林中何以自处！从某种意义上说，一百多年来无数仁人志士所探求的改造中华、振兴中华伟业，同时也就是重铸民魂、重振雄风的伟业。毛泽东最为赞赏的鲁迅精神，就是敢哭敢笑，没有丝毫奴颜和媚骨的硬汉子精神、民族自尊自强精神。

这时候，人们重新发现了西部，发现了站立在崇山峻岭、长河落日之间的那位大写的西部男子汉，听见他那雄强的、高亢的男性之歌——

我是鹰——云中有志！
我是马——背上有鞍！
我是骨——骨中有钙！
我有汗——汗中有盐！
——杨牧《我是青年》

这位西部诗人向世界宣告，西部是骨中之钙，是汗中之盐，是云中之志，古老的西部是铁骨铮铮的青年汉子！

人们用现代的科学技术和现代的科学思维在中国西部发现了地下、地上同时存在的两个富矿。地下的物质矿藏：石油、煤炭、有色金属；地上的技术矿藏：交汇体、动态感、强者气质。科学家、工程师和艺术家、研究者同时朝这里进发。原来，西部文化是在剧烈的动态竞争中诞生发展的，以动制静、以阳主阴是本质、本色；原来，西部文化又是多维交汇的，这使它的内部结构中蕴含着某种开放体系，能够容受、引进世界各国、周边各地文化中动态的阳刚因子。

人们用现代的科学技术和现代的科学思维在中国西部发现了地下、地上同时存在的两个富矿。地下的物质矿藏：石油、煤炭、有色金属；地上的技术矿藏：交汇体、动态感、强者气质。科学家、工程师和艺术家、研究者同时朝这里进发。

文艺学术，作为时代的晴雨表，作为社会最敏感的神经，开风气之先，开始出现了讴歌强者精神、塑造硬汉形象的小小的然而引人瞩目的热潮，并且很快就有了相当的成果。

我在《中国西部文学论》第七章和第九章第二节，以近两万字的篇幅对此做出了初步的描述。那大意是，在早期的西部

作品中，就已经出现了叙事文学的硬汉子形象系列和抒情文学中的阳刚意象系列，还涉及了内地人的西部化和女性的刚化等极有价值的社会心理现象。——在张贤亮、路遥、唐栋、李斌奎、张锐、文乐然的一些小说中，硬汉子形象作为主角在驰骋，并且通过人物形象和生活形象、自然形象的交相辉映，洋溢出强烈的对力的呼唤。西部作家勇于在历史长河中击水的豪迈气质，升华为雄性审美精神流贯全篇，在杨牧、周涛、章德益、昌耀、李老乡、张子选等人的诗歌作品中，则从各自不同的气质出发，经过立意—具象—意蕴这样一个诗化过程，创造出了雄性精神的意象系列：博格达的峰峦、慕士塔格的积雪、伊犁的骏马、天山的雄鹰、长长的冬日、茫茫的荒原、无边的寂寞、伟大的沉默，还有苍穹、雪线、流沙、断崖，等等。这些富有力感的意象，是创作和欣赏的契机和脊梁，有着深广的审美启动力。

西部作家勇于在历史长河中击水的豪迈气质，升华为雄性审美精神流贯全篇，在杨牧、周涛、章德益、昌耀、李老乡、张子选等人的诗歌作品中，则从各自不同的气质出发，经过立意－具象－意蕴这样一个诗化过程，创造出了雄性精神的意象系列：博格达的峰峦、慕士塔格的积雪、伊犁的骏马、天山的雄鹰、长长的冬日、茫茫的荒原、无边的寂寞、伟大的沉默，还有苍穹、雪线、流沙、断崖，等等。这些富有力感的意象，是创作和欣赏的契机和脊梁，有着深广的审美启动力。

无独有偶，北京大学中文系教师曹文轩在他开设的《中国80年代文学现象研究》这门很受欢迎的选修课中，也专门用第11章整整一章论述了“硬汉子形象的塑造”问题。这部讲稿与笔者《中国西部文学论》同一年同一月出版。曹文轩在“阳刚之美是中国80年代文学的主要美学倾向”这一论点的基础上，以西部文学为重点，谈到了硬汉子形象的几种类型：①外在与内在相统一，②躯体与精神不对称，③男性化的女强人；硬汉子形象活动的几个领域：①艰难竭蹶的日常生活，②风云变幻的政治舞台，③险象丛生的大自然；硬汉子形象的性格和精神标志：①冷漠外表下储藏着深沉的情感，②不可摧毁硬汉子的意志和超出常规的韧性，③他们永远是打不败的；塑造硬汉子形象的艺术手段：①逼势，②树立大容量的对立物；等等几个方面的问题。许多见解与笔者不谋而合，勾勒出西部文化阳刚美的轮廓，但思路更为广阔，材料也较充实，可供我们进一步深究这个问题。

九

西部不是一种读法，现代也不是一种读法。

当我们从西部潮与现代潮相感应的视角来读西部、读现代时，自然更多着眼于他们的联系，他们的优长之处。我们不应该忘记西部是不平衡的。西部的文化，就结构来说，虽然有它的优势，但由于西部处在漫长的原始形态的自然经济基础上，结构优势并没有迅速地、完全地转化为成果的优势，因而西部文化也有它落后的一面。

就拿西部的文化结构来说，也要看到，理论上，我们可以将一种文化结构从特定时代的文化内容中抽象出来，文化结构总是挟带着它所处具体历史时代的经济、政治、思想、文化和实际生活的丰富内容。结构和内容密不可分，落后的内容当然会影响结构优势的发挥和感应。我们对西部与现代化结构上的感应也就绝对不能理解为两者内容上的沟通。只是有一种精神、气质上的感应、应和。

所有这些，我们都要做具体的科学的分析。对西部文艺的负面，我们不应该无视或忽视，也不应该草木皆兵，满目疮痍。我个人始终是将这些负效应，作为一种精神现象、文艺现象在发展过程中的不足来看待，既严肃地指出，也不全盘否定。

而我们在这篇长文中，也只是从总体趋势上来谈西部与现代的感应。我已经在《西部的沉思》和《中国西部文学论》中指出了西部潮应该注意的问题，将来有机会还要作更深入细致的剖析。但所有这一切，都不会降低我对西部、对西部文艺由衷的热情。

我是一个被西部重新铸造了灵魂的东部人。我在西部第二

> 我是一个被西部重新铸造了灵魂的东部人。我在西部第二次诞生。我爱西部如爱我的母亲。我总感到，冥冥之中的夸父是有道理的：西部不应该永远是太阳落下去的地方、光明消失的地方；总有一天，它会光明永驻；也总有一天，这里会升起新的太阳，那便是精神的重振和经济的腾飞。我愿意为此而劳作。我吁请更多的人为此劳作。

次诞生。我爱西部如爱我的母亲。我总感到，冥冥之中的夸父是有道理的：西部不应该永远是太阳落下去的地方、光明消失的地方，总有一天，它会光明永驻；也总有一天，这里会升起新的太阳，那便是精神的重振和经济的腾飞。我愿意为此而劳作。我吁请更多的人为此劳作。

像文章开始时那样，我向诸君再献上一曲西部的歌——

也许你还不了解它，
它的绿洲，它的黄沙，
它的牛羊，它的庄稼，
它的胡杨林如诗如画。
哦，我说你会爱上它，
啊，思念如痴如醉，会爱上它。

也许你还不熟悉它，
它的油海，它的钻塔，
它的花毯，它的彩裙，
它的林荫道攀缘山崖。
哦，我说你会爱上它，
啊，思念如痴如醉，你会爱上它！

请别忘了，这首歌的题目叫《你会爱上它》。永远永远，“你会爱上它！”

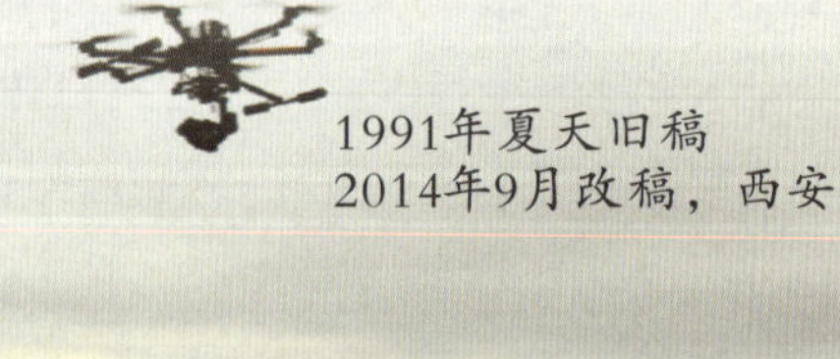

1991年夏天旧稿
2014年9月改稿，西安

附录一

我“随”云儒走丝路

（2014年7月至9月日记摘选）

李秀芳*

2014年7月中旬，行前

对云儒即将开始的历时两个月、行程30000里、穿越8个国家的“丝绸之路万里行”活动，我心里始终忐忑不安，既兴奋，又担忧。我明白在他身上潜在的探索激情和创新活力，他并不甘于古稀之年养老休息、含饴弄孙的生活，而是一直在思考中、写作中，密集地参加着各种社会文化活动和媒体采访、策划、演讲，乐在忙中。

他是学新闻的，做记者、编辑的20多年中，处在“极左”与比较保守的时期，无法像当今的记者们那样广泛接触社会、深入民间，更不要说出国采访了。他向往热情洋溢地奔向生活的第一线，再苦再累再危险也愿意冲锋陷阵，在所不辞。这也正是他调省文联主管文艺理论研究后，行走西部、研究西部的内因吧。他在新疆伊犁主持召开了第一次中国西部文学研讨会并作主题发言，他在钟惦棐的启发下提出西部文化课题并热衷于西部电影、西部美术研究，他在《陕西日报》发表《美哉，西部》的长篇论文而大受赞誉。写作《中国西部文学论》时，他走了一条理论思考加田野考察的路子，跑遍西部各省区，深入研究西部历史、地理、民族、社会发展、风土人情，力图开

*李秀芳，肖云儒夫人，西安交通大学教授。

创自己独特的理论体系。此书被誉为西部文化研究奠基之作，获得中国图书奖和中国现代文学研究成果奖。而后几十年并未止步，仍然满腔热忱地关注西部文学、文化，不断深化着自己的理论思考。

他多么想继续在西部大地上行走，希望此生能延伸到亚欧各国的丝路作实地考察，真正走出国门、走通丝绸之路。这次“丝绸之路万里行”给他提供了一个太好的圆梦机会。从接受邀请起，就兴奋不已。我当然也为他高兴，却又为他的身体担忧，为他的拼命三郎的劲儿担忧。以他的文弱和高龄，能够应付得了西部的风沙戈壁、两个月、30000里之遥的艰辛吗？我实在不安！不舍！

但他已经燃烧起来了。翻书、上网、写稿，除了组织方给他安排的以学者身份解读丝路，接受中外媒体采访之外，自己又给自己加了“一日一文”的写作任务。写60多篇文章呀，真不是一件轻松的事情。对国内像甘肃、青海、新疆的情况，我们可能熟知一些，对希腊、罗马可能了解稍多一些，但对中亚、西亚国家就相对生疏得多。那些地区、城市的政治、经济、社会文化状况以及它们与丝绸之路的关系、历史和现状都需重新归纳整理，写出新意。他对这些文章的定位是：不是导游词，不是旅游宣传，一定要和自己对丝绸之路的思考与体验结合起来，使文章具个人色彩，具有文化味、历史感和可读性。

他忙，我也跟着忙。首先是把后勤做好，带好孙子、管好饮食起居，好让他集中精力，全力以赴。其次是帮他做案头工作，需要什么资料啦，需要抄写输入啦，即刻开机上网。三是陪他早晚散步锻炼，积蓄体能。时间太紧张了，不允许我们拖沓，做无用功。

两个人既忙碌又快乐。儿子儿媳妇跟我一样，对他既担心又支持。亲友们送来了好多旅途必备用品，叮嘱再三。壮行的饭吃了五次。大家的关爱和支持温暖着我们。

2014年7月19日，西安出发

清晨6：30，儿子开车在小区门口等我们俩——我和儿子代表全家送云儒到唐华宾馆。“丝绸之路万里行”活动人员在唐华宾馆集中，分乘两辆大巴到浐灞新区世博园举行启动仪式。蓝天白云，阳光灿烂，是个好日子。

启程仪式在世博园长安塔下举行。省市组织方采用了古代文人雅士折柳送别的方式，由西安市常委、市委宣传部部长吴键、西安市人民政府副秘书长周爱全，把两个碧绿茂盛的柳枝花环郑重地戴在云儒和张骞的67世孙张利军的脖子上，以“柳”寓“留”，表达“惜别怀远”之意。然后采访团成员全体登车，15辆广汽三菱车按序号缓缓驶出长安城。

顺利！珍重！

2014年7月25日，西安家中

早上推开阳台窗户，一只小鸟儿竟然飞来我们22层的窗沿上跳来跳去，啁啾不已。我悄悄靠近它，放了点水和小米粒。这位小精灵竟然待了十几分钟！我远远地注视着它的一举一动。想着，难道是云儒他们捎信来了吗？那也请你给他们带去我的思念和问候吧！

下午，丝路万里行后勤保障部的王淼一行三人，代表电视台领导来家慰问，并告之车队前6天活动情况。他们工作做得很细，我深表感谢。这一信息马上反馈到了采访团，前方、后

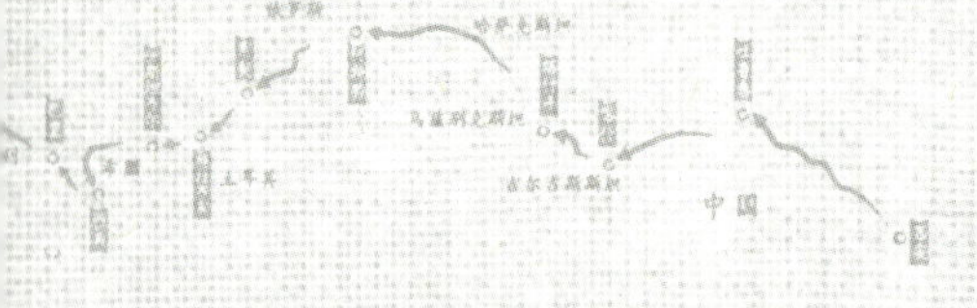

方都深感慰藉。

心里爽爽的。

2014年7月26日，敦煌

离家一周了，他们的行程按计划进行着。过了天水、兰州、张掖、嘉峪关，已到敦煌。《丝路云履：肖云儒2014丝路新记》每天一篇刊于《西安晚报》和新华网、光明网、西部网、i华夏网，《光明日报》也有选载。陕西卫视“丝路进行时”每晚10点准时播出。云儒和年轻人一样地鞍马劳顿，停下来马上写文章、发文章，弦绷得很紧很紧，受得了吗？我总为他的身体操心，却不敢多表示，怕给他增加负担。

牵挂而又无力相助……

2014年 8月3日，霍尔果斯

采访团从石河子经赛里木湖区、果子沟到伊犁。上午抵霍尔果斯，马上要出国境了。我在微信里写道：在以后的四十多个日子里，背后是亲爱的祖国，眼前是亲密的团友，脚下是漫漫西行路…… 很有点悲怆的意味。

离开西安16天了。从丝路起点古长安出发，走了甘肃、新疆两省区沿线重要景点12个城市。艰辛的行程与繁重的工作压身，不知他情绪和身体如何？他能通过身体的、心理的和工作任务的三重考验吗？真是时在念中。虽然我们每天都有微信往来，虽然每天我都在朋友圈里告知他和团队的信息，内心的担忧与焦灼始终不能释怀，也不好多与人言。——我知道他的较真、他的诸事完美主义。只能默默地为他祈祷，为整个团队祈祷！

2014年8月13日，希瓦—努库斯

根据安排，他们将前往希瓦，路途462公里，还要穿越沙

漠。中午11：00（北京时间），云儒微信发出紧急求援："丝绸之路万里行"全媒体采访团本应于当地时间晚22：00（时差4小时）抵达乌兹别克斯坦西部城市努库斯。由于该国许多加油站实行了油改气，从布哈拉向西的加油站全部断油。经过了3个加油站都加不上油，中国的16辆采访车汽油耗尽，而该地提供的汽油质量不合格，今日凌晨加油后导致所有车辆无法正常行驶。向方圆600公里范围内的多个城市多方联系无果。按计划，采访团两日内须从乌兹别克斯坦，再度进入哈萨克斯坦，现在还有500多公里。为确保安全出境，急需乌兹别克斯坦友人和当地华人华侨提供93以上标号的汽油，以解燃眉之急。十万火急，吁请大家帮忙转发。

在烈日下暴晒了几个小时，一行人均疲累至极。"丝绸之路万里行"团队到了最艰难的时候。

怎么办？怎么办？怎么办？我坐立不安。我给许多朋友转发了消息，希望能够尽快找到解决办法。病急乱投医，我甚至给在德国的同窗好友发去了微信，请求帮助。这个紧急关头，大家都在转发，肯定能找到好办法！

12：00，云儒微信：我们正在想办法。没事，感谢朋友们，放心。

13：00，云儒微信：正在想办法……

14：00，云儒微信：调来一辆大巴车，部分团员将行车3小时，前往草原上一个只有九间房子的临时住宿地休整，大家戏称那是"九间房车马大店"。留下16辆车和主驾（清一色的小伙子）等4小时后加油车赶到加油后再行会合。

15：00，云儒微信：几家油源正在测试，1小时内有消息。亲们放心。

16：00，云儒微信：在丝绸之路万里行遇到困难时，我个人的微信收到300多位朋友的关切和问候。好多朋友提供了各种解决的建议和有价值的线索。有这样的精神支持，前路不再茫茫。谢谢！

18：00，云儒微信显示最新消息：经国内外多方协助，采访团已联系到质量较好的汽油，并经过了试驾检测。

阿弥陀佛！

后来才知，这一天他们在高温炙烤的沙漠公路上苦熬了五六个小时，经过多方协调、帮助后，才出现转机。想来大家肯定是身心疲惫到了极限。晚上旅居荒漠中的孤零零的九间房旅社，窗外就是成群的骆驼和野马。这是古丝路的一个驿站，还是现代行旅者歇脚的一个客栈？2000年过去了，丝路依然如此荒凉？

2014年8月17日，西安家中

西北大学教授赵全章、姬文芝夫妇和《时代人物》杂志葛少欢女士带着鲜花和蛋糕来家探望，祝贺云儒参与“丝绸之路万里行”行程过半、时间过半、任务过半。大家共话此行的意义与收获、艰辛与苦乐，对云儒和丝友们的殷殷祝福、缕缕牵挂、款款希冀溢于言表。少欢拍了照片发到微信朋友圈里。我被真挚的友情、亲情氤氲着、感动着，眼圈不时湿润……

2014年8月19日，西安家中

云儒微信发来文章《祖国信号》，记述全团丝友每天寻找、追逐WiFi，向国内发微信、微博的急切心情。我是流着泪读完文章的，心里酸楚极了。WiFi就是祖国呀，就是命悬一线的故土、亲人呀！WiFi接通的是远在他乡的行旅者心中永远割舍不断的思念。

晚饭前，我和一诺说，等爷爷飞回时，一起到北京机场去接爷爷。饭后查时间，9月13日和14日正好是周末，遂决定全家到机场接爷爷。一家人感叹，这次丝路行确实感觉太久了、太牵挂了。脑海里萦绕着余光中的《乡愁》——我在这头，你在那头……

2014年8月31日，卡瓦拉—卡兰巴卡

昨夜到达卡瓦拉。云儒写了一篇《我们背后》的文章，主要是记述他的大学老同学、好朋友全章先生的丝路情结的。全章人大新闻系毕业分配到新疆，大半生在丝路中国段、在天山廊道采访，却没有机会去丝路国外段考察，总有一种壮志未酬的遗憾。这次他竭尽全力支持云儒西行，给了许多新疆的资料，出了很多点子，电话微信不断。他的心一直跟着丝路上的人在前行。

我在输液时看到这篇微信发来的文章，读着读着泪如雨下，真想为我们逝去的青春恸哭一场。惹得护士小姐几次问我，是不是针扎偏了？很痛吗？我无言以对，只是摇头。她小小年纪怎么能理解，我们这一代有多少青春壮志都被十年浩劫摧毁了啊！

感慨、痛惜、欣慰交集。稍纵即逝的岁月，不可重走的人生路呀！

2014年9月4日，奥林匹亚

倒计时第10天。从5天前开始倒计时，掰着指头算他们的归期。上午那边没有WiFi，微信没来。我着急了半天。中午

13时微信才通了。没事。真是越到跟前越急不可耐。

今天上午仍在奥林匹亚参观，下午即赴帕特雷港，行程120公里。然后乘邮轮航行20个小时抵达意大利的安科纳港口。明天就在此行的最后一个国家——意大利了。我将李商隐的诗“君问归期未有期，巴山夜雨涨秋池，何当共剪西窗烛，却话巴山夜雨时”改了几个字给他发去：“若问归期应有期，地中海上船行急，何当共剪西窗烛，却话丝路疾行时……”

2014年9月6日，家书

倒计时8天。他们弃船上岸，车队行350公里到达水城威尼斯。

云儒发到朋友圈里一封家书—— 中秋节给两个小孙女的信。很短，却情真意切，慈心绵绵。感动了所有看到的人，赞声不绝。

中秋放假3天。儿子在西部文博会上。菲尔上课，妈妈要接送。带一诺的任务当然就是我的了。陪小人儿吃、住、玩、乐、学。

2014年9月8日，佛罗伦萨中秋联谊会与西安的祝福

倒计时第6天，中秋节。车队前往佛罗伦萨。

晚饭时，全家与赵全章夫妇、少欢、高新区导报许若青夫妇，在大唐西市四季恋饭店聚餐，共度中秋。主要是想席间大家与云儒直接通话，事先约好的。儿子拨通电话，每个人都抢着说，互致祝福，互贺佳节。真是佳节倍思亲、佳节思亲切啊！本想饭后在四季恋的平台上邀月寄相思，无奈天不作美，大雨滂沱，只好各自打道回府，赶快去看电视直播了。

由陕西卫视与意大利国家电视台联合制作的“丝绸之路万里行采访团佛罗伦萨中秋联谊会”同步直播。我们看直播时都

流泪了——为日日夜夜的挂牵与思念，为亲人们两个月的种种磨难与辛劳，为“丝绸之路万里行”的创举与圆满，为即将到来的团聚与喜悦……心痛的泪，欣喜的泪，不时溢满双眸。

2014年9月9日，终到罗马

倒计时第5天。上午他们仍在佛罗伦萨参观、采访，下午即驱车飞奔“丝绸之路万里行”的终点站——意大利首都罗马城。当地时间20：30他们顺利到达。此时已是北京时间10日凌晨2：30了。归期越来越近了。

孩子们节后又都上班、上学了。老太太一人在家。心里轻松了，感觉身体也较前舒服多了。

我是早晨5：30醒来的。看到他的微信，心里激动却不敢打电话——知道他们刚刚躺下。啊！到了。好好地睡一觉吧。想着他们，神游了一会儿，流泪了、高兴了，想唱、想跳。干脆起床，烧水冲一杯咖啡，自斟自饮自乐。雨中接一诺上幼儿园，抱起孩子就亲，还念念叨叨：爷爷到罗马了，爷爷快回来了……孩子也笑，小脸花儿般灿烂。

中午时，估计他起床了。按捺不住拨通了国际长途。就是想和他说说话，想听听他的声音。晚上看电视直播《长安丝路三万里 罗马入城大祝捷》，罗马城举行盛大的欢迎仪式，迎接这支从丝路起点西安来的大型全媒体采访团，盛赞此举意义重大，热望参与丝路经济带的建设。现场设在罗马市政厅前广场，人头攒动，气氛热烈。意国政要出席很多，市长讲话，云儒也发表感言。现场还有中意两国厨师表演厨艺——中意两国包饺子PK。美景、美女、美食让所有的人忍俊不禁。

他们离西安越来越近了。

2014年9月14日，凯旋归来

从前晚9点多罗马登机，中经迪拜转机，算上时差，昨晚10点多才能到首都国际机场。他几乎一天半在天上飞着，我在家里转来转去地等着。

早晨8：20，我和儿子、一诺三人准时出发去机场接爷爷。HU7317航班准时到达。丝友们个个脸上荡漾着游子归家的笑容。陕西电视台安排的欢迎仪式简单而热烈。局长、台长致辞欢迎。丝路行团长杨文萌、主播亢凯、文化代言人肖云儒也分别讲话。台里准备了鲜花，分发给家属让献给亲人。气氛达到高潮，人人激动喜悦。与我们一样，好多人都带了孩子来接机。也和爷爷一样，团员们个个都是紧紧地搂住孩子，思念、爱抚、喜悦都写在脸上。

云儒晒黑了，显出疲惫憔悴，但精神还不错。过几天一定催他去做次体检。回到家里，中饭自然是吃面迎亲。一家人好不亲热。

2014年9月19日，进入工作常态

前两天，云儒在昏睡中倒时差。今天已经开始计划中的最后几篇文章的写作。

上午云儒去泾阳县参加一个活动——泾阳茯茶公司组织的136峰骆驼、8架木轮马车（寓意茯茶诞生于1368年），还有100余名身着古装商旅的大型团队，带着茯茶走丝路，曰“泾阳茯砖茶·丝绸之路文化之旅”。云儒应邀在会上致辞，并与才分别的哈萨克斯坦东干商会的朋友们重逢。他们中有安胡塞会长和丝路团一个多月前到陕西村时才结婚的新郎。这小伙儿用中国话大声叫云儒，“老舅，我们回来了。”

下午他去东晋桃源山庄，出席由《小说选刊》组织的全国

终于回到西安咸阳机场，与亲人相聚

著名作家、艺术家写未央宫的组稿会。大汉王朝使节博望侯张骞，就是由此出发走上丝路的。这是公认的丝绸之路的官方起点，而大唐西市，则被认为是丝绸之路的民间商贸起点了。云儒有一篇文章的任务——看来没得歇的。这是他的老常态，想不到马上又成了新常态。真拿他没办法！

2014年9月24日　丝路情深

云儒《2014丝路新记》最后一篇《丝绸之路万里情》，7000多字，刊于今日《西安晚报》。

至此，丝路上写的65篇文章全部刊登完毕。今天版面处理得很好，整整一大版。文章没有改动，照片选得也好，是一张丝路沙漠公路上的车队全景，车队前是阳光下伫立的云儒。

云儒已应邀为十几家大学和单位作“丝路行”的讲演。后天即去北京，作为嘉宾在CCTV做国庆节专题《我和我的祖国》。这个直播8小时的节目，安排了20分钟的丝绸之路版块。

至此，《我‘随’云儒走丝路》的微信也告一段落。我在发了60多天的丝路微信后，今天是这样写的：

各位亲朋好友，辛苦大家与我一起，从7月19日至今“随”先生云儒走在丝路上。

从长安到罗马，一路艰辛，一路精彩，一路情深，一生无悔！

感谢丝友的夙夜兼程、亲密无间！

感谢亲朋好友的热切关注和全家人的梦绕魂牵！

附录二

阅读肖老师丝路散文感言

按：西安中铁中学是中国铁路第一工程局子弟学校，学生们的父辈主要在中国西部修建铁路、桥梁，整整奋斗了60多年，对丝路对西部有着特殊的感情。

《丝路云履》最初在报纸与网络连载后，在该校引发了强烈的反响。学校将全部文章印制成册，学生们人手一册阅读并创作了200多篇读后感和画作。这里选择三篇收入本书。

致信肖老师

尊敬的肖老师：您好！

那一路风霜的气息是否还会让您回想？那一路驼铃的悠扬是否还在您心中荡漾？一场探索发现的旅程，带着对您满满的敬佩，和您一起上路，将您、我的情都留在了那漫漫丝路上。

从那满是文化色彩的长安出发，是有清凌凌的河水在水车中作响，是有母亲河涛涛翻滚，是有武威如天驹踏着飞燕扑面而来，是有1700公里长的祁连山脊梁，是有处处神秘处处奇幻的敦煌，更是一脉莽昆仑，囊括了巍巍山脉，汇聚了源源水流，出品了和田美玉，吸引了文人墨客。最是那让人深思的楼兰，背后的罗布泊，是一片鸟都飞不过的死亡之海。还是那石河子充满的温馨美好，遍野的田，茂密的林，清澈的溪，金黄的麦，畅心的笑。还有很多，还有更多，铭记于心，发人深省。您让我明白了60年前您说的散文写作要“形散神不散”的真正含义，它同样体现在您走过的道路，看过的风景，感悟的世事里，处处惊鸿，处处充盈。

书籍是您的好朋友，笔是您的好伴侣，平淡是您的追求，美是您的最高信仰。我的心在您灵动的笔下畅游，在您所传递的文化中熏陶。我是要向您学习的，那份安然，那份柔和，是人间有味的清欢，是对生命力蓬勃的希望。多么期待能听见您的亲口诉说，是一种安慰，定是一种快乐。

我与您站在信件的两端，一同微笑成塔，在每一个美好里相遇。我要对您表达我最热烈的喜爱，最诚挚的敬意，最美好的祝愿，愿美永远在您的身边，愿您快乐，愿您幸福，愿您安康！

此致

敬礼

中铁中学高2017届二班 李雨潇

2014年11月29日

《新思路 赏名家》文化读本读后

中铁中学高2017届一班 陈秋实

从前世界就像一片无边无际的汪洋，一个个国度就是一座座岛屿。他们或许因为地域，或许因为思想，彼此隔绝。是什么让如今的地球变成了一个村落呢?就是这一座座通向各个岛屿的桥。而丝绸之路，就是其中最耀眼的一座。

时隔数千年，敬爱的肖先生作为东方道路上的主人，再次带着求知的种子，在这知识与文明的稻田中，挥汗收割。

通过这次对肖先生作品的阅读，我们领略了马踏飞燕的毅力与精魂，祁连西部的顽强和执着，敦煌翔龙的辉煌与独特，昆仑大山的宏伟与绮丽……老先生也写到途中感动人心的剧团百岁老人，充满民族生命力的西部赛马……其中也有不少肖老先生触景生情的文段，比如饱含中华儿女情结的石河子，对母亲河发展前景的思考，代表乌兹别克斯坦坚强信念的纪念碑……不过我最喜欢的部分还是老先生在丝路行程中对社会、人生、真理的思考，如在哈萨克斯坦对历史的更替和对文明发展的永恒思索，在乌兹别克斯坦缺油时对与人与世相处的感悟，在“诗人之城”时对文学深沉的理解……

这次丝绸之路万里行，不仅仅是老先生一个人的收获，更是处在丝路上的正茁壮成长起来的孩子们的收获。老先生将浓

浓的丝路文化、民族精神和人生哲理融入了这些文章中。展望今天的丝路，不仅仅有对深厚丝路文明的无限崇尚，还有身为中华民族一员的自豪感。

肖老先生是一个值得景仰的人，他对文学有深刻而独到的理解，又对名利淡然处之，对评奖从不理会。有人称老先生为“文化大使”，是实至名归的。作为一个知识分子，他真正做到了对文化的“鞠躬尽瘁”。

与肖云儒老先生的一次交谈

中铁中学高2017届二班 田治华

初冬的一天，雨水微微润湿空气与地面，我怀着激动的心情和老师一起去拜访著名的文学评论家肖云儒先生。

这是一位七十多岁的老人，满面红润，精神矍铄，他那种暮年之志体现在每一个举手投足间。进屋后，肖老热情地接待了我们，他对后辈的亲切与慈爱，一扫我们来时的局促紧张，也让我不由自主地对他产生了亲近之感与敬佩之意。

最熟悉的莫过于在书本中和肖爷爷一同踏上的旅程。当肖爷爷开始讲述他的丝路行程时，我更是内心澎湃，激动不已。他那一脸的怀念，言语间满满的回味，很容易就触动到我的内心。就像书中写的那样，他和车队一同经历过辛苦，体验过快乐，而那些过往都已成为他最美丽的记忆和最宝贵的财富。能在艰辛中品尝出快乐的滋味，能在平淡中发现美的存在，这才是他的精神所在，追求所在。他从丝绸之路开始，讲述了世界各国民族间的友谊到彼此间文化交流。这让我深深体会到，文化不是偶然诞生的产物，是长时间积累沉淀的过程。

肖爷爷从人生的阅历讲到对我们这一代青少年的美好未来的期盼，激励我们在高中学习生活中要能吃苦、重坚持。“在自己学有余力的情况下，可以追求一些自己喜欢的东西。”

“不要怕没时间，如果你真正爱一个东西，你就一定会努力挤时间去做。”这是肖爷爷告诉我们的。而我，对这些话感悟颇深。作为一个合格的中学生，在做到德智体美全面发展的同时，也要努力实现自己的理想。最后，肖爷爷鼓励全中铁学子拥有坚定的决心与毅力，努力学习，为国争光。并祝福我们这所建立在丝路上的、沿丝路走来的学校能在丝路光辉的映照下越来越好。

习近平总书记说，要传播美好的丝路文化，发扬“一带一路”的丝路精神，把中华文明永久地传遍世界。而我们，作为新时代的力量，更要具有像肖爷爷所说的责任感，努力学习文化知识，继承发扬中华民族传统美德，不畏艰难，敢于挑战，积极探索。我相信，这样的努力与奋斗，不仅是为了完成中华民族的伟大复兴之梦，更是为了中国迈向世界，与世界紧握双手的美好明天。

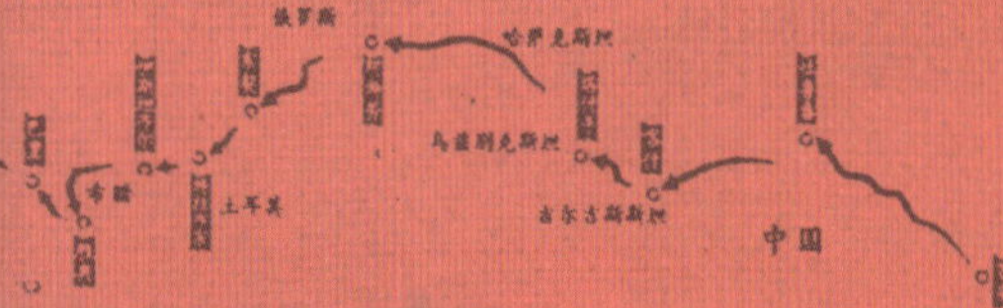

丝路云履

绸之路万里行系列文化丛书